Michael Bartsch

Das System Biedenkopf

Der Hof-Staat Sachsen und seine braven Untertanen
Oder:
Wie in Sachsen die Demokratie auf den Hund kam.
Ein Report

edition ost
IM VERLAG DAS NEUE BERLIN

Das Buch

Kurt Biedenkopf trat 1990 in Sachsen als Ministerpräsident an. Der anscheinend so mündige Demonstrant des Herbstes 1989 erwies sich als ein leicht zu manipulierender Untertan. Und die neue politische Klasse zeigte sich als zu unsensibel, um die zarte Pflanze der Demokratie zu düngen und zu pflegen, meint der Autor. Das System Biedenkopf gib es nicht nur in Sachsen. Bartsch schließt sich in seiner Analyse den Soziologen Ute und Erwin K. Scheuch an: »Es ist noch zu früh zu entscheiden, ob die jetzige Feudalisierung des politischen Systems in der Bundesrepublik nur eine Übergangserscheinung oder ein Systemwandel ist. Letzteres wäre eine Angleichung im Selbstverständnis und im Verhalten bundesdeutscher Berufspolitiker an die tatsächlichen Verhältnisse in der Endphase der Staaten des Ostblocks.« Das System Biedenkopf kann als pars pro toto für den Zustand unserer Demokratie genommen werden. Michael Bartsch hat es kenntnisreich untersucht.

Der Autor

Michael Bartsch, Jg. 1953, lebt seit 1971 in Dresden. Zunächst als Wartungsingenieur in einem Rechenzentrum angestellt, verdingte er sich während mehrerer Erziehungsjahre für seine vier Kinder in den verschiedensten Nebentätigkeiten. Erst 1989 konnte er in den schreibenden Wunschberuf wechseln. Zunächst stieß er zur neugegründeten Wochenzeitung »Sachsenspiegel«, war nach deren Ende kurzzeitig im Landtag beschäftigt und danach für ein halbes Jahr Landeskorrespondent der »Leipziger Volkszeitung«. Seit 1993 arbeitet er freiberuflich als Journalist und Autor für Printmedien, Hörfunk und öffentliche Auftraggeber. Neben den Themenschwerpunkten Kultur, Soziales und Bildung begleitet er von Anfang an die sächsische Landespolitik. Derzeit schreibt er regelmäßig Korrespondenzen für die »tageszeitung«. Literarische Arbeiten erschienen in Anthologien und Zeitschriften, zuletzt in dem eigenen Gedichtband »Die Krähen sammeln sich«.

Inhalt

Wo Menschen zusammen leben,
ist Regierung kaum zu vermeiden.
John Locke (1632-1704),
in »The Second Treatise of Government«

Vor allen Räsonnements über politische Gegenstände
hüte man sich sorgfältig,
und ebenso wenig rede man über religiöse,
wenn man nicht Gefahr laufen will,
als Jakobiner oder Freigeist verschrieen zu werden.
Behauptungen, welche an jedem andern Ort als allgemein
bekannt angenommen werden, gelten hier als ungeheure Wag-
stücke, und Sie merken es an Ihren Zuhörern augenblicklich,
daß man Sie für ein Tier der Apokalypse oder für noch etwas
Schlimmeres hält.
Georg Friedrich Rebmann 1795 über Sachsen

Der liebe Gott weiß alles –
aber Kurt Biedenkopf weiß alles besser.
Ludwig Erhard

Der Parlamentarismus ist
die Kasernierung der politischen Prostitution.
Karl Kraus

Rost am goldenen Standbild

Unbeeindruckt strahlt die 386.000 Mark teure goldene Krone vom höchsten Punkt des früheren Königlichen Innenministeriums, der heutigen Staatskanzlei. Symbole sind zählebiger als ihre Träger. Und Kronen beständiger als Friedenstauben.

Es war in jeder Hinsicht eine Verlegenheitslösung, daß hier nach den Kriegszerstörungen für einige Jahre eine Picasso-Taube aus Blech saß. Sie überstand bezeichnenderweise schon die Jahre des Kalten Krieges nicht. Und weil in Sachsen alles wieder so werden mußte, wie es einmal war, hatte die Residenz im zweiten Jahr nach der Salbung des neuen Regenten das Symbol ihres Königtums wieder zurückerhalten. Nicht auf dessen Wunsch, sondern nach lange zuvor gefaßtem Beschluß der Denkmalpflege.

Das war im September 1992, und noch herrlicher als die Krone erstrahlte der Glanz des Prof. Dr. Kurt Hans Biedenkopf, der, obschon im Ruf des prophetischen Querdenkers stehend, auch alles wieder so wie einst zu machen versprach. Und wer ihn mit der Krone auf dem Kopf karikierte, tat es in einer Mischung aus Bewunderung und Spott und konnte es gar nicht übel gemeint haben. So, wie man aus Neid und Rührung zugleich auf das Paar blickt, das sich durch göttliche Fügung und durch die deutsche Einheit gefunden hat: Volk und Herrscher, die sächsische Nation und ihr Lenker.

Doch kaum, daß das getreue Wahlvolk wenige Monate vor der Jahrtausendwende sich noch einmal in einer machtvollen Manifestation zu seinem ungekrönten Haupt bekannt hatte, setzten geheime Kräfte das Räderwerk der Geschichte in Gang. Ein unerbittlicher Mechanismus, dem heimtückischen Zweck dienend, eine Säge am virtuellen sächsischen Thron anzutreiben. »Sic transit gloria mundi« hieß es einst bei Papstkrönungen, ein Menetekel, das ein Jahrzehnt lang keiner am sächsischen Hofe auch nur zu denken gewagt hätte. Der Journalistenwitz in Nachrichtenflauten, nichts außer Biedenkopfs Rücktritt lohne jetzt eine Meldung, ist plötzlich keiner mehr.

Auch in Dresden hängt alles mit allem zusammen, und so blieben dem aufmerksamen Beobachter die Vorboten des Thronbebens nicht verborgen: Einige Etagen unterhalb der Krone, aus dem Ständer mit Informationsmaterial am Eingang für das gewöhnliche Staats- und Staatskanzleivolk, sind die Biedenköpfe im Postkartenformat für den Hausaltar mittlerweile verschwunden.

Nur wenige hundert Meter vom Amtssitz entfernt zeigt das Standbild des berühmten »Goldenen Reiters«, mit August dem Starken zugleich das Goldene Zeitalter Sachsens verkörpernd, gefährliche Korrosionserscheinungen an den tragenden Hinterhufen.

Hat eigentlich schon jemand bemerkt, daß der König aus der Stadt hinausreitet?

Der Imam selbst, in seinen besten Jahren nur »der Kopf« genannt, schien denselben völlig zu verlieren. Er schimpfte auf faule Richter, auf Wossis, die nicht in Sachsen wohnen wollten, witterte Intrigen und ließ seinen getreuen Finanzminister in ein Netz fallen, das viele für ein Trampolin hielten, aus dem Georg Milbradt sehr bald schon über Biedenkopfs Höhe emporschnellen könnte.

In den Wandelgängen sächsischer Ministerien, wo SEIN Name bislang nur mit Ehrfurcht ausgesprochen wurde, fielen despektierliche Bemerkungen: »Der spinnt wohl, der Alte?«

Beamte, Unionsfreunde und die Hofjournaille rätselten, ob es sich um einen genialen Plan des Regierungschefs handelte oder um tatsächlich von niemandem zu durchschauende Rösselsprünge eines Königs im Endspiel. Der aber machte ungerührt weiter, düpierte seine Parteifreunde, tappte in Fettnäpfchen, leistete sich im Kommunalwahlkampf verbale Entgleisungen.

Das Superhirn schien unentrinnbar Murphys Gesetz verfallen, dem berüchtigten, dessen mildeste deutsche Sprichwortübersetzung etwa lauten könnte: »Ein Unglück kommt selten allein.«

Ein Untersuchungsausschuß befragte den Landesvater nach den Schnäppchen, die er auf Steuerzahlerkosten mildtätigen alten Investorenfreunden zukommen ließ. Blätter, die sich vor Jahresfrist noch in Elogen und Fortsetzungsromanen über das weißgrüne Fürstenpaar ergingen, kratzten plötzlich im Wortsinne die

Butter vom Brot in der Küchenkommune des Gästehauses der Staatsregierung. Hier, wo die Biedenkopfs zum Sozialwohnungstarif wohnten, kannte sich der Zeitungsleser bald besser aus als in seinem eigenen Wohnzimmer. Unter dem Druck der veröffentlichten Meinung flüchtete das Herrscherpaar schließlich ins benachbarte Radebeul.

Nur weitab des sächsischen Sumpfes, beim Abschluß des Solidarpaktes II, konnte der weltläufige Professor noch einmal brillieren. Zu Hause – aber wo eigentlich ist Biedenkopfs Heimat? – wurde das Alpha-Tier von einer niemals für möglich gehaltenen Allianz von Presse, Opposition und machtbesorgten oder ehrgeizigen Mitgliedern der eigenen Partei waidwund geschossen. Wie konnte es geschehen, fragten sich Beobachter und schockierte Erzsachsen gleichermaßen, über ein Jahrzehnt gewohnt, daß in Sachsen nicht nur alles wie einst zu werden, sondern auch ewig so zu bleiben habe?

»Nur Biedenkopf kann Biedenkopf stürzen«, kommentierten mitfühlende unentwegte Bewunderer. Andere verglichen ihn bereits mit dem späten Nichtsmehrmerker Helmut Kohl. War es allerdings nicht doch mehr? – Wieviel Autokratie vertrug die Demokratie?

Besannen sich die noch jungen Kontrollkräfte der Demokratie in einem ostdeutschen Land allmählich auf ihre Aufgabe und Funktion? Handelte es sich bei den Vorgängen um Biko mithin um »demokratiehygienische« Vorgänge, die uns hoffnungsvoll hinsichtlich ihrer Lebendigkeit und ihres Fortbestehens stimmen sollten? Oder bewirkte allein die Sorge um den Machterhalt der CDU die schleichende Demontage ihres einstigen Machtgaranten, der zu einem unberechenbaren Risikofaktor zu werden drohte? …

Ich will versuchen, mitten in den Turbulenzen der Biedenkopf-Affären und Nachfolgekämpfe Abstand zu gewinnen. Es geht hier nicht allein um die Person, sondern auch um die Rolle des »Landesvaters« und die schon mit dem Begriff insinuierten hierarchischen Strukturen. Sachsen ist nur ein sehr illustratives Beispiel für Deformationen des von der Generation der Verfassungspatrioten getragenen Geistes.

Vor Patriarchen war auch die auf dem Grundgesetz fußende Bundesrepublik nie gefeit. Es gibt Anzeichen, daß ihre Zeit zu

Ende gehen könnte. Insofern kommt dieses Buch auch vorm Ende von Kurt Biedenkopfs Amtszeit als differenzierter und kritischer Nachruf nicht zu früh.

Michael Bartsch
Dresden, im November 2001

Der König zieht ein

Abgeordneten aller Fraktionen, Journalisten und Gästen saß an
jenem 27. Oktober 1990 ein pathetischer Kloß im Hals. Die kon-
stituierende Sitzung des Sächsischen Landtages erschien ihnen als
ein Zielpunkt des Aufbruchs vom Herbst 1989 und ein Anfang
zugleich. Müßig die Frage, was die Gemüter stärker bewegte: die
Restitution des Landes Sachsen, das von nun an wieder *Freistaat*
hieß, oder die nun auch auf Landesebene greifbar gewordene parlamentarische Demokratie, nachdem in nicht ganz logischer Folge die freien Volkskammerwahlen vom 18. März und die Kommunalwahlen vom 6. Mai vorausgegangen waren. Noch hatten
Parteidisziplin und Lagerdenken das Klima nicht vergiftet. Es gibt
Augenblicke suggestiver Feierlichkeit, denen sich niemand entziehen kann. Sie waren an diesem Sonnabend nicht einmal durch
die zuweilen unfreiwillig komischen Versuche des Alterspräsi-
denten Heinz Böttrich zu beeinträchtigen, der Tagesordnung und
der vorläufigen Geschäftsordnung Herr zu werden. Auch nicht
durch den Streit um das Vorschaltgesetz, die provisorische Landesverfassung. Die Kulisse im Rücken des Präsidiums im großen
Saal der Dresdner Dreikönigskirche stimmte noch. »Versöhnung«
war das Gemälde von Werner Juza betitelt, das die gesamte Stirn-
fläche des Raumes einnahm. Bis zur Übergabe des Landtags-
Erweiterungsbaus am Elbufer im Februar 1994 sollte das »Haus
der Kirche« Übergangsdomizil des Landtages bleiben.

Der Geist der Versöhnung prägte auch diese erste Sitzung eines
sächsischen Landtages nach 38 Jahren. Er wurde an diesem Tag
noch verkörpert von einem Mann, der nach siebenstündiger
Debatte und Ministerpräsidentenwahl schließlich seinen Amtseid
ablegte: Professor Doktor Kurt Hans Biedenkopf. »So wahr mir
Gott helfe!«

Es war ein sympathieheischender Moment, den als eiskal-
ten Mathematiker der Rede bekannten Professor so sichtlich
aufgewühlt zu erleben. Viel emotionaler, als es seine Tagebuchaufzeichnungen widerspiegeln.[1] Er sprach vor Aufregung die

gesamte Eidesformel nach, mußte den Schlußsatz sogar wiederholen.

Eine ebenso versöhnliche Ministerpräsidentenwahl war vorausgegangen, in dieser Weise heute ganz undenkbar. 120 der anwesenden 152 Abgeordneten hatten für Biedenkopf gestimmt, der ohne Gegenkandidaten angetreten war. Nur zehn verweigerten ihre Unterstützung. Bei 88 CDU-Stimmen konnte das nur bedeuten, daß auch ein Großteil der Opposition für ihn votiert haben mußte. Der optische Eindruck sagte nichts anderes. Auch PDS-Abgeordnete sah man stehend applaudieren und in das Deutschlandlied einstimmen. Und wann hat je ein Oppositionsführer wie der SPD-Fraktionsvorsitzende Karl-Heinz Kunckel die Wahl seines eigentlichen politischen Gegners als »Entscheidung zum Wohle des Volkes« bezeichnet?[2] Der Gewählte selbst nannte das Ergebnis eine »große politische Inpflichtnahme, aber auch ein großes Stück politischer Kultur«.

Zuvor schon hatte der Weg vom frühen Gottesdienst in der Kreuzkirche zum Tagungsort illustriert, was die nüchternen Zahlen des Landtagswahlergebnisses vom 14. Oktober 1990 aussagten. Mit 53,8 Prozent erreichte die CDU eine nicht für möglich gehaltene absolute Mehrheit, die SPD fiel mit 19,1 Prozent als zweitstärkste Partei deutlich ab. Die spontanen Sympathiebekundungen für Biedenkopf und den Zug der Abgeordneten entsprachen diesem Wählerauftrag.

Sie hatten noch eine andere Qualität als der Vereinigungsbonus, den die CDU in der gerade beerdigten DDR genoß und der ihr bei den Landtagswahlen in vier von fünf Bundesländern die Regierungsmehrheit brachte. Wiedervereinigungstaumel, von erster Ernüchterung noch wenig getrübt, und eine weiß-grüne Sachsen-Euphorie ergänzten einander. In keinem anderen Bundesland äußerte sich landsmannschaftliches Streben so augenfällig, ja bisweilen penetrant wie in Sachsen. Deutschlandfahnen und Sachsenfahnen tauchten zugleich bei den Montagsdemonstrationen des Herbstes 1989 auf. Auf Autoscheiben prangten die heraldisch fragwürdigsten Wappenvarianten und andere patriotische Aufkleber.

Erstaunlich, was an Devotionalien des Königtums in der DDR überwintert hatte. Die Heimatpflege war auch dort nie tot, ein Blick in die Bibliotheksregale und die Zeitungen der Blockparteien beweist es. Plötzlich formierten sich auch die bildungsbürgerlichen Kreise wieder, die im Buch oder auf den Heimatseiten der Lokalblätter oder bei Exkursionen der Volkshochschule oft karge Nahrung gefunden hatten. Die Sachsen, in der DDR wegen ihrer Mentalität meist belächelt, ob ihrer Steigfähigkeit in den Berliner Parteiapparaten oft angegiftet, traten am konsequentesten den geistigen Marsch in eine verklärte Vergangenheit an. »Wer die Vergangenheit beherrscht, beherrscht die Zukunft«, meinte George Orwell in »1984«.

Ein Exponent der Auferstehung sächsischen Geistes war der am 11. März 1990 gegründete überparteiliche »Sachsenbund«. Zur Gründung reiste aus Bayern selbstverständlich Albert Prinz von Sachsen an, der sich im Herbst 1989 plötzlich daran erinnert fühlte, daß er als Wettiner eigentlich an die Elbe gehörte. Als Jammerbild dynastischer Degeneration reiste Königliche Hoheit im Lande umher und bot auf einer Dresdner Montagsdemo gar den Sachsen die Wiedererrichtung einer konstitutionellen Monarchie an.

Gleich das erste Infoblatt des Sachsenbundes stellte den sogenannten Blaschke-Plan vor. Der Kirchenhistoriker Dr. Karlheinz Blaschke gehörte zu den vehementesten Verfechtern eines an die früheren kursächsischen Grenzen angelehnten Groß-Sachsen – ein aus Sachsen, Thüringen und Teilen Anhalts bestehendes Bundesland mit mehr als 9 Millionen Einwohnern, das in der Diskussion über eine Neugliederung des Bundesgebietes bis heute immer wieder auftaucht. Wo schon eine großsächsische Wiedervereinigung entschwand, suchte der Sachsenbund zumindest beitrittswillige Randgemeinden heim ins Reich zu holen, so in Ortrand oder Altenburg.

Ein Wort, das auszusprechen vielen schwerfiel, wurde zum meistgebrauchten Schlagwort dieser Zeit: »Identität«. Sich wieder eins fühlen dürfen mit den Helden sächsischer Geschichte, den Kurfürsten und Königen, den Künstlern, Architekten, Erfindern. Das bot Sicherheit in den von der Negation des *Ancien regime* bestimmten und kaum durch positive Wertvorstellungen jenseits des Geldwertes geprägten aktuellen Lebensverhältnissen. Roland Wauer lästerte in der »Weltbühne« gar über eine »sächsische Irredenta« und spielte damit auf die italienische »Heim ins Reich«-Bewegung von 1877 an. »Ein Volk sucht einen neuen

Dienstherrn. Der Gedanke, daß man dies selbst sein könnte, will nicht recht aufkommen. So wenig Selbstbewußtsein hat der reale Sozialismus hinterlassen. Übermäßig stark ausgeprägt ist die sächsische *Irredenta*. Sachsenkaiser, hilf, scheinen die täglich sich vermehrenden grün-weißen Tücher zu bedeuten. Ach, es gibt keinen Sachsenkaiser? Sagen Sie das nicht, Ihnen fehlt nur der Glaube!«[3]

Ein halbes Jahr nach dem Druck jener Zeilen erschien er tatsächlich, der Sachsenkaiser. Wer in jener Zeit Ohren hatte zu hören, dem mußte bewußt sein, welche Erwartungen an eine Führungsfigur im Sachsenlande vorherrschten und welche Bedeutung daher die Spitzenkandidaturen der Parteien für die Landtagswahl am 14. Oktober haben würden. Medienthema Nr. 1 war im Sommer 1990 freilich der Termin des Beitritts der DDR, deren Verfall sich neben der Wirtschaftskrise auch in der Konfusion der Regierung de Maizière widerspiegelte. Trotz ihrer überraschenden Wahlsiege und bei einer Zweidrittelzustimmung zu Bundeskanzler Helmut Kohl fand sich in dieser Phase die CDU (Ost) weder in Berlin noch in Sachsen in einer komfortablen Situation. Während der Berliner Regierungskrise Mitte August reichte auch CDU-Wirtschaftsminister Gerhard Pohl seinen Rücktritt ein. Zu gleicher Zeit wurde CDU-Generalsekretär Martin Kirchner als Stasi-Zuträger enttarnt und beurlaubt ...

In Sachsen quälte sich die Union, einen aussichtsreichen Gegenkandidaten zur SPD-Bundesgeschäftsführerin Anke Fuchs zu benennen. Die Geister schieden sich am CDU-Landesvorsitzenden Klaus Reichenbach, zugleich so etwas wie Kanzleramtsminister bei DDR-Ministerpräsident Lothar de Maizière. Der Volksmund prägte für seinesgleichen die Bezeichnung »Blockflöte«. Dieses Stigma für seine Person aus der Welt zu schaffen gelang Reichenbach trotz erklärten Bedauerns nicht mehr. Zu eindeutig waren seine Äußerungen als Karl-Marx-Städter CDU-Bezirksvorsitzender. Noch im September 1989 hatte er die Gemeinsamkeiten von SED und CDU (Ost) hervorgehoben und sich »Ratschläge von Kohl und Konsorten« verbeten.

Seine Ambitionen zu durchkreuzen, tauchten unter Vermittlung der Baden-Württembergischen und der Bonner CDU-Zentrale neue Namen auf: Walter Priesnitz, als Staatssekretär in dem von Auflösung bedrohten Innerdeutschen Ministerium offenbar ein Versorgungsfall, und Heiner Geißler, das »soziale Gewissen«

der CDU. Als letzterer zu mitternächtlicher Stunde in einem Telefonat mit dem Baden-Württembergischen Ministerpräsidenten Lothar Späth am 25. August absagte, wählte Späth anschließend die Nummer des Ferienhauses der Biedenkopfs am Chiemsee.

Der Hilferuf kam für B. nicht ganz überraschend, denn die kleine Schar der Dresdner CDU-Neueinsteiger mit dem Etikett der »Reformer« um den früheren Bürgerrechtler Arnold Vaatz hatte schon im Frühjahr eine allgemeine Zusage Biedenkopfs zur Hilfeleistung im Osten erwirkt. War Priesnitz schon als Verhinderer einer Reichenbach-Kandidatur aufgebaut worden, so mußte der Mehrheitsflügel der »Blockflöten« vor einem Biedenkopf erst recht kapitulieren. Der beriet sich eine halbe Nacht mit Frau Ingrid und Freunden und sagte am nächsten Morgen zu.

An diesen Vorgängen sind einige sächsische Besonderheiten bemerkenswert. In allen anderen vor der Gründung stehenden ostdeutschen Ländern setzten sich einheimische Kandidaten durch, die dann auch zum Ministerpräsidenten gewählt wurden. Genannt seien aus den Reihen der alten Ost-CDU die Namen Josef Duchac in Thüringen, Gerd Gies in Sachsen-Anhalt oder Alfred Gomolka in Mecklenburg-Vorpommern. In Sachsen konnte das der Flügel der Neueinsteiger geschickt verhindern. Das auch hier vielfach geäußerte Ansinnen, der Erste der Sachsen solle bitte auch aus Sachsen kommen, spielte ausgerechnet in dem patriotischsten der neuen Länder erstaunlicherweise eine untergeordnete Rolle.

Die SPD schickte schließlich mit Anke Fuchs auch einen »Import« ins Rennen, und in Leipzig amtierte seit Mai mit dem SPD-Mitglied Hinrich Lehmann-Grube ebenfalls ein populärer Oberbürgermeister mit West-Sozialisation.

Ausgerechnet die Wochenzeitung »Sachsenspiegel«, eine stark weiß-grün und eher bürgerlich orientierte Neugründung, titelte »Zu wenig helle Landeskinder«.[4] Das Verfahren, mit dem die Landes-CDU mittels Westimport eine Spaltung zu vermeiden suchte, sei trotz der Person Biedenkopfs »beschämend«, meinte Leitartikler Heinz Weise.

Auch wenn es der im Jahr 2001 zum Tagesthema gewordenen Nachfolgefrage für Kurt Biedenkopf vorgreift, veranschaulicht eine Anekdote, wie wenig sich an dieser Sehnsucht nach dem starken Mann und dem mangelnden Selbstvertrauen der Sachsen geändert zu haben scheint. Auf einer der drei Regionalkonferenzen, auf denen sich die beiden Bewerber um den am 15. September 2001 neu zu wählenden Parteivorsitzenden vorstellten, meldete sich in Bautzen auch ein CDU-Basismitglied aus der benachbarten »Schnapsfabrikstadt« Wilthen zu Wort. Er zeigte sich beeindruckt von der analytischen Schärfe und dem geschlossenen Vortrag des ehemaligen Finanzministers Georg Milbradt, worin dieser Kurt Biedenkopf durchaus ähnelt, und gab dann mit dem rollenden »r« in der Stimme leicht resigniert zum Besten: »Nach Ihrer Rede ist es logisch, daß wir wohl auf Sie zurückgreifen müssen. Wir Sachsen sind nicht in der Lage, da irgend jemanden zu stellen.« Anhaltender Beifall der Parteibasis, betretene Gesichtszüge beim erzgebirgischen Kontrahenten und Umweltminister Steffen Flath.

Kurt Biedenkopf entsprach auf Anhieb solchen Ideal-Vorstellungen, so diffus sie auch in der Bevölkerung gewesen sein mögen. Das wenige, was man von ihm wußte, genügte. Arnold Vaatz faßte es in seinem ersten Interview nach Nominierung dieses »absoluten Könners« im Landesvorstand sicherlich treffend zusammen: »Mit ihm steht ein Meister der wirtschaftspolitischen Analytik zur Verfügung, ein Politiker von europäischem Ruf, ein Mann, der auf sehr schnelle und rationelle Weise auf die wirtschaftlichen Probleme hier in Sachsen reagieren wird.«[5] In der gleichen Zeitungsausgabe mußte allerdings die Redaktion erst einmal Informationen zum Kandidaten nachliefern, die den meisten West-Bundesbürgern längst geläufig gewesen sein mögen.

In diesem Porträt tauchte auch die Formulierung vom »politisch bereits totgeglaubten Kurt Biedenkopf« auf. Immerhin hatte beispielsweise der »Spiegel« am 25. September 1989 noch von der weiterhin vergeblichen Suche Biedenkopfs nach einem Wahlkreis für die nächste Bundestagswahl berichtet.

Der schlichte Durchschnittswähler in Sachsen wußte indessen wenig vom politischen Abstieg des »Professors« in Nordrhein-Westfalen. Er hatte wohl von einem ehemaligen CDU-Generalsekretär gehört, vielleicht auch von dessen gespanntem Verhältnis zu Helmut Kohl. Er hatte eine Ahnung von einem kompetenten Juristen und Wissenschaftler, der auch ein Intermezzo im Vorstand des Henkel-Konzerns hinter sich hatte. Vielleicht war ihm auch aus mancher Rundfunk- oder Fernsehsendung, so seine Antenne groß genug war, das Bild vom »Biedenköpfchen« geläufig. Von einem also, der etwas zu gescheit war für die CDU, wenn nicht für das Tagesgeschäft politischer Parteien überhaupt.

Wenn damals etwas über das politische Scheitern Biedenkopfs bekannt wurde, nährte es allenfalls seinen »Querdenker«-Ruf. Viele glaubten damals noch, der CDU-Vorsitzende und Kanzler Helmut Kohl habe Biedenkopf – trotz seiner Verdienste um die organisatorische und programmatische Reorganisation der CDU – 1977 aus dem Amt des Generalsekretärs hinausgekelt, das er ihm vier Jahre zuvor selbst angetragen hatte. Daß einer irgendwo im Westen Opfer von Personalintrigen, aber auch eigener Fehlkalkulationen werden konnte, schien nur natürlich. Noch dazu innerhalb einer Opposition, die in Nordrhein-Westfalen gegen den übermächtigen Ministerpräsidenten Johannes Rau und seine SPD auf verlorenem Posten stand. Wer wußte schon, daß Biedenkopf im Juni 1990 gerade mal auf Platz sieben der Landesliste für die Bundestagswahlen Ende des Jahres gesetzt worden war?

Von der Schadenfreude, die sich üblicherweise in der öffentlichen Meinung nach dem Fall eines Politikers breitmacht, ahnte man im Osten damals noch wenig.

Dieser Politiker Biedenkopf sah sich 1990 nicht zu seinem Nachteil ganz auf sich selbst zurückgeworfen, versuchte, sich von den Kränkungen zu lösen. Am Tag nach seinem 60. Geburtstag notierte er: »Überhaupt scheint mir manches von den Schultern genommen, das mich noch vor Monaten beschwerte. Vieles von dem, was mich in den vergangenen Jahren gequält hat, ist kleiner und unwichtiger geworden. Dazu gehören auch die ganzen Irritationen und Schmerzen, die Kohl und sein Anhang mir verursacht haben. Sie sind mir nicht mehr wichtig.« [6]

Doch nicht einmal die biografischen Anknüpfungspunkte und Leistungen, die Kurt Biedenkopf einen nachweisbaren Sachsen-Bonus hätten verschaffen können, waren einer größeren Öffentlichkeit bekannt. Viele Zugereiste entdeckten damals irgendeinen sächsischen Zweig in ihrer Genealogie, legitimierten ihr Tun im Osten quasi mit einem Tropfen sächsischen Blutes in den Adern. Der junge Kurt war, obschon wie Helmut Kohl in Ludwigshafen geboren, sogar im sächsischen Schkopau zur Schule gegangen. Vater Wilhelm, Chefingenieur der IG Farben, hatte dort 1938 eine Stelle als Technischer Direktor der Buna-Werke angetreten. Daß Mutter Agathe Biedenkopf damals nur widerwillig nach Sachsen ging, weil man sich »Sibirien auf gefährliche Weise genähert« habe, sagt nichts über die heutige Sachsen-Affinität von Sohn Kurt aus.[7]

»Ein gesegnetes Land«, ließ er sich am 8. April 1990 in einer Tagebuchnotiz nach einer Fahrt von Leipzig nach Dresden zur Schwärmerei hinreißen.[8] Das war eine knappe Woche nach seiner ersten Vorlesung am Zentrum für Internationale Wirtschaft der Universität Leipzig, einen Tag vor der offiziellen Antrittsvorlesung als Gastprofessor. Die Berufung hatte Kurt Masur angeregt, der mit seinem persönlichen Gewicht zugunsten einer Horizonterweiterung im Lehrbetrieb interveniert hatte. Die wenigsten wußten, daß Biedenkopf dafür die Direktkandidatur für die bevorstehenden Bundestagswahlen im Bonner Wahlkreis aufgegeben hatte.

Was er ungefähr in Leipzig zu sagen gedachte, konnten geduldige Leser der Dresdner CDU-Zeitung »Union« dann doch am 12. April 1990 auf einer ganzen Seite nachlesen, die das Blatt von der *Süddeutschen Zeitung* übernommen hatte. Es war die erste öffentliche Publikation Biedenkopfscher Gedanken in der DDR. Die Aussagen dort decken sich zum Teil wörtlich mit den zehn Jahre später veröffentlichten Tagebuchaufzeichnungen. Im Kern ging es um eine notwendige Veränderung auch der alten Bundesrepublik durch die absehbare Einheit. Was die künftige Rolle eines geeinten Deutschlands in der Welt betraf, befand sich Biedenkopf im Konsens mit der von Kanzler Kohl bestimmten Unionslinie. Das »Provisorium« der Nachkriegsära, in der noch Helmut Schmidt vom »ökonomischen Riesen und politischen Zwerg« Deutschland sprach, ginge zu Ende.

Für die Selbstfindung des wiedervereinigten Deutschlands aber postuliert der Professor eine neue Sinnsuche, die sowohl das eigene Lager als auch Sozialdemokraten und Gewerkschafter hätte alarmieren müssen, wäre sie nicht schon lange Biedenkopfsche Agenda gewesen: Der Staat habe sich bisher durch Wirtschaftserfolge und seine Sozialpolitik definiert. Dieser »Krückstock der sozialen Identität« aber sei nicht mehr haltbar, wenn das Anspruchsdenken der Bevölkerung die Leistungskraft des Sozialstaates absehbar überfordere. An seine Stelle sollten »außerökonomische« Identitätsfaktoren« treten, also die kulturelle, historische und nationale Dimension des Staates. Ein Vorgriff auf den später versuchten »Sachsen-Mythos«.

Der nachgedruckte Artikel aus der *Süddeutschen Zeitung* war spürbar an Westdeutsche adressiert und kaum geeignet, in diesem Punkt Sympathien bei der hinsichtlich künftiger sozialer Verankerung total verunsicherten DDR-Bevölkerung zu wecken. Andere Passagen hätten eher Zustimmung gefunden, in denen Biedenkopf vor einem bedingungslosen Überstülpen der westdeutschen Wirtschaftsordnung warnte und verträgliche Übergangslösungen anmahnte. Aber wer las schon einen solch professoralen Text?

Am 3. Mai erschien in der gleichen Dresdner Zeitung, der *Union,* außerdem ein kommunalpolitisches Interview mit Biedenkopf. Darin betonte er, daß die Entscheidungen über Beratungs- und Hilfeleistungen aus dem Westen von den Verantwortlichen im Osten zu treffen seien und sich niemand aufdrängen solle.

Liest man heute die Tagebuchaufzeichnungen Biedenkopfs, fragt man sich, warum er in jener Zeit im Osten wie auch im Westen kaum öffentlich wahrgenommen wurde.

Nur Spezialisten kannten sein parteienkritisches Buch »Zeitsignale«, lediglich Eingeweihte hatten mitbekommen, daß er an Stelle von Elmar Pieroth Wirtschaftsminister der Regierung de Maizière werden sollte. Was er an eher stillem DDR-Engagement mitbrachte, wem er als Berater diente oder was er im CDU-Bundesvorstand kritisch äußerte, kann nicht wahlentscheidend für Sachsen gewesen sein. In der Presse dominierten selbst in der Zeit des Landtagswahlkampfes die Stasi und die Beitrittsverhandlungen vor dem 3. Oktober. Welcher Sachse erinnerte sich zum Zeitpunkt der Nominierung Biedenkopfs als CDU-Spitzenkandidat noch an seinen gemeinsam mit Georg Leber (SPD) aufgestellten Plan eines deutsch-deutschen Lastenausgleichs? Am 15. November 1989 wurde daraus der offizielle Vorschlag der Einrichtung einer »Solidaritäts-Stiftung des deutschen Volkes«, in die zum Beispiel das Mehrprodukt eines bundesweiten »Subbotniks« am 17. Juni einfließen sollte.

Mit ungläubigem Staunen liest man heute die Überlegungen jener dichten Umbruchzeit nach. Auch mit anderen, freilich nur im kleinen Kreis geäußerten oder dem Tagebuch anvertrauten Gedanken lag Biedenkopf gefährlich nahe an Positionen, mit denen die PDS im Spätwinter 1990 gerade wieder Wählerprozente gutzumachen begann. »Selten ist mir so deutlich geworden, wie groß die Gefahr ist, daß die Menschen in der DDR von einer Vormundschaft in die andere wechseln«, notierte er nach der von Kohl forcierten *Allianz für Deutschland* aus CDU (Ost), DSU und Demokratischem Aufbruch am 6. Februar 1990 in sein Tagebuch.[9] »Mir wird immer deutlicher, wie dringend die Menschen in der DDR Anwälte brauchen, die sie vor der wirtschaftlichen, politischen und geistigen Überwältigung durch die weit stärkere Bundesrepublik schützen und ihnen die Räume schaffen, die ihnen eine Anpassung an die tief greifenden Veränderungen gestatten, ohne daß sie dabei neue geistige und seelische Schäden erleiden«, hieß es zwei Wochen später an gleicher Stelle.[10]

Die Staatssicherheits-Problematik kommentierte er nach den Fällen Schnur, Böhme und de Maizière ebenfalls im Tagebuch. »Verfolgt werden können mit politisch vertretbaren Konsequenzen wohl nur die Sachverhalte, in denen sich die Betroffenen strafbar gemacht haben. Dagegen war eine Zusammenarbeit, auch eine Tätigkeit als Informant, als solche nicht rechtswidrig. Alle diese Aktivitäten müßte man folglich generell zumindest politisch amnestieren. Andernfalls wird es kaum möglich sein, in der DDR zu handlungsfähigen Staatsorganen zu gelangen.«[11]

Solche Ansichten hätten bei breiter Publikation ebenso heftige Zustimmung wie Ablehnung bei Ostdeutschen auslösen können. Biedenkopf polarisierte. Und ausgerechnet der sollte Integrationsfigur sein?

Die Kenntnisse über Kurt Biedenkopfs Biografie und seine Positionen waren auch in Sachsen dürftig und sein Image diffus. Das wenige, was durchgesickert war, und sein Auftreten in den sechs Wahlkampfwochen aber genügten, einen den heimlichen sächsischen Erwartungen genau entsprechenden Ruf zu begründen. Da kam einer, der verstand sich wie Kohl als Motor der Einheit und hatte zugleich unter diesem »gelitten«. Kohl wurde nicht unbedingt von allen Sachsen gleichermaßen geliebt und verehrt. Mithin: Biedenkopf erschien als Verkörperung der beiden Seelen, die in der ostdeutschen Brust lebten. Er segelte im Windschatten des Kanzlers, der sich vehement gegen die Kandidatur dieses »Traumtänzers« gewehrt hatte, und überholte ihn an Popularität, ohne ihm in der Sonne zu stehen. Der CDU-Vorsitzende Kohl änderte aus taktischen Gründen prompt sein Verhalten, sprach vom »richtigen Mann zur richtigen Zeit am richtigen Ort«.

Die Sachsen hätten sich durch die Kandidatur eines Biedenkopf geschmeichelt gefühlt, erklärten Beobachter im Rückblick. Da wäre einer wie Parsifal dahergekommen, der allein den Gral in die traurige Runde zu bringen vermochte. Oder der wie Moses das Volk ins gelobte Land führen würde, in dem Milch und Honig flössen. Biedenkopf selbst erzählte unter dem Datum des 30. August 1990 eine erhellende Anekdote, die diese Hoffnung zu bestätigen scheint. Als er den reservierten Parkplatz Kurt Masurs am Leipziger Gewandhaus benutzte, habe ihn der Wächter daran hindern wollen. Als er Biedenkopf jedoch erkannte, soll – so Biedenkopf – der Mann erklärt haben: »Ei verbibsch! Der neie sächsche Kenich!«[12]

Nur die mit Biedenkopfs Schicksal vertraute überregionale Presse erfaßte, daß in Sachsen einem gedemütigten Mann von 60 Jahren späte Genugtuung winkte. Zu den Pointen gehörte, daß sowohl Kohl als auch Biedenkopf durch die deutsche Einheit in einem Tief ihrer Laufbahn eine zweite Chance bekamen. Die Ostdeutschen verhinderten ihr politisches Ende. Die sichere Zustimmung der Sachsen versprach Kurt Biedenkopf, was ihm am Rhein mißlungen war: eine politische Hausmacht, eine gefestigte Operationsbasis, mehr Gewicht für offensive Argumente auf Bundesebene.

Das war eine bemerkenswerte Synchronität von Erwartungen: Auch die Sachsen fühlten sich jahrzehntelang erniedrigt und zurückgesetzt. Hier kam einer von drüben, der ihrer wert war und wie sie einen Neuanfang wollte.

Seine Frau Ingrid hat das in der ihr eigenen direkten Art einmal in einem Gespräch mit dem Magazin »Stern« bestätigt: »Er denkt dauernd. Und hier kann er auch sagen, was er denkt, weil er mit einer wundervollen Mehrheit gewählt worden ist. Die Menschen hier lieben meinen Mann, sie tragen ihn auf Händen.«[13]

Nach zehn Jahren Regentschaft, im Jahre 2001, tief getroffen von den Affären um die Privilegien der Herrscherfamilie, versuchte Kurt Biedenkopf seinen Gang nach Sachsen als einen Akt des Mitgefühls darzustellen. Er habe verzichtet wegen dieses Amtes – auf eine gutgehende Anwaltskanzlei und damit auf ein Mehrfaches des Einkommens eines Ministerpräsidenten. Da schwingt ein Appell an schuldige Dankbarkeit mit, die er doch stets als politische Kategorie ablehnte, weil sie Abhängigkeiten erzeuge. Was er nicht sagt: Schon in Nordrhein-Westfalen stand er im sprich-wörtlichen Ruf eines »Honorar-Professors«.

Tatsächlich finden sich zu seiner persönlichen materiellen Situa-tion im Tagebuch der Jahre 1989/90 sehr widersprüchliche Aus-sagen. Einmal ist von Sorge um die künftige Existenz die Rede, dann wieder zitiert er seinen amerikanischer Freund Milton Fried-man, der seine Situation als ideal bezeichnet, was wohl auch Bie-denkopf so sah. Natürlich erwähnt er die Anwaltspraxis, das gemeinsam mit Meinhard Miegel gegründete Institut für Wirt-schaft und Gesellschaft, das Bundestagsmandat, Parteifunktio-nen, die zunehmende Verankerung in der DDR. Es fehle nur noch, daß Kurt Biedenkopf Kanzler würde, läßt er Friedman sagen.[14]

Biedenkopf winkte an dieser Stelle ab und sah seine Rolle eher als Nachdenker, Schreiber, Berater und Warner im Osten: »Ich muß mich nur endgültig von der Vorstellung lösen, diese Aufga-be mit dem Versuch zu verbinden, noch einmal hervorgehobene politische Ämter anzustreben. Die inhaltliche Arbeit müßte unter einem solchen Versuch leiden«, schrieb er am 10. Juni 1990 in sein Tagebuch.[15]

Wie stark diese Einsicht mit Eitelkeit und Ehrgeiz kollidierte und welcher Stau sich mit dem Ruf nach Dresden löste, bestätig-te seine offenherzige Äußerung auf dem CDU-Landesparteitag am 1. September 1990. Seine Nominierung sei ein Glücksfall für Sachsen, hatte DDR-Ministerpräsident Lothar de Maizière dort erklärt, und Biedenkopf erwiderte, sie sei auch ein Glücksfall für ihn persönlich. Wie sehr er mit aller Energie in diese vielverspre-chende Aufgabe eintauchte, verriet eine euphorische Tagebuch-notiz drei Wochen später: »Alles scheint zu stimmen: Das Amt, die Art der Berufung, die Herausforderung, die Vorbereitung auf sie und die persönlichen Neigungen und Fähigkeiten.«[16]

Die Sachsen haben das gespürt. Aus einer defensiven Aus-gangslage näherte sich Kurt Biedenkopf ihnen zunächst nicht als der »Besserwessi«, sondern mit Respekt und als ihr *Ombuds-mann*, von dem er immer wieder sprach. So erklärlich es war, daß er keine Rückfahrkarte in ein sicheres Amt im Westen buchen konnte wie viele andere Importkandidaten für die neu zu bilden-den Länder – es verschaffte ihm zusätzliche Sympathien. Für weni-ge Wochen wurde er sogar noch Staatsbürger der DDR, um für das Landesparlament wählbar zu sein. Ohne Machtehrgeiz,

behauptete er damals noch im Tagebuch, und lediglich als Start-
helfer. Denn in fünf Jahren, so schätzte er damals, würde er sich
wieder auf kluge Worte und Schriften zu den großen Fragen des
Universums zurückziehen wollen.

Wie Kurt Biedenkopf allerdings die ersten Wochen nach
seiner Nominierung in Sachsen anging, läßt viel vom wiederer-
wachten Machtgefühl ahnen und barg die Keime späterer Konflikte schon in sich. Seine Spitzenkandidatur für die CDU kam
faktisch einer Wahl zum Ministerpräsidenten gleich. Darüber
herrschte allgemeine Gewißheit, und der Kandidat selbst verhielt
sich auch entsprechend.

Mit seiner Nominierung begann neben dem obligatorischen
Wahlkampf praktisch schon die Regierungsarbeit. Vorarbeiten für
die Gestaltung der Exekutive hatte bereits der Koordinierungs-
ausschuß zur Bildung des Landes Sachsen geleistet. Unter der
geschickten Führung von Arnold Vaatz war hier die CDU-
Machtübernahme mit überwiegend neuen Kräften vorbereitet
worden. Darauf baute der Spitzenkandidat zwar dankend auf, seine Wahlkampfmannschaft holte er – um der Professionalität willen – dennoch aus Baden-Württemberg. Und bei den ersten
Gesprächen über eine Neugestaltung der Verwaltung verließ
er sich unter anderem auf zwei ausgesprochene Altlasten – die
Unionsfreunde Siegfried Ballschuh und Rudolf Krause, die in den
noch bestehenden Bezirken Dresden und Leipzig in der Spitzen-
position eines Landesbeauftragten amtierten. Beide verließen die
Bühne der Geschichte bald durch die Falltür: Krause immerhin
als Innenminister wegen Vorwürfen früherer IM-Tätigkeit für die
Staatssicherheit. (Die »Reformer« um Vaatz wußten übrigens
damals schon vom Biedenkopfschen Pragmatismus, der mit dem
Menschenrechtspathos des 89er Aufbruchs nicht viel gemein hatte. Sie versuchten deshalb, durch Plazierung eigener Leute in seiner Umgebung Einfluß zu gewinnen. In den meisten Fällen
mißlang das, etwa bei Biedenkopfs mit nach Dresden gewechselten langjährigen Sekretärin Ina Martens.)

Um die desolate Landespartei insgesamt scherte sich der de-
sig-nierte Regierungschef ebenso wenig wie um die am 14. Oktober 1990 zu wählende Legislative. »Ich habe nicht die Absicht,
die Zusammensetzung der Regierung vorher mit der Partei ab-
zusprechen«, schrieb er am 19. Oktober 1990 ins Tagebuch.[17]

Absprechen mochte er die Berufung von Ministern überhaupt mit niemandem und ließ dies als alleiniges Recht des Ministerpräsidenten schon in das Vorschaltgesetz, die »Hilfsverfassung«, schreiben. Das war nun zwar kein sächsisches Privileg. Sachsen hätte sich aber auch an Bundesländern wie etwa Bayern oder Berlin orientieren können, die die Minister bzw. Senatoren vom Abgeordnetenhaus bestätigen lassen.

Wohl handelte Biedenkopf bei der Kabinettszusammenstellung auch auf Empfehlungen, acht der zehn Minister kamen aus Sachsen. Auch auf konfessionelle Parität achtete in ganz konventioneller Weise der Regierungschef. Das waren Zahlenverhältnisse, die sich bald ändern sollten. Doch eben wegen der Alleinentscheidungsbefugnis des Ministerpräsidenten ereignete sich bereits auf der zweiten Landtagssitzung am 8. November 1990 ein Eklat. Der Geist der Versöhnung auf dem Wandgemälde in der Dreikönigskirche schwand, als die Minister vereidigt werden sollten. Die CDU-Fraktion lehnte einen Antrag der Bündnisgrünen ab, über die neuen Minister zu debattieren und sie vom Parlament bestätigen zu lassen. Daraufhin verließen die zehn Abgeordneten der Bündnisfraktion unter Hinweis auf die angebliche Verfassungswidrigkeit des Verfahrens die Kirche. Wie wenig der neue Regierungschef in seinem Innersten von den gewählten Volksvertretern hielt, sagte er damals noch nicht öffentlich. Zehn Jahre später jedoch konnte man seine Überzeugung von der künftigen Dominanz der Exekutive an zahlreichen Stellen seines Tagebuches nachlesen.

Beim Streit um das Vorschaltgesetz in den beiden Wochen bis zur konstituierenden Sitzung des Landtages am 27. Oktober 1990 trieb Biedenkopf seiner CDU-Mehrheitsfraktion auch gleich den Rest von Runder-Tisch-Mentalität aus. Die Christdemokraten waren nämlich geneigt, der SPD-Forderung nachzukommen, das verfassungsähnliche Vorschaltgesetz mit Zweidrittelmehrheit zu verabschieden. Biedenkopf, der im Buch »Zeitsignale« so viel über die Auflösung traditioneller Parteigrenzen und Überparteilichkeit sinniert hatte, agitierte jedoch seine Fraktion, sie habe mit ihrer absoluten Mehrheit von nun an Verantwortung *allein* wahrzunehmen. Am Ende stand ein Kompromiß, wie er für die folgenden Jahre der sächsischen Parlamentsarbeit typisch werden sollte. Gesetze im Verfassungsrang wurden mit Zweidrittelmehrheit verabschiedet – ob es sich jedoch um solche handelte, entschied die CDU mit ihrer einfachen Mehrheit allein. Der artigen SPD genügte das, um ihr Gesicht zu wahren.

Der Autokrat schimmerte bei Biedenkopf also schon durch, auch wenn er öffentlich auf möglichst breiten Konsens setzte und gegen keine Partei – außer der PDS – Wahlkampf führen wollte. Er wurde auch sichtbar in einer verräterischen Tagebuchnotiz am 24. Oktober 1990 zur Neuordnung der Medienlandschaft. Bei einem Treffen mit Helmut Kohl in Bonn pflichtete Biedenkopf dem Kanzler bei, dieser Neuordnung höchste Priorität einzuräumen. »Wir haben die Chance, über die Umstrukturierung der Medien als Folge der deutschen Einheit insgesamt auf die Medienlandschaft einzuwirken.«[18]

Auch die feinen Wurzeln einer erst zehn Jahre später in einen Untersuchungsausschuß des Landtages mündenden Affäre ließen sich schon im Jahr 1990 aufspüren. Ganz selbstverständlich reiste Biedenkopf mit seinen Unternehmerfreunden Heinz Barth und Max Schlereth durch das Land und vor allem in die Großstädte, um Investitionen vorzubereiten. Von den Stadtverwaltungen erwartete er schnelle Genehmigungen und günstige Konditionen für deren Bauvorhaben, wie sie später als Köder für das scheue Reh Kapital ostüblich wurden. Zugleich verlangte er radikale Aufklärung über Vorwürfe der Bestechung durch westliche Investoren gegen den Chemnitzer CDU-Oberbürgermeister Dieter Noll, der später auch tatsächlich zurücktreten mußte.

Peinlich hingegen wurde es, als Biedenkopf die Grundsteinlegung für das Gewerbegebiet Kesselsdorf im Dresdner Umland pries. Dort, so lobte Biedenkopf, habe man den Investoren nicht so viel bürokratische Steine in den Weg gelegt wie etwa in der sächsischen Landeshauptstadt.

Die Architektenkammer Sachsen nannte schon bald dieses Kesselsdorf ebenso wie das Erschließungsgebiet Weißig bei Dresden ein abschreckendes Beispiel für den Wildost-Bau auf der Grünen Wiese. Sie nahm es als Anlaß, neuerlich vor anarchischen Zuständen und vor einem Kniefall vor dem Westgeld zu warnen. »Häuserhaufen« urteilte Präsident Helmut Trauzettel über die Bau- und Planungssünden.

In Dresden mußte sich der SPD-Wirtschaftsdezernent Roland Nedeleff für langsamere Genehmigungen erklären. Er tat es mit

dem Hinweis auf die noch zu leistende Flächennutzungs- und Leit-
bildplanung, in die Investitionsvorhaben sinnvoll einzuordnen
seien. Das konnte durchaus auch als ein dezenter Hinweis auf die
ästhetischen Defizite des hochgebildeten Professors Biedenkopf,
wie sie später in Kunst- und Kulturfragen immer wieder zu beobachten waren, verstanden werden.

Lange währte der Versuch einer geordneten Wiederherstellung
des früheren Gesamtkunstwerkes Dresden allerdings nicht. Mit
zahllosen Architekturverbrechen, der vielzitierten »dritten Zer-
störung« in den 90er Jahren, ist »Elbflorenz« verwechselbarer
geworden. Einzig die einmalige Lage im Elbtal konnte nicht ver-
fälscht, korrigiert oder historisiert werden.

Annäherung an einen Archetyp

Den Maler und Dresdner Kunstpreisträger des Jahres 2001, Siegfried Klotz, muß ein bißchen der Hafer gestochen haben. Im Frühjahr jenen Jahres rang auf seiner Staffelei ein üppiges Nacktweib mit einer zähnefletschenden Bestie. Titel offen, aber den Untertitel lieferte eine unscheinbare Figur im Hintergrund mit einer viel zu großen Krone: »Der kleine König.« Ein Vierteljahr später war diese Figur aus dem Bild verschwunden. Das Gemälde hieß nun »Kampf der Muse«. Der Maler wurde nach dem Verbleib des Kronenträgers befragt. Sei er Prophet, deute er die Zeichen der Zeit? Oder habe er damit lediglich auf die aktuelle Haushaltssperre reagiert, von der die Kunstförderung in Sachsen besonders betroffen war? Siegfried Klotz blieb die Antwort schuldig.

Auf einem Leipziger Trödelmarkt hingegen war zur selben Stunde ein gerahmtes Konterfei des Königsdarstellers noch zu haben. Gemalt von einem unbekannten litauischen Künstler. Nicht mit königlichen Insignien, sondern pfeiferauchend am Schreibtisch vor der Sachsenfahne. In Öl. Für 1.300 Mark. Der Trödler hoffte gar auf Wertsteigerung ...

Zwei Beinamen begleiteten die Amtszeit Kurt Biedenkopfs in Sachsen: »König Kurt« und »Landesvater«. Er hatte sich die schmeichlerischen Attribute nicht erarbeitet, sie sind ihm nicht nach langer, erfolgreicher Regentschaft zugewachsen. Praktisch bei Bekanntwerden seiner Kandidatur wurde ihm schon der Purpurmantel umgelegt. Der Vorgang erinnerte an das Zeremoniell der Germanen: Die Gefolgsleute stellten ihren erwählten Führer auf einen Schild und hoben ihn hoch.

Kurt Biedenkopf mußte zuvor keine Schlacht gewinnen oder sich gegen andere durchsetzen. Es passierte einfach. Ein Wunder halt, wie er selber meinte. Am Rande der ersten Lesung des Einigungsvertrages im Bundestag, so notierte Biedenkopf am 6. September 1990 ins Tagebuch, hätten sich in Bonn »wundersame Dinge« ereignet. Fraktionskollegen seien überraschend freundlich zu ihm gewesen, und einige hätten ihn schon als »Kurfürst von Sachsen« betitelt.[19]

Die Wochenzeitung »Sachsenspiegel« stieß ins gleiche Horn, sie schrieb am 2. November 1990 nach der Ministerpräsidentenwahl: »Der Vergleich zwischen Kurt Biedenkopf und diesen populären Vorfahren an Sachsens Spitze (August der Starke – d. A.) liegt auf der Hand und wurde in der Tagespresse schon weidlich ausgeschlachtet. Tatsächlich muß man schon in die Geschichte zurückgehen, um einen ähnlichen Bonus für den Ersten im Staate konstatieren zu können.« Man gewährte einen »Vertrauensvorschuß für Sachsens ›Biko‹«. Chefredakteur Emil Ulischberger bemühte sich jedoch im weiteren, den Personenkult auf ein erträgliches Maß herunterzuschrauben: »Es ist uns kein neuer sächsischer König geschenkt worden, und Kurt Biedenkopf wäre sicherlich der erste, der einen solchen Vergleich mit einem freundlichen Lächeln als verfehlt zurückweisen würde.«

Nach Lektüre seines Tagebuches bin ich mir da nicht mehr so sicher. Auch wenn seine damaligen Reden, Interviews und öffentliche Auftritte eine solche Einschätzung zu bestätigen schienen.

Das Lob für den Regenten war zugleich ein indirektes Selbstlob der Sachsen. So einen bekommen nur wir! Wir haben seine wahren Stärken und Vorzüge erkannt, wozu die im Westen nicht fähig waren.

Nicht einer fragte, ob Biedenkopfs Scheitern im Westen tatsächlich auf Ignoranz, Unterschätzung und Mißgunst zurückzuführen war, wie man meinte. Ob es nicht auch Gründe gegeben haben könnte, die unmittelbar mit dem Charakter und den Fähigkeiten des nunmehr Gesalbten zu tun hatten.

Kurt Biedenkopf verstand es jedenfalls, mit Intuition und Erfahrung sich den vor sich hin grummelnden sächsischen »Nationalstolz« zu Nutze zu machen. Ohne diese Erwartungshaltung bei breiten Wählerschichten hätte es nicht diesen Durchmarsch gegeben.

Die Sehnsucht nach einer starken Führungsfigur speiste sich vor allem aus zwei Komponenten: aus der allgemeinen Desorientierung der postrevolutionären Übergangsphase und aus einem erheblichen Defizit an demokratischen Fähigkeiten, gepaart mit dem latenten sächsischen Royalismus. Das bestätigt ganz offen die Unterzeile des bereits zitierten Artikels im »Sachsenspiegel«:

»In den neuen Bundesländern muß der Parlamentarismus erst ein-
geübt werden.« Und wer sollte dabei helfen? »Kurzum, er (Biedenkopf – d. A.) flößt Vertrauen ein und Sicherheit und gibt den
Mut, wieder Hoffnung zu schöpfen.«[20]

Gegen solcherart Zuspruch war nichts einzuwenden. Hinter
diesen Aussagen steckte aber mehr. Sie offenbaren das sächsische
Selbstbewußtsein als ein Dornröschen, das gleichsam wachgeküßt
werden mußte. Ein Fremder allein, der auswärts etwas galt und
dort Autorität genoß, mußte und konnte es ins Leben zurückho-
len. Niemand formulierte das entlarvender als der ehemalige
CDU-Generalsekretär und nachmalige Landwirtschafts- und
Umweltminister Steffen Flath im Jahre 2001. Vor einer Regionalkonferenz der CDU-Basis rief er aus: »Kurt Biedenkopf hat den
Sachsen ihren Stolz zurückgegeben!«

Keine Frage: Mangelnde Souveränität war nicht nur in Sachsen zu beklagen. Auch in den anderen Beitrittsländern war Selbstvertrauen rar. Es wird wohl nie abschließend geklärt werden
können, weshalb die leidenschaftliche »Basisdemokratie«, die
die Verhältnisse zum Tanzen brachte, nicht in die parlamentarische, repräsentativen Demokratie einging. Demokratie und freie
Wahlen, mündige Staatsbürger und Selbstbestimmung waren
schließlich auf Losungen und Spruchbändern im Herbst 1989 her-
beigerufen worden. Hatte möglicherweise die Sehnsucht nach
politischer Freiheit und nach einem demokratischen Staatswesen
den Aufbruch 1989 doch nicht so dominiert, wie die politischen
Sieger der deutschen Vereinigung und eine stereotype Geschichts-
schreibung behaupten?

In Sachsen (und anderswo) wurde die Sehnsucht mit der formalen Übernahme des bundesdeutschen Systems offenbar sehr
schnell gestillt. Dabei wurde offenkundig ausgeblendet, daß
Demokratie nur bedingt und auf Zeit Macht an Volksvertreter dele-
giert. Das meint: Menschen aus ihrer Mitte und eben mit befri-
stetem Mandat. Denn das war der Fortschritt: Politische Verantwortung wurde nicht auf Lebenszeit vergeben, sie fiel auch nicht
qua Geburt und Herkunft den Betreffenden zu, sondern mußte
mit Charakter, Qualifikation und Verläßlichkeit erstritten und
behauptet werden. Demokratie bedeutet die permanente Einmi-
schung des Bürgers.

Eine Wunschvorstellung, gewiß, doch nur wenige im Osten

hatten vor 1990 die Gelegenheit gehabt, per Augenschein im Westen festzustellen, wie nah (oder fern) die Realdemokratie von der Idealdemokratie war. Ihre Vorstellung war bestimmt vom Selbstbild der Westdeutschen. »Das beste aller schlechten Systeme«, Verbesserungen waren nicht erforderlich, weshalb ja auch die Einheit über den Beitritt gemäß Artikel 23 GG und nicht über Artikel 146 gewählt wurde: Variante 2 sah nämlich die Erarbeitung einer neuen, gemeinsamen Verfassung vor, mithin die Neuorganisation der deutschen Demokratie.

Sachsen war hinsichtlich von Obrigkeitsdenken und Fürstentreue kein deutscher Einzelfall. Aber hier zeigte sich die Fortexistenz der Autoritätshörigkeit besonders deutlich. Der vormundschaftliche Staat hatte nur seine Instrumente und seine Protagonisten gewechselt. Die Neigung des Staatsvolkes, sich führen zu lassen, war, wenngleich kurzzeitig erschüttert, geblieben. Der Absturz der im Bündnis 90 zusammengeschlossenen Bürgerrechtler bei den Wahlen des Jahres 1990, die dramatisch sinkende Beteiligung an den Wahlen in den Folgejahren oder die bis heute in Sachsen völlig unterentwickelten Arbeitnehmervertretungen können als Indizien gelten.

Vom Vater zum Landesvater

Wir sind weder in Sachsen noch in der Bundesrepublik oder in den abendländischen Demokratien entscheidend über Platons Staatsbild hinausgelangt. Das ist zwar als Gelehrtenrepublik nie realisiert worden. In seiner strengen Arbeitsteilung zwischen den drei Ständen aber wirkt es wie ein Vexierbild der erfahrbaren Realität, das Wunschbild demokratischer Willensbildung verzerrend. »Der Gott, der euch bildete, hat denen unter euch, die zum Herrschen berufen sind, bei ihrer Geburt Gold beigemischt, daher sind sie die gediegensten; den Beihelfern aber Silber und den Ackerbauern und sonstigen Handarbeitern Eisen und Erz.«[21] Entsprechend verkörpern bei Platon die philosophierenden Regenten die Tugend der Weisheit und die Wächter die Tugend der Tapferkeit, während den Gewerbetreibenden und den Landwirten Selbstbeherrschung und williger Gehorsam bleiben. In der Harmonie der drei Stände bildet sich bei Platon der vollkommene Staat. Es ist die »Homonoia«, die gemeinsame Meinung von

Regierenden und Regierten, wie man regieren und sich regieren lassen soll.

Wer lange genug unter den Sachsen gelebt hat, weiß, wie tief eben solches Harmoniebedürfnis in diesem Volk verwurzelt ist. Harmonie, gepaart mit dem Verehrungsbedürfnis gegenüber dem Herrscher, an dessen Vorzügen man auf diese Weise glaubt teilzuhaben.

Jene zur Herrschaft Berufenen freilich sind in Platons Staatsmodell dadurch vor den anderen ausgezeichnet, daß sie von Begierden frei sind und allein aus der Vernunfterkenntnis handeln.

An diesem Punkte endet auch schon die Analogie. Herrscher Biedenkopf war nicht frei von Begier und handelte nicht immer vernünftig. Biedenkopf war nichts weniger als ein Philosoph im platonischen Sinn. Bei aller Geistesschärfe schwammen seine in sich logischen Konstrukte wie die festgefügte Erdkruste auf einem unerforschten, unerkannten Magma. Die meisten seiner Schriften verfügten darum nur über eine kurze Lebenszeit, auch künftigen kann man das prophezeien. Und ausgerechnet das einzig längerfristig gültige Werk »Fortschritt in Freiheit«, eine Antwort auf die apokalyptischen Warnungen des »Club of Rome« 1974, ist heute bestenfalls in der Sächsischen Landesbibliothek erhältlich.

Platon setzt in den Dialogen des Sokrates mit Glaukon auf eine *Elite der Weisen*. Aus der Perspektive des dritten Standes scheint eine solche Delegierung von Verantwortung bis heute vorzuherrschen – nicht an die Philosophen, wohl aber an die »politische Klasse«, was einen himmelweiten Unterschied ausmacht. Dieser *Klassen*begriff findet sich bei Kurt Biedenkopf häufig, manchmal gemildert zum »politischen Personal«. Und selbstredend rechnet er sich auch dazu. Sein Politik-Verständnis wurzelt offenkundig im elitären Denken Platons oder Heraklits. Auch Aristoteles hielt später in seiner »Politik« Über- und Unterordnung bei den »beseelten Wesen« für die natürlichste Sache der Welt.

Zu jener Zeit gab es immerhin schon eine rund hundertjährige Entwicklung zur *Polis-Demokratie*, hatte der um 33 Jahre ältere Demokrit bereits die »soziale Frage« aufgeworfen, wie wir heute sagen würden.

Die Emanzipation der Beherrschten, die radikale Aufhebung des Kastendenkens, gipfelte in dem vielbespotteten Satz Lenins, auch die Köchin müsse imstande sein, den Staat zu regieren. Wohin dieses Umkippen ins andere Extrem, die Mißachtung der Weitdenker und die Herrschaft der Dachdecker, wiederum führen kann, muß keinem früheren DDR-Bürger erklärt werden.

Eine weit vor die griechische Polis reichende Annäherung an das Phänomen des Herrschens und der Unterwerfungssucht verdanken wir dem von 1632 bis 1704 lebenden englischen Philosophen John Locke. Im »The Second Treatise of Government« befaßte er sich im achten Kapitel mit der Entstehung politischer Gesellschaften und blickte dabei auf archaische Formen des Zusammenlebens zurück. »Wo Menschen zusammen leben, ist Regierung kaum zu vermeiden«, kreierte er wie nebenbei eine durch die Erfahrung gesichert scheinende Binsenweisheit, die freilich von den Anarchisten aller Epochen hartnäckig in Frage gestellt worden ist.[22]

Den Ursprung aller Regierungen sah Locke in der Rolle des Vaters innerhalb der Klein- oder Großfamilien eines noch dünn besiedelten Landes. Diese Rolle sei eine natürliche gewesen, urteilend, strafend, verbindend.

Ähnliche naturrechtliche Herleitungen von Regierung als Ausdruck eines konsensualen Beschlusses der Gemeinschaft finden sich auch im »Politischen Traktat« des ebenfalls im Jahre 1632 geborenen Baruch de Spinoza. Selbst der ein rundes Jahrhundert später lebende Aufklärer Denis Diderot hielt die väterliche Macht für die einzig natürliche, die aber in der *Selbstleitung* der Kinder ihre Grenzen fände.

Der mögliche Ausfall des Vaters oder die wachsende Größe der Gemeinschaften hat nach Locke schließlich zur Suche nach dem Fähigsten als Kopf der Gemeinschaft geführt. Hier wurzele das monarchische Denken, das dem einzelnen eine alles überragende Machtstellung zubilligt.

Locke hielt diese Regierungsform für einen Irrtum, wenn auch für einen erklärlichen, weil dem gewohnten Patriarchat entspringenden. »Es war deshalb kein Wunder, daß sie naturgemäß auf jene Regierungsform verfielen und sie annahmen, die sie alle von ihrer ersten Kindheit an gewöhnt gewesen waren und die ihnen aus Erfahrung angenehm und sicher schien.« Und dann folgte bei ihm ein Satz, der den Beobachter des Dresdner Hofes am Ende des Jahrtausends schmunzeln machte: »Denn alle kleinen Mon-

archien ... sind in der Regel – mindestens zeitweise – Wahlmon-
archien gewesen.«

Der Staatsphilosoph untersuchte weiter den Mißbrauch der
ursprünglichen Vereinbarung, die Macht in die Hände eines einzelnen zu legen, durch die Verselbständigung dieser Macht und
ihre Verquickung mit Privatinteressen des Mächtigen. Von den
Bemühungen um eine Eindämmung dieses Absolutismus bleibt
dennoch eine Art Unterwerfungssucht des Volkes unberührt.» Wir
sehen also, wie naheliegend es ist, daß von Natur aus freie Menschen, die sich mit ihrer eigenen Zustimmung entweder der Regierung ihres Vaters unterwarfen oder aber sich aus verschiedenen
Familien heraus vereinigten, um eine Regierung zu bilden, die
Herrschaft in der Regel in die Hände eines einzelnen legten und
daß sie am liebsten unter der Führung nur eines Menschen zu stehen wünschten.« Dieser genießt in einem weit strapazierbaren
Bereich eine Art Urvertrauen.

Locke nahm damit schon ein Stück Psychoanalyse vorweg. Sigmund Freud erklärte später sowohl den Gottesglauben als auch
die latente Sucht nach dem großen, starken Mann mit dem Vater-
komplex, einer Sehnsucht nach dem verlorengegangenen Vater.
Der Durchschnittsbürger galt ihm in seinen politischen Denk- und
Verhaltensweisen meist als irrational. Neben der Macht des Führers über die Masse ist nach Freud auch die Angst der Masse vor
dem Verlust des Führers Merkmal des politischen Prozesses.

Und als Friedrich Nietzsche über den »Willen zur Macht«
nachdachte, stellte er ihm folgerichtig auch die Ohnmacht gegenüber: »Das Schwächere drängt sich zum Stärkeren aus Nah-
rungsnot; es will unterschlüpfen, mit ihm womöglich eins werden.« Aus dem Unvermögen zur Macht folgen Gehorsam,
Ergebung, Idealisierung, »Vergötterung des Befehlenden als Scha-
denersatz und indirekte Selbstverklärung«.[23] Von hier ist es nicht
weit zu der gleichfalls seit antiken Zeiten bekannten Verehrung
der Heroen, der Staatsmänner oder Feldherren, die zu Symbolfi-
guren einer eigentlich vom Volke oder den Kriegern erbrachten
Leistung wurden. Sie findet ihre Fortsetzung in dem spätestens
seit der Aufklärung aufkommenden Geniekult, der auch fried-
fertigere Taten würdigte.

Durch die Jahrhunderte scheinen das hartnäckig wurzelnde
Herrscher-Untertanen-Schema und der demokratische Geist der

Volkssouveränität miteinander zu ringen. Nebeneinander bestanden sie fragmentarisch unter verschiedenen Herrschaftsformen. Mehr verfassungsmäßig garantierte Freiheiten bewirkten nicht automatisch mehr politisches Selbstbegreifen des Einzelnen als Teilhaber der Macht, mehr Engagement an der *Res Publica*. Statt mehr Emanzipation erleben wir auch in der vermeintlich so demokratieerfahrenen Bundesrepublik mit der viel kolportierten Politikverdrossenheit eine fortschreitenden Aufgabenteilung, die Nichtwahrnehmung eigener Rechte und ihre Delegierung an eine immer weiter isolierte politische Klasse.

»Keine Demokratie kann auf Dauer erfolgreich sein, wenn ihre Bürger sich verweigern«, schrieb Kurt Biedenkopf 1989 in »Zeitsignale«.[24]

Vorwärts zum Feudalismus

Die mit dem Beitritt verbundenen Hoffnungen manches Verfassungspatrioten von einst oder der Generation der »altlinken« 68er auf eine erneuerte Demokratiekultur erfüllten sich nicht. Im Gegenteil. Über den Nachholebedarf an politischer Bildung im Osten bestand Anfang der 90er Jahre zwar kein Zweifel. Gesprochen oder geschrieben aber wurde darüber eher aus der Katheperspektive. Die Frage, ob dem unterstellten Bedarf auch ein gewachsenes Bedürfnis gegenüberstand, galt als nicht opportun. Um so weniger, als die bald vom Westen importierten und kopierten Rituale der vorwiegend unter dem Aspekt der Machterhaltung agierenden Parteiendemokratie in der Bevölkerung resignative Tendenzen verstärkten oder Spott (der bald in Zynismus überging) unter den Wacheren auslösten, die verblüffende Duplizitäten zur untergegangenen DDR feststellten.

Es klingt wie eine Ironie der jüngsten deutschen Geschichte, daß mit den Jahren in Sachsen ausgerechnet ein Mann zur Symbolfigur von Restauration und Autokratie wurde, der die lähmenden Wirkungen solcher Tendenzen schon einmal klar erkannt und benannt hatte. Es kann darüber spekuliert werden, ob Kurt Biedenkopf über kollektive Vaterkomplexe oder Archetypen Bescheid wußte oder nur gegen den übermächtigen SPD-Konkurrenten in Nordrhein-Westfalen Johannes Rau anging, als er 1985 schrieb: »Der ›Vater Staat‹ ist ein Relikt aus der Feudalzeit.

Der Feudalherr war das Oberhaupt der Feudalgesellschaft; er war der ›Landesvater‹. Die Mitglieder der Gesellschaft waren seine ›Landeskinder‹. Wir sollten den Begriff ›Vater Staat‹ aufgeben. Den irdischen Staat als Vater zu bezeichnen ist Sprachbarbarei. Sich als Repräsentant eines Staates so bezeichnen zu lassen ist anmaßend.«[25] Lange schien es nur plausibel, daß der distanzierte Wissenschaftler, Wirtschaftsmanager und Parteiprogrammatiker so schrieb. Er verkehrte in gehobenen Kreisen, legte auf den Jubel der Menge weniger wert als auf den Beifall des einzelnen, der seine Gedanken verstand. Biedenkopf verriet in vielen Äußerungen Skepsis gegen billige Popularität. Insbesondere dann, wenn diese Popularität nach seiner Meinung in keinem Verhältnis zu den tatsächlichen Fähigkeiten des Angebeteten stand – wie an den Bemerkungen zu Helmut Kohl abzulesen ist.

Für das mangelhafte politische Selbstbewußtsein der DDR-Bürger machte er zuallererst die Gleichschaltung im SED-Staat verantwortlich. Er lastete es jedoch auch der Vereinigungspolitik Helmut Kohls an, daß Ostdeutschland sich 1990 nicht entscheidend aus dieser Abhängigkeit befreien konnte. Im Tagebuch fanden sich am 6. Februar 1990 folgende Sätze: »Man kann überzeugend begründen, daß es den Reformern in der DDR an Erfahrung fehlt und daß das Geld nur zu geben bereit sein wird, wer auch die Musik bestimmt. Aber von der Selbstbestimmung, die wir den Menschen in der DDR zugesagt haben, ist kaum etwas übrig geblieben.«[26]

Wenig später erklärte er den Kohl-Kult im Osten in einer Weise, die Schlußfolgerungen für sein eigenes Verhalten im Herbst 1990 nahelegten: »Die Menschen in der DDR haben in den letzten Jahrzehnten erfahren, daß die Führung vom Mann an der Spitze ausgeht. Parlamente hatten für sie eine untergeordnete Bedeutung. Sie waren im wesentlichen Ratifikationsorgane, wie es die Volkskammer bis heute geblieben ist. Wohl auch deshalb ihre starke Ausrichtung auf den Regierungschef in der Bundesrepublik.«[27]

Biograf Alexander Wendt erklärte seinerseits den plötzlichen und vom »Landesvater« auch akzeptierten Biedenkopf-Kult mit dessen Eingehen auf die adoleszente Phase ostdeutschen Empfindens. »Der wesentliche Grund für Biedenkopfs gewandeltes Verhältnis zur Repräsentation, zur Landesvaterrolle war die Erkenntnis, daß Staatssymbolik, die aus der Perspektive des

Westens als paternalistisches Relikt erscheint, im Osten eine ganz andere Bedeutung besitzt.«[28] Diese Staatssymbolik mußte landsmannschaftlichen Charakter tragen. Die postum so stark wie nie zuvor hervortretende Ost-Identität war eine Trotz-Identität. Positiv ließ sie sich nur als regionale Bindung aufbauen oder verstärken.

Jeder politisch denkende Mensch, der einigermaßen bei Troste war und überdies noch vor der Übernahme eines so exponierten Amtes stand wie Biedenkopf, mußte das erkennen. Daß damit zugleich der Aufbau seiner ersten Hausmacht winkte, konnte wie nebenbei das Bedürfnis nach persönlicher Genugtuung stillen.

Entscheidend für die spätere Bewertung der Biedenkopf-Ära in Sachsen aber ist, wie er mit den Traditionslinien sächsischer Identität zum Nutzen oder Schaden demokratischer Gesinnung umging.

Der Archetyp des sächsischen Fürsten

Diese Traditionslinien haben in Sachsen im wesentlichen zwei Komponenten. Es sind, ins knappste Bild gefaßt, zum einen der Fürstenzug an der Fassade des Dresdner Johanneum und zum anderen die historischen Lokomotiven im Inneren des Gebäudes – die Herrscher und die Leistungen des Volkes. Mehr als 80 Jahre nach dem formalen Ende der Monarchie sind die wettinischen Kurfürsten und Könige noch immer allgegenwärtig. Und das Selbstbewußtsein der Sachsen gründet wesentlich auf technische Pionierleistungen wie eben die erste deutsche Dampflokomotive »Saxonia« und gleichermaßen auf die weltgrößte Dichte seiner Kulturstätten. In das Bild der sächsischen Herrscher zu schlüpfen, die Rolle des »König Kurt« anzunehmen, stand dem am Rhein sozialisierten Biedenkopf frei. Hier hatte er mehr oder weniger passiv nur einer Erwartungshaltung zu entsprechen oder nicht. Aus der eher »gemietlichen« und defensiven Leistungsfähigkeit der Sachsen einen Mythos zu spinnen und mit der eigenen Person zu verknüpfen, war und ist hingegen seine aktive Strategie.

Jene meist unreflektierte Erwartungshaltung der Sachsen, die man auch als Archetyp des sächsischen Herrschers bezeichnen könnte, zeichnet kein klar konturiertes Bild. Sie gleicht eher einem Mosaik oder einem Suchbild aus 829 Jahren Wettinischer Dynastie. Dabei ist die kollektive Erinnerung an die Kurfürsten und Könige der albertinischen Linie naturgemäß noch am frischesten. In dem 1553 mit 32 Jahren verstorbenen Kurfürsten Moritz verkörpern sich die vielleicht gewagtesten außenpolitischen Unternehmungen Sachsens. Vor Verrat nicht zurückschreckend, lehnte er sich selbstbewußt gegen Kaiser Karl V. auf und bedrohte ihn gar vor Innsbruck. Zugleich festigte der Fürst im Landesinneren die Reformation und die Verwaltung. Daß er mit dem Neubau des Dresdner Residenzschlosses auch zu repräsentieren wußte, verstand sich bei einem so ehrgeizigen jungen Kurfürsten beinahe von selbst.

Nüchtern, rational und streng folgte ihm sein Bruder August. Er galt als perfekter Landesorganisator und Beförderer eines bedeutenden Wirtschaftsaufschwunges in Sachsen.

Über »August den Starken« muß man kaum noch ein Wort verlieren. Mit seiner Regierungszeit (1694-1733) ist die Vorstellung vom goldenen sächsischen Zeitalter fest verbunden, von wirtschaftlicher und kultureller Blüte und höfischer Prachtentfaltung, aber auch von geradezu animalischer körperlicher Stärke.

Bemerkenswert ist, daß die Sachsen – wie die Bayern und die Württemberger – die Proklamation ihres ersten Königs einem Eroberer, nämlich Napoleon, verdankten. Der Korse war ihnen jedenfalls lieber als die Preußen, so daß Kurfürst Friedrich August III. die angebotene Krone annahm. Daß ihnen diese Liaison die berüchtigte Südtiroler »Sachsenklemme«, weitere militärische Kalamitäten und schließlich auf dem Wiener Kongreß 1814/15 den Verlust des halben Territoriums einbrachte, trübte die Herrschertreue der Sachsen keineswegs. Nach der Rückkehr des Königs aus der Gefangenschaft der Verbündeten bereiteten sie ihm im Juli 1815 einen überwältigenden Empfang. Das Weiß-Grün der ihm entgegengesandten Ehrenjungfrauen sollte von nun an die Landesfarben bestimmen.

Johann (1854-1873), mit dem Beinamen »Philaletes«, verkörperte den Wissenschaftler und Geistesmenschen auf dem Thron. Schon der Namensgebung von Plätzen, Brücken und Stadtteilen wegen ist sein Nachfolger Albert (1873-1902) in Dresden alltäglich gegenwärtig. Mit der Verfassung von 1831 war Sachsen zwar eine konstitutionelle Monarchie geworden. Albert galt aber als der erste, der die neue Rolle des Monarchen verinnerlichte und lebte, weniger der Souverän als Erster im Dienste aller zu sein. Auch die Bestimmung der Position Sachsens im nunmehr geeinten Deutschland oblag ihm und nahm den späteren Föderalismus vorweg.

Der letzte König, Friedrich August III., wurde zum Inbegriff sächsischen Gemüts, zum wahren Volkskönig. Die Huldigungsrituale zu seiner Krönung im Mai 1905 erreichten die Dimensionen späterer Massenaufmärsche der Diktaturen. Bei seiner Grablegung in Dresden 1932, nach 14jährigem Exil im schlesischen Schloß Sybillenort, sollen mehr als 100.000 Menschen den Trauerzug begleitet haben. Daß es seine lebensfrohe Frau, Luise von Toskana, nach sechs Kindern und zehn Jahren Ehe am muffigen Hof nicht mehr aushielt und mit einem italienischen Komponisten durchbrannte, tat seiner Popularität keinen Abbruch. Anekdoten, die sein volkstümliches, freundliches Wesen belegen, füllen Bücher. Die bekannteste nach seiner Abdankung im Zuge der Novemberrevolution 1918 macht bis heute die Runde, obgleich sie nicht sicher belegt ist. Mit dem Ausspruch »Macht eich eiern Dregg alleene!« soll er die Abdankungsurkunde unterzeichnet haben.

Das Erscheinungsbild von Kurt Biedenkopf entsprach in vielen Punkten diesem komplexen Archetyp. Dieser wiederum mochte eng angelehnt sein an das Urbild des gütigen und auf das Volkswohl bedachten Monarchen ganz allgemein, wohl unterschieden vom Tyrannen. Seine sächsische Außenpolitik, also die gegenüber der Bonner Zentralgewalt, konnte an Moritz erinnern. Wirtschaftskompetenz und die Reorganisation der Verwaltung ließen Parallelen zum Kurfürsten August, wenn nicht gar zurück bis zu Markgrafen wie Otto den Reichen im 12. Jahrhundert erkennen, als Sachsen dank des Silberbergbaus seine erste Blüte erlebte. Nicht gerade hinsichtlich der Körpergröße, aber im Repräsentationsbedürfnis und in zumindest anfänglich hochfliegenden kulturellen Plänen könnten Ähnlichkeiten zu August dem Starken gesehen werden. Ein Vergleich mit Johann hinkt etwas, denn Kurt Biedenkopf ist kein Schöngeist, wohl aber ein mit hervorragenden intellektuellen Fähigkeiten ausgestatteter Mann. Und um die Leutseligkeit des letzten Königs hat er sich zumindest in den ersten Jahren sehr bemüht, ohne im Kontakt mit jedermann seinen Doktorhut jemals wirklich abzulegen.

Die Projektion des Bildes, das sich viele Sachsen ungeachtet seiner wirklichen Person von ihrem neuen König machten, knüpfte jedenfalls an diesen letzten König an. Verbürgerlicht sei sein Königtum hier in Dresden gewesen, sagte der als Kirchenhistoriker bekanntgewordene Prof. Karlheinz Blaschke, ganz anders als etwa in Berlin. Bei seinem Tod 1932 bekam Friedrich August jedenfalls von den Sozialdemokraten den schmeichelhaften Nachruf mit ins Grab, daß man seinetwegen die Monarchie nicht hätte abschaffen müssen.

Die Verlockungen der verleugneten Krone

Festzuhalten bleibt – ungeachtet der Suche nach den Wurzeln des latenten Royalismus' in Sachsen –, daß der »Ministerpräsident« die Titel »König« und »Landesvater« nicht einforderte, sich aber auch nicht gegen diese wehrte. Es ist ihm dabei nicht zu unterstellen, daß er, von seinem Comeback überwältigt, sogleich früheren Grundsätzen untreu wurde und sofort in die Rolle des kurz zuvor noch verspotteten Übervaters schlüpfte. Im ersten »Spiegel«-Artikel nach seinem Amtsantritt war eher Zurückhaltung zu spüren.

Da wurde ein Berg von 5.000 Briefen beschrieben, der sich in seinem Interimsquartier im Hotel Bellevue türme. Der neue Ministerpräsident hatte sich bei allem Stolz auf das entgegengebrachte Vertrauen entschlossen, sie nicht zu beantworten. Es gehe ihm, so erklärte er im Nachrichtenmagazin, um einen »Lernprozeß, der die Menschen zu mehr Selbstverantwortung führt«.[29] Allerdings fand die pädagogische Übung ihr Ende, als sich Ehefrau Ingrid der Post annahm und einen Königlichen Kummerkasten einrichtete. Davon später.

Biedenkopf scheint in jener Zeit weniger von Gedanken an die Gefährdung der Macht bestimmt als von den Dimensionen der Organisationsaufgabe im Lande Sachsen. Ganz so, wie er bei Antritt des Henkel-Vorstandspostens 1971 betonte, er tue dies nicht, »damit ein Chauffeur den Hut vor mir zieht. Jemand, der Bienen züchtet, kann dieselbe Befriedigung haben.«[30] Vor den zitierten Bienenzüchtern, vor dem schlichten Handwerk bekundete er größeren Respekt als vor unfähigen Apparatschiks hüben oder Einheitstheoretikern drüben. Im Umgang mit dem sorgengeplagten schlichten Volk lerne er sogar wieder das Zuhören, konstatierte der »Spiegel« Weihnachten 1990.

Schon aus den ersten Amtswochen wissen die Reporter einige rührende Geschichtchen zu berichten. Von Gesprächen mit Marktfrauen in Chemnitz, mit Trabant-Werkern in Zwickau, mit resignierten Dorfbürgermeistern. Eine ungewohnte Volkstümlichkeit entdeckten die westdeutschen Journalisten, die den Professor ganz anders kannten. Selbst Blödelbarde und Publikumsliebling Otto Waalkes schloß er coram publico in Leipzig in die Arme. Der Wiedererstandene genoß die neue Popularität sichtlich. Als er die »Geenich von Sachsen«-Story aus Leipzig erneut zum besten gab, offenbarte er erstmals innere Distanz. Und der Titel eines »Landesvaters« behage ihm nicht, diktierte er bald Reportern in den Block. Eher schon die Rolle des Lehrers, des »Gründungsrektors eines neuen Bundeslandes«.

In den neuen Bundesländern fehle vor allem das Wissen, hörte man in den folgenden Monaten noch oft von ihm. Und unausgesprochen schwang dann immer der Relativsatz mit: »Das Wissen, über das ich verfüge …«

Doch am Ende des »Spiegel«-Artikels schimmerte schon etwas von den Verlockungen des Amtes durch. Biedenkopf brach in geradezu kindliches Entzücken aus, als er symbolisch die Schlüssel zu seinem neuen Amtssitz erhielt. Das 1904 vollendete ehemalige Innen- und Gesamtministerium am Elbufer mit seinem wuchtig-schwerfälligen neoklassizistischen Schmuck entlockte ihm den Ausruf, »so was Tolles, so was Zauberhaftes« nie besessen zu haben. Die »Spiegel«-Autoren schlossen: »Lang anhaltender Beifall. Spätestens in dieser Szene ist klar, daß sie zu ihrem Schloß nun auch den passenden König gefunden haben.«

Nicht ganz korrekt, denn das inzwischen äußerlich weitgehend wiederhergestellte Residenzschloß befand sich auf der gegenüber liegenden Altstädter Seite Dresdens. Finanzminister Georg Milbradt und die Staatskanzlei hatten darauf ein heimliches Auge geworfen. Doch die Vernunft der eingesetzten Kommission siegte, der eklektizistische Bau soll einzig die Schätze der Staatlichen Kunstsammlungen aufnehmen.

Der apostrophierte König erlag erst nach und nach den Versuchungen der sich einbürgernden Titulierung. Möglich, daß sie ihm auch als Belohnung für seinen enormen Krafteinsatz erschien. Mit großem Respekt berichteten Mitarbeiter aus seiner engeren Umgebung, etwa der erste Regierungssprecher Michael Kinze, vom pausenlosen Arbeiten des Ministerpräsidenten. Der »Süddeutschen Zeitung« schilderte Biedenkopf, wie er das physisch schaffe: Gewicht halten, sechs Stunden Schlaf, kaum Kaffee oder Alkohol. Noch wichtiger aber sei die moralische Stütze: »Vor allem aber sind es die Menschen selbst, die mir Kraft und Zuversicht geben. Ich fühle mich von vielen Menschen getragen. Das ist eigentlich das Schönste an dieser Aufgabe.«[31]

Es war die Zeit, als sich der Einigungsvertrag als überholt erwies, die Frage von Steuererhöhungen zur Finanzierung der Einheit sich durch keine Wahlkampftaktik mehr unterdrücken ließ und Biedenkopf wiederholt bemerkte, die Westdeutschen hätten die drohende Zahlungsunfähigkeit der Ostländer noch nicht begriffen.

Auch der Freistaat Sachsen begann praktisch mit einem Fiskalvermögen von Null. Dem gegenüber mußte sogar der Bonner Finanzminister Theo Waigel (CSU) zugeben, daß die Westländer per saldo an der Einheit verdienten. Es gab genügend Gründe für Kurt Biedenkopf, sich bald wie ein Heerführer der Sachsen in Bonner Schlachten zu fühlen. Während Kanzler Kohl den emporgeschnellten Rivalen intern als »mittleres Irrlicht« abqualifizierte, zeigte der im neuen Zuhause, wer das Sagen hatte. Vor der Sondersitzung des Sächsischen Landtages zur Finanzlage sagte er im Februar 1991 den Abgeordneten per Zeitungsartikel, was er von ihnen erwartete: »Kräftige Unterstützung meiner Position gegenüber dem Kanzler.«[32]

Die Politik wurde von ihm gemacht, ihr durfte man allenfalls zustimmen. Seine Minister verfuhren mit Ausschüssen des Parlaments nicht viel anders. Abgeordnete erfuhren meist erst aus der Presse von den Plänen der Regierung. Nach 100 Tagen Amtszeit nahm ihm das noch niemand übel. Im Gegenteil. Es ging schließlich gemeinsam gegen die Zentralgewalt. »Damit fährt am 28. Februar nicht der ewige Kanzlerkritiker nach Bonn, sondern DER Sachse«, jubelte der Kommentator der »Sächsischen Zeitung« am 12. Februar. Auch die Opposition, zumindest die der SPD und FDP, hatte keine Bauchschmerzen, den MP nach außen hin zu unterstützen. Schließlich stand in den Kostenfragen der Vereinigung in Bonn CDU gegen CDU.

Die unangefochtene Autorität des Ministerpräsidenten hatte aber schon in der Anfangsphase ihre Kehrseite. Biedenkopf wurde auch für alle Sorgen persönlich in die Pflicht genommen. So etwa bei einem Hilferuf des Landessportbundes Ende März 1991. Und als die Zahl der Landesbediensteten um 58.000 reduziert werden sollte, geriet er persönlich in die Schlagzeilen. Als würde Biedenkopf selbst die Stellen streichen. Subsidiäres Denken war ebenso wenig wie Ressortzuständigkeiten von seinen Untertanen verinnerlicht worden.

In jenen stürmischen Anfangsmonaten traf wahrscheinlich die Feststellung der »Sächsischen Zeitung« am 13. März 1991 präzise die Stimmung. Biedenkopfs *Ansehen* habe möglicherweise gelitten, aber das *Vertrauen* sei nach wie vor intakt.

Als er sich in der zweiten Märzhälfte einer Gallenblasenoperation unterziehen mußte, bezeichnenderweise bei einem Vertrauensarzt im schwäbischen Esslingen, zitierte die »Bild«-Zeitung seine Frau Ingrid mit den mitleidheischenden Worten, es sei »das Leiden eines Landesvaters«.

Ließen fürstliche Titulierungen in der Presse anfangs noch einen ironischen Unterton erkennen, sickerten sie stetig immer selbstverständlicher in den Sprachgebrauch ein. Der Regent konnte sich vor angetragenen Schirmherrschaften kaum retten, und sei es über das Volksfest der Dresdner Vogelwiese. Über viele Jahre stand dieses Bild des sorgenden, selbstlosen Vaters anscheinend unangreifbar fest.

Es überstand bei einer Dreiviertelmehrheit der Sachsen die später bekanntgewordene interne Weisung des Ministerpräsidenten vom 10. April 1991, Westbeamte in Ministerien und Verwaltung zu präferieren, es überstand die zum 1. Juli wirksam gewordene Verdoppelung der Ministergehälter, die Hochschulerneuerung, das langanhaltende Pfeifkonzert zur Lehrerdemonstration am 23. Januar 1992 und so weiter ...

Ein feiner Unterschied fiel aber dem aufmerksamen Leser in der Wortwahl der einheimischen und der überregionalen Presse auf. Während im Sachsenlande der Gebrauch des Wortes »Landesvater« überwog, zeigten die überregionalen Blätter eine größere Aufmerksamkeit für absolutistische Relikte. Zu einem der meistzitierten und breit interpretierbaren Sätze Kurt Biedenkopfs wurde der aus einem Interview mit der Hamburger Wochenzeitung »Die

Zeit« vom 5. Juli 1991: »Wer mich König von Sachsen nennt, der greift den Dingen voraus.«

Am 7. November 1992 verlieh ihm das Bonner Tabakforum den jährlich wechselnden Titel »Pfeifenraucher des Jahres«. In seiner Laudatio resümierte der Journalist Claus Hinrich Casdorff unter anderem: »Nun sind Sie Landesfürst geworden, ›Kurt der Starke‹ – wie einige meinen.«

Nicht nur die Landeskinder selbst, auch die nach Sachsen reisenden Touristen, Journalisten und Leihbeamten assoziierten wie selbstverständlich das frühere Königreich nebst passendem König. Als sei das einst »rote Sachsen«, aus dem mit August Bebel der erste sozialdemokratische Reichstagsabgeordnete kam, nur ein Irrläufer der Geschichte gewesen. Das wurde als eine mißliche Begleiterscheinung der industriellen Revolution gesehen, die in Sachsen so stürmisch fortgeschritten war wie in kaum einer anderen Region Europas, und der damit verbundenen Politisierung des Proletariats.

Gegen die Wendung »Kurt der Starke« sträubte sich Biedenkopf zunächst. Er fühle sich nicht so, sagte er zwei Tage nach der Verleihung des Pfeifenrauchertitels den »Dresdner Neuesten Nachrichten«.

Fast zur gleichen Zeit hatte sich der »Spiegel« gründlich am neuen sächsischen Hof umgesehen. Ein Staatssekretär wurde mit der Bemerkung zitiert, Biedenkopfs öffentliche Auftritte besäßen eine fast *religiöse Dimension*. Der »Spiegel« weiter: »Kein deutscher Landesfürst regiert so unangefochten wie der sächsische Ministerpräsident. Und wohl auch in keinem anderen Bundesland wird der Personenkult derart ungeniert betrieben.«[33]

Acht Jahre später, im Frühjahr 2000, richtete die SPD-Landtagsabgeordnete Barbara Ludwig eine Kleine Anfrage in Sachen Personenkult an die Staatsregierung. Beim Internet-Auftritt ranke sich alles um die Mittelpunktsperson Biedenkopf. Bei der Aufzählung großer Persönlichkeiten sächsischer Geschichte tauche Kurt Hans Biedenkopf wie selbstverständlich im Alphabet zwischen August dem Starken, Johann Sebastian Bach, Erich Kästner und Gottfried Wilhelm Leibniz auf. Eine für die PDS-Landtagsabgeordnete Christine Ostrowski typische Anfrage im Jahre 1995 erheischte Antwort, warum die Staatsregierung entgegen dem Geist und dem Buchstaben der Verfassung den Titel »König

Kurt« dulde? Innenminister Heinz Eggert zog sich mit Verweis auf die nunmehr geltende Meinungsfreiheit aus der Affäre, die im Gegensatz zur DDR eine staatliche Sprachregelung nicht zulasse. Ein Selbsttor, denn beispielsweise im Umweltministerium existierte sehr wohl eine Dienstanweisung, die Anrede von Frau Biedenkopf betreffend.

Während der Angesprochene die ihm eingeräumte Position genoß und zugleich diese Machtstellung ausbaute, war er verbal bemüht, den offenkundigen Kult um seine Person herunterzuspielen. »Ich bin nicht nach Sachsen gegangen, damit die Leute Straßen nach mir benennen« und: »Wenn die Leute Spaß an solchen Titeln haben, freue ich mich darüber, aber ich brauche sie für mich nicht«, sagte er der »Welt« am 9. März 1993. Das klang glaubwürdig und ließ sich sogar mit Anekdoten aus der Zeit seines ersten steilen politischen Aufstieges belegen. In den 70er Jahren soll er Wahlplakate mit der Begründung abgelehnt haben, er schaue darauf viel zu arrogant aus. So sehr er die Auftritte *vor* der Menge genoß (im Unterschied zum Bad in der Menge), so wenig war er ein Mann der Selbstinszenierung. Zum Nominierungsparteitag der Landes-CDU im Juli 1999 vor der Landtagswahl lehnte er eine Präsentationsshow im amerikanischen oder Gerhard-Schröder-Stil ab.

Diese formale Zurückhaltung sagte freilich nichts aus über den praktischen Alltag der Macht. Warnungen vor einem allzu selbstherrlichen Regierungsstil, gestützt auf die hierzulande weitgehend unbekannten Vorgänge in Nordrhein-Westfalen, fanden sich anfangs kaum in der immer noch stark von Harmoniebedürfnissen bestimmten sächsischen Regionalpresse. Leserbriefe wie in der »Dresdner Morgenpost« am 1. November 1991 besaßen Seltenheitswert. Darin wurde der sehr lukrative Vertrieb einer Biedenkopf-Münze als Personenkult gegeißelt. Sonst gab es in dieser Richtung wenig bis nichts. Das sollte sich aber bald ändern.

»Vor zwei Jahren entschied sich Familie Biedenkopf, ein ganzes Land zu adoptieren«, spottete 1992 *Neues Deutschland*. »In Sachsen ist Kurt Biedenkopf König« titelte der *Mannheimer Morgen* und bediente den üblichen Hofklatsch aus der Regierungs-Wohngemeinschaft im später so schlagzeilenträchtigen Gästehaus im Nobel-Stadtteil Loschwitz.

Als die Presse schon längst differenzierter geworden war, erreichte die Hofberichterstattung wenige Monate vor der Landtagswahl 1999 und rund ein Jahr vor dem beginnenden Abstieg Kurt Biedenkopfs noch einmal einen Höhepunkt. In einer an Peinlichkeit kaum zu überbietenden Serie »Die Biedenkopfs in Sachsen« stellte *Bild* im April 1999 untertänigste Histörchen im Stile der Spätadelschnüffelpresse ins Blatt.

Daß ein Biedenkopf, der wegen einer zu dümmlichen Frage schon Interviews abgebrochen hatte, sich darauf einließ, sagte viel über die inzwischen stattgefundene Entwicklung. Man darf ihm getrost glauben, daß er seine Überlegenheit zunächst nicht von einem Thron herab ausspielen wollte. Dafür ist er tatsächlich nicht der Typ – es sei denn, der Thron ist ein Katheder.

Für schlichte Volksreden mit anschließendem Schulterklopfen war und ist er nicht zu haben. Um so grotesker wirkten Fotos wie die vom »Tag der Sachsen« in Freiberg 1992, als er mit Trachtenhut eine Bergmannskapelle dirigierte. Dienlich war diese Rolle seinem persönlichen Ehrgeiz in Sachsen auf jeden Fall. Titel wie »Großer Fixstern Kurt« und Hochrufe »Vivat, König Kurt!« minderten merklich jeden Widerstand. Und wenn dann auch noch die Gattin, den Reporter korrigierend, erklärte: »Sie wollten Dich, Schätzlein!«, mußte der Glaube an das eigene Gottesgnadentum zwangsläufig zur Gewißheit werden. [34]

Eure »Fichelanz« und meine Führung

Das wahrscheinlich bekannteste Sachsenlied wurde vom Kreuz-kantor Julius Otto (1804-1877) vertont.

Gott sei mit dir, mein Sachsenland,
blüh frei und fröhlich fort!
Ein frommes Herz und fleiß'ge Hand,
das sei dein Losungswort.
Hell leuchte deiner Tugend Glanz,
du edle Perl im deutschen Land.
Glück auf, mein Sachsenland.

150 Jahre später, gelegentlich einer Ausschreibung der Sächsischen Staatskanzlei, hatten die Texte neuer Sachsenhymnen nichts an blühender Einfalt verloren:

... wirst durch Fleiß in Frieden wachsen
zum allerschönsten Bundesland![35]

1994 war aus dem Histörchen sammelnden sächsischen Patriotis-mus der Anfangszeit längst ein »Sachsen, Sachsen über alles« geworden. »In weniger als fünf Jahren wird Sachsen die modern-ste Infrastruktur der Erde haben!« Die von der Staatskanzlei gecharterte Werbeagentur Scholz & Friends mit dem gebürtigen Stuttgarter Sebastian Turner an der Spitze schöpfte die Plausibi-lität solcher Sprüche aus der einmaligen Genialität der Sachsen. Die erste Zeitung, die erste deutsche Lokomotive, das Kaffeefil-ter, das Kondom – alles *Made in Saxonia*. Die Japaner kopierten unsere Kulturtempel in Porzellan! Und wir haben uns immer wie-der aufgerappelt! Zum *Tag der Sachsen* in Görlitz 1993 konnte man bei einem Privatsender den *Sachsen-Test* bestehen, formell in die Volksgemeinschaft aufgenommen werden. Und der Minister-präsident schließlich überschrieb seine Haushaltrede 1998 »Wir sind nicht der Osten, wir sind Sachsen«.

Mag Kurt Biedenkopf auch erst nach einigem Zögern dem Huldigungsdrang der Sachsen erlegen sein, in umgekehrter Rich-tung war er sehr aktiv. Das Konstrukt einer symbolischen Identi-tät, ein regelrechter Sachsen-Mythos, ist von ihm wesentlich forciert worden. Biedenkopf hatte sich unwidersprochen selbst in diesen Mythos einbezogen. Was in der sozialistischen Ideologie mißlungen war, gelang ihm in Sachsen und begründete seinen Erfolg ebenso, wie es das Verkümmern des kaum entwickelten Demokratieansatzes zur Folge hatte: die Einheit von Volk, Führer und dessen Partei.

Ein Schlüssel für seine schnelle Popularität lag in der demonstrativen Verknüpfung seines Schicksals mit dem der Sachsen. Biedenkopf hatte schon lange vor seinem Ruf nach Sachsen über die Bedeutung landsmannschaftlicher Bindungen geschrieben. Wie aber dann aus dem zweifellos emsigen, auf Reputation wenig erpichten Stamm das *auserwählte Volk* schlechthin wurde, ging wesentlich auf den neuen Führer dieses Volkes zurück und suchte in Deutschland seinesgleichen. Dieses induzierte und weit über den weiß-grünen Stolz der Wendemonate hinausgehende Selbstwertgefühl einer *Grande Nation* ist zwar immer wieder einmal bespottet, als Erfolgsgeheimnis der Biedenkopf-Ära aber erst sehr spät ausdrücklich benannt worden.

Im Jahre 1994 habe ich mich im Berliner *Tagesspiegel* und in der *jungen* Welt mit der ideologischen und kommerziellen Verzweckung des »Sachsen-Mythos« befaßt. Klaus Hartung benutzte später in der *Zeit* vom 2. September 1994 diesen Begriff ebenfalls. Für andere war das kein Thema. Erst im Zusammenhang mit dem dritten Wahlsieg Kurt Biedenkopfs bei der Landtagswahl am 19. September 1999 wurde in der Presse intensiv über diese einzigartige Symbiose nachgedacht. »Es gibt Biedenkopf-Kritiker, die dem politischen Routinier bescheinigen, seit Jahren ein virtuoses Spiel mit dem Sachsen-Mythos zu inszenieren ... Dabei hat Biedenkopf den Mythos nicht erfunden, sondern nur eine Grundstimmung verstärkt.«[36] Landeskorrespondent Jens Schneider von der »Süddeutschen Zeitung« beschrieb drei Tage vor der Wahl treffend, was seine Redaktionskollegin Astrid Hölscher einen Tag nach dem Wahlsieg so kommentierte: »Das Phänomen Biedenkopf ist freilich nicht mit Zahlen zu erklären, eher mit Psychologie. Es wirkt wie ein Pakt zu gegenseitigem Nutzen. Der eigensinnige Professor stellt den Freistaat auf ein Podest, fast schon Weltniveau, stärkt das Selbstwertgefühl der Sachsen. Die danken es ihm mit einem im Westen ungeahnten Karrieresprung, erheben ihn zum König unter den Länderfürsten.«[37]

In seiner Laudatio zum 70. Geburtstag des Fürsten am 28. Januar 2000 unterlief Wolfgang Schäuble denn auch das verräterische Lob, es sei dem Jubilar gelungen, »ein zukunftsoffenes Selbstbewußtsein der Sachsen zu schaffen«.

Ossis wollten keinen Seneca

Es mag dem Urteil der Fachpsychologen überlassen bleiben, ob die seit 1990 einsetzende Heroisierung des sächsischen Wesens letztlich nur auf die Freudsche Wiederkehr abgespaltener Gefühle zurückgeht. Denn neben dem Erinnerungskult an unbestreitbare sächsische Leistungen gab es auch das sich hartnäckig haltende Negativimage, welches bei einem weniger stoisch veranlagten Völkchen leicht zu Minderwertigkeitskomplexen hätte führen können. In einem »Spiegel«-Gespräch erwähnte es Udo Zimmermann, geborener Dresdner, Komponist und Opernintendant. Er zitierte Nietzsche: Alles sei »so bescheiden durch die häßliche Sprache und die Dienstbeflissenheit dieser Bevölkerung versteckt«, daß man kaum bemerke, es hier »mit den geistigen Feldwebeln Deutschlands« zu tun zu haben.[38]

Er hätte auch die Beobachtungen Georg Friedrich Rebmanns im Sachsen von 1795 zitieren können: »Vor allen Räsonnements über politische Gegenstände hüte man sich sorgfältig, und ebenso wenig rede man über religiöse, wenn man nicht Gefahr laufen will, als Jakobiner oder Freigeist verschrien zu werden. Behauptungen, welche an jedem andern Ort als allgemein bekannt angenommen werden, gelten hier als ungeheure Wagstücke, und Sie merken es an Ihren Zuhörern augenblicklich, daß man Sie für ein Tier der Apokalypse oder für noch etwas Schlimmeres hält.«[39] Auf seinem »Spaziergang nach Syrakus« im Jahre 1801 äußerte sich der Dichter Johann Gottfried Seume ähnlich über Dresden.

Die besondere Anpassungsfähigkeit (um nicht Opportunismus zu sagen) prägte bekanntlich das Bild der Sachsen – auch in der DDR. Walter Ulbricht galt in den ersten beiden Jahrzehnten als ihr Prototyp. Hatte nicht in den 20er Jahren Otto Reuter in einem Couplet schon parodiert: »Ein Sachse ist immer dabei«?

Es mutete darum schon ein wenig paradox an, aus ihnen nun nach Biedenkopfschem Muster und Vorbild ein Volk der Querdenker machen zu wollen. Mit Blick auf das naßforsche Auftreten Biedenkopfs gegenüber Bonn, Berlin oder Brüssel lag da eher der Verdacht nahe, die Sachsen hätten nun endlich einen Fürsprecher gefunden, der aussprach was sie selbst nicht zu sagen wagten.

1991 ergab eine Umfrage der Bauer-Gruppe unter 1.000 jungen Leuten zwischen 19 und 29 Jahren in Deutschland, daß 40,7 Prozent von ihnen das sächsische Idiom als »nur zum Weghören« disqualifizierten. Ein darauf anspielender Werbeslogan sorgte 1992 für die größten Mißverständnisse und für einen Eklat auf der Demonstration von etwa 20.000 Lehrern. In bester, aufmunternder Absicht zitierte auch Kurt Biedenkopf dort den Spruch »Sachsen können alles, nur kein Hochdeutsch« und erntete dafür ein minutenlanges Pfeifkonzert. Offenbar verstanden auch »seine« so hellen Sachsen das hintersinnige Lob nicht.

»Seine Sachsen«?! Dieser possessive Duktus gehörte ebenso wie das vielstrapazierte »Wir« zu den sprachlichen Feinheiten, die sehr bald die Biedenkopfsche Identifikationsstrategie signalisierten. Nicht immer war klar, ob es sich bei diesem »Wir« um den *Pluralis Majestatis* handelte oder die Einheit von Volk und Führer angesprochen wurde.

Diese Strategie begann mit einem Dauerlob für die ohne Murren hingenommene und bewältigte Umstellung auf die neue Gesellschaftsordnung. »Was die Menschen hier an Verzicht auf alte Erfahrung und Erwerb neuer Erfahrung leisten, was sie sich selbst politisch zumuten, geht weit über das hinaus, was man im Westen für politisch zumutbar halten würde«, sagte Biedenkopf im Januar 1991 der *Süddeutschen Zeitung*.[40] Noch drei Jahre später waren solche Vergleiche für ihn ein Thema, als er auf die enormen Widerstände gegen die Schließung des Stahlwerkes im westdeutschen Rheinhausen verwies oder über die Unfähigkeit des Bundestages spottete, die Zahl seiner Abgeordneten zu reduzieren. In Sachsen eine Selbstverständlichkeit!

Schon im Landtagswahlkampf 1990 hatte er – im Gegensatz zu Helmut Kohl – keinerlei Versprechungen geäußert und keine Illusionen genährt. Statt blühender Landschaften prophezeite er in entwaffnender Weise den Sachsen ein Tal der Tränen. Auch ohne die wirtschaftspolitischen Erfahrungen eines Kurt Biedenkopf konnte schließlich jeder, der die Grundrechenarten beherrschte, eine solche Entwicklung beim abrupten Übergang zur Marktwirtschaft voraussehen. Biedenkopf blieb hier ehrlich und sprach ungefiltert von möglichen 40 Prozent Arbeitslosigkeit.

Es war indessen nicht abzusehen, wie weit sich der Durchhaltewillen der Ostdeutschen noch strapazieren ließ. Die kurzlebige Konstellation zweier deutscher Staaten mit offenen Grenzen von 1990 hätte sich in Gestalt des reichen Westens und des Mezzogiornos im Osten leicht fortsetzen können (und setzte sich ja auch in gemilderter Form mit einem stetigen Wanderungsverlust bis heute fort). Mit diesem Ausbluten konnte der sächsische Ministerpräsident denn auch bis in die Verhandlungen zum Solidarpakt I hinein drohen. Zugleich mußten die Faktoren aufgewertet werden, die zum Verbleiben einluden. Viel Vertrauen in eine Fortsetzung der von den DDR-Verhältnissen erzwungenen Verzichtsgewohnheiten schien Biedenkopf trotz seiner öffentlichen Aufmunterungsappelle nicht gehabt zu haben. Wer in den Wochen nach der Währungsunion die Augen offen hielt, sah, daß eine freiwillige Bescheidung oder gar Mäßigung Illusion war. Weder das Neue Testament noch die Genügsamkeitsappelle eines Philosophen Seneca waren Gemeingut. Die Sachsen verhielten sich so wie die meisten Menschen auf der Welt.

Und doch hatte ein Spitzenpolitiker in jenen Wochen eigentlich keine andere Wahl, als auf die psychologische Karte zu setzen. Also den materiellen Nachteilen ideelle Vorzüge gegenüberzustellen, die Schwierigkeit als Chance zu begreifen. Zum Beispiel als Chance, etwas besser zu machen als im Westen, wofür man einst vielfältige Frucht ernten würde.

Biedenkopf versuchte trotz des D-Mark-Taumels immer wieder, an die Reste einer noch nicht vom Anspruchsdenken beherrschten Lebensgewohnheit zu appellieren, die er als einzige Vernunftreaktion auf die Erkenntnis begrenzter materieller und ökologischer Ressourcen immer wieder gefordert hatte. Freilich nur in seinen Schriften – zuerst 1974 in »Fortschritt in Freiheit«. Biedenkopf ging damals über Platon und Aristoteles hinaus, die eine prinzipielle Befriedigung menschlicher Bedürfnisse für möglich hielten. Sein Menschenbild schien sich eher an Thomas Hobbes anzulehnen, der 1651 im »Leviathan« konstatiert hatte, daß die Bedürfnisse eines Menschen lebenslang wüchsen und an sich unbegrenzt seien. Die folgerichtige Kollision mit der Begrenztheit der Ressourcen auf unserem Planeten brachte Hobbes erstmals ins Blickfeld und schloß daraus die berühmten Wolfsgesetze: »homo homini lupus« und »bellum omnium contra omnes«.

Die gleiche Problematik trieb auch Biedenkopf spätestens seit 1974 um. Ein Jahr vor dem »Club of Rome«-Bericht hatte die Ölkrise erstmals seit Wirtschaftswunderzeiten die praktische Erfahrung von notwendigen Einschränkungen gebracht. »Seit geraumer Zeit wissen wir von den begrenzten Möglichkeiten des wirtschaftlichen Wachstums. Gleichwohl steigern wir in den Industrieländern den Konsum, als sei uns das ewige Wachstum gewiß.«[41] Schon in der Einleitung zu »Fortschritt in Freiheit« fanden sich solche Sätze. »Wer bemerkte schon, daß durch den Abbau unserer gewachsenen Wertordnung und unserer kulturellen Substanz ein Vakuum geschaffen wurde, in das früher oder später ein wie immer gearteter ›Ersatz‹ eindringen mußte, der unsere Sehnsucht nach Sinn und Ziel des Lebens besetzte?«[42] Eine treffende und geradezu marxistische Beschreibung des Materialismus als Ersatzreligion unserer Tage. Wie in einer Art zweiter Aufklärung, einer Wende des Denkens wollte Biedenkopf die Menschen am liebsten zu einer freiwilligen Selbstbescheidung und einer Rückbesinnung auf immaterielle Werte führen.

Es ist ein Phänomen (worüber noch zu reden sein wird), wenn dieser begabte Analytiker den Antagonismus zwischen solchem Wunschdenken und dem realkapitalistischen System nicht zu erkennen vermochte. Als treuer Sohn und Diener des Kapitals hatte er aber zwangsläufig eine Entlastung des Sozialstaates und damit der Unternehmer im Blick, wenn er gegen das verbreitete Anspruchsdenken wetterte. Er selbst hätte sehr wahrscheinlich ihm unterstelltes Wunschdenken sofort zurückgewiesen und an dessen Stelle die zwangsläufige Einsicht aller Menschen gesetzt – dächten sie nur weiter und Entwicklungen so zu Ende, wie es bislang nur Kurt Biedenkopf vermochte.

Allerdings hatte er seine Postulate am wenigsten auf seine eigenen privaten Ansprüche bezogen, wie die im Jahr 2001 hochkochenden Affären um seine Hofhaltung illustrierten.

Nach seinem Amtsantritt wiederholte Biedenkopf solche an sich richtigen Thesen und Wünsche in der » Süddeutschen Zeitung«, die ihn im März 1992 unter anderem nach der Möglichkeit einer substanziell anderen Lenkung des ostdeutschen Aufbauprozesses befragte. Der Ministerpräsident antwortete: »Das ist vor allem ein Aufklärungsprozeß in beiden Teilen Deutschlands. Wir haben den Prozeß der deutschen Vereinigung in den letzten zwei Jahren im wesentlichen auf eine ökonomische und finanzpolitische Dimension reduziert. Das war vielleicht gar nicht anders möglich. Aber hier sind Menschen auf der Suche nach ihrer neuen Identität – wie sie jetzt leben sollen, was der Lebenszweck sein soll. Und wenn ich ihnen sage, Euer Lebenszweck ist, möglichst schnell so wohlhabend zu werden wie die im Westen, dann klingt das erst ganz schön. Aber wenn man dann sieht, was das alles für Konsequenzen hat, dann gibt es viele, die sagen: Verlieren wir darüber nicht unsere eigene Identität? Ist denn wirklich im Westen alles so richtig? Können wir nur unter Bedingungen einer dauerhaften materiellen Expansion überhaupt unser Land regieren?«[43]

Etwas später brachte er die Anekdote von Afrikaforscher Livingstone, dessen Askari-Träger plötzlich stoppten, weil ihre Seelen noch nicht mitgekommen seien. »Ich möchte nicht, daß wir uns hier auf eine ökonomische Jagd einlassen, bei der die Seele nicht mitkommt ...«

Es ist erstaunlich, daß ein so heftiger Kritiker aller Sozialismustheorien so naiv an die Erziehbarkeit des Menschen, an eine Art Kulturrevolution, an die Möglichkeit des Sieges des Geistes über den Bauch unter dem Druck der Erkenntnis glaubt. Biedenkopf war und ist zweifellos noch immer ein Epigone der gescheiterten Aufklärung.

Wie dürftig ein tragendes Kulturbewußtsein tatsächlich in der Bevölkerung entwickelt war, verriet unter anderem eine Umfrage des sächsischen Kultusministeriums. Als es Ende der 90er Jahre Eltern nach der Wichtigkeit von Schulfächern befragte, hielten diese mit deutlichem Abstand *Deutsch* und die *musischen Fächer* für die am ehesten verzichtbaren.

Biedenkopfs wohlklingende Überlegungen und Appelle waren Ausdruck der Einsicht, daß die Ostdeutschen zwar gelernt hatten, ihr Arrangement mit bescheideneren Verhältnissen zu treffen, in ihrer übergroßen Mehrheit aber auch kein anderes Lebensziel als eben die Hebung ihres Wohlstandes verfolgten. Kohl hatte dies ja geradezu als ein Menschenrecht bekräftigt.

Eine Bestätigung dieser Einschätzung lieferte Kurt Biedenkopf unter anderem in dem von der Sächsischen Staatskanzlei protokollierten Gespräch »Kreuzsee« mit Friedrich Schorlemmer am

25. November 1991. Die These, die DDR wäre ohne ihr Wirtschaftsdesaster nicht untergegangen, war in Wendezeiten heftig umstritten. Sie übersah, daß Wirtschaftserfolg und individuelle Freiheit in einem Zusammenhang stehen. Ebenso klar mußte sein, daß Ansprüche an einen materiellen Wohlstand auf dem Niveau einer Mehrheit der Westbürger absehbar nicht zu befriedigen sein würden. Eine längerfristige Kultur der Bescheidenheit zu propagieren, wäre andererseits nicht populär gewesen. Es galt, zumindest Zeit zu gewinnen. Durststrecken lassen sich mit Hoffnungen überwinden. Kleine Fortschritte stärken die Zuversicht auf künftige Zufriedenheit.

Die Schimäre vom sächsischen Zukunftsreich

Speziell in Sachsen entspricht die Zukunft der Projektion der Vergangenheit, der ruhmreichen und reich begüterten. In Umkehrung seiner Sätze aus »Fortschritt in Freiheit« versuchte Biedenkopf, aus dem Wohlstandsdefizit ideologisches Kapital zu schlagen. Damit sollten Aufbautugenden mobilisiert und spezifisch sächsische Fertigkeiten wiederbelebt werden. So würde eine Identifikation mit dem nationalsächsischen Über-Ich erfolgen. Dieses neue Wir-Gefühl im großen Sachsen-Kollektiv sollte vorläufigen Verzicht auf dem schweren Weg zu lichten Höhen erträglich erscheinen lassen: Der Weg wird hart – aber das Ziel lohnt sich.

Es war schon pikant, daß der Katholik Biedenkopf damit den protestantisch geprägten Sachsen die von Max Weber beschriebene protestantische Wirtschaftsethik predigte. Die innerweltliche Askese nämlich, jene unerschrockene Tüchtigkeit inmitten der Talsohle, deren endliche Durchschreitung absehbar sei. (Biedenkopf knüpfte praktisch an die Wettbewerbs-Losung der frühen DDR-Aufbau-Jahre an, die 1953 von der sächsischen Textilweberin Frida Hockauf kreiert worden war: So wie wir heute arbeiten, werden wir morgen leben. Aber vermutlich hatte der MP noch nie etwas von der Hockauf-Bewegung gehört.)

Wieder einmal tat Biedenkopf etwas, was er an anderer Stelle grundsätzlich ablehnte. Denn er wußte, daß Verzicht und Entsagung einer auf Massenkonsum ausgerichteten Gesellschaft allenfalls kurzfristig abverlangt werden konnten. Im Juni 1991 sprach er in der Bonner Landesvertretung von Schleswig-Holstein öffentlich mit dem Soziologen Ulrich Beck darüber. »Demokratische Gesellschaft« stand bei Biedenkopf in Wahrheit für die *Gesellschaft freier Konsumenten*, der ein freiwilliger Verzicht unter dem Aspekt weitblickender Zukunftssicherung nicht abzuverlangen sei. So etwas führe in eine Diktatur. Das Schlagwort von der Öko-Diktatur, in grünen Kreisen schon einmal Gesprächsthema, fiel dort nicht. Aber Beck und Biedenkopf diskutierten dann etwas naiv über den Abschluß gewaltiger Umweltversicherungen als Teil eines selbstbegrenzenden Regelsystems.

Für welche neue Gesellschaft aber sollten die Sachsen (und hinter ihrer Fahne der Rest der Welt) denn nun die Durststrecke auf sich nehmen? Liest man die ersten Kapitel von »Einheit und Erneuerung«, dann ordnete sich der »Sachsen-Mythos« offensichtlich in die Wunschvorstellungen der Ablösung materiellen Anspruchsdenkens durch eine neue Kultur ein. Sachsen als das Musterland des neuen Denkens, einer praktischen Vernunft, konfuzianischen Geistes oder der intakten Großfamilie, jedenfalls ganz anders als vom Lifestyle des Westens geprägt.

Dafür aber gab und gibt es besonders im Osten überhaupt kein geistiges Terrain. So populär Rolf Henrichs »Vormundschaftlicher Staat« bei Journalisten auch war – gelesen hatten das Buch mit seinen alternativen Handlungsansätzen offenbar die wenigsten. Eher hätte noch das um sich greifende *Sinndefizit im Westen*, der vereinzelt schon spürbare *Wohlstandsüberdruß* eine partikuläre Umsetzung Biedenkopfscher Thesen ermöglicht, die im übrigen genau so gut auch der Frankfurter Schule oder dem Medienkritiker Neill Postman zugeordnet werden konnten.

Die »Ossis« und gar die Sachsen aber hatten diese Erfahrung der Leere hinter dem »Zuviel« noch vor sich. Hinzu kam, daß der Wirtschaftslobbyist Biedenkopf ein ganz anderer war als der grünliche Buchautor Biedenkopf. Die wenigsten kannten seine Bücher, sonst wäre er nicht so populär geworden. Und so blieb vom »Sachsen-Mythos« tatsächlich nur der Weg. Das Ziel hieß unverändert – und da ließ der Fortschritt dem real agierenden Biedenkopf eben doch keine Freiheiten – Wachstum, Konsum, Produktivitätssteigerung, Ressourcenverbrauch.

Mag er den kollektiven Wahn der Epoche auch noch so treffend beschrieben haben: Eine realsächsische Alternative war unmöglich. Der weltweite Wettbewerb war schon längst das Maß aller Dinge. Es gab keine Umkehr, sondern nur ein Mitmachen im System, bei dem die Sachsen schon *ab ovo* eine führende Rolle einzunehmen hatten. Ein Ausstieg erschien als blanke Utopie. Insofern konnte Sachsen schon vom Ansatz her nicht das werden, was Syrakus für Platon war: lokales Testmodell für seine Theorien. Peter Carstens hat diesen Vergleich einmal in der *Frankfurter Allgemeinen* angestellt. Denn der Sachsen-Mythos beschwor auch nur traditionelle Tüchtigkeiten, aufgehoben in der großartigen regionalen Identität. Er ist gesellschaftspolitisch nicht innovativ.

Das auf der Wachstumsideologie der Vergangenheit aufbauende triviale Ziel, an dessen Sinn der Theoretiker Biedenkopf selbst gezweifelt hatte, blieb dennoch seltsam amorph. Es bestand, analog zu Helmut Kohls Prophezeiungen, aus einem nicht näher bestimmten »blühenden Sachsen«. In den öffentlichen Reden des sächsischen Ministerpräsidenten findet sich nicht eine komplette Vision eines künftigen Sachsens, das es zu entwickeln gelte. Schon gar kein Konzept, in dem die Wirtschaft eine dienende Funktion bei der Verwirklichung höherer, über den Konsum materieller Güter hinausgehender Menschheitsanlagen zu erfüllen hätte.

Die großen Fragen am Ende der Arbeitsgesellschaft waren und sind kein öffentliches Thema in Sachsen. Was die Sächsisch-Bayerische Zukunftskommission vom »Institut für Wirtschaft und Gesellschaft«, eine Arbeitsbeschaffungsmaßnahme für Biedenkopfs Freund Meinhard Miegel, hierzu verfaßte, lief nur auf eine stramme Amerikanisierung der Verhältnisse hinaus. Inzwischen redet niemand mehr darüber.

Auch die Staatsregierung hängte solche »Vorschläge« klugerweise nicht an die große Glocke, um in der Gunst des Volkes nicht zu verlieren. Nur Wirtschaftsminister Kajo Schommer holte sich gelegentlich eine Beule, wenn er wieder einmal einen *Working-Poor*-Vorschlag aufwärmte, inspiriert von amerikanischen Schuhputzern.

Nicht von ungefähr stellte als einziger CDU-Exponent Wissenschafts- und Kunstminister Prof. Hans-Joachim Meyer im Zusammenhang mit der Dauerkrise der Kulturfinanzierung immer wieder die Frage, welches Land mit welcher Kulturlandschaft man eigentlich anstrebe. Sie blieb unbeantwortet.

Möglicherweise befassen sich Regierung und Landtag noch mit

ihr, wenn Finanzminister Thomas de Maizière als Antwort auf die Garantien des Solidarpaktes II nun eine Art langfristiger Haushaltstrukturvereinbarung vorlegen will. Auch dieses Thema hat wieder mit protestantischer Wirtschaftsethik und einer Grundfrage im Kapitalismus zu tun. Nämlich damit, wieviel man von den Wachstumsgewinnen re-investieren oder konsumieren will. Ob also Geld nur immer mehr Geld erzeugen soll, oder ob Arbeit und Kapitaleinsatz auch einer Verbesserung der wirklichen Lebensqualität dienen sollen. Der totale Wettbewerb verlangt theoretisch die totale Re-Investition der Gewinne. Kultur ist kein Produktivitätsfaktor, zumindest kein unmittelbarer. Und nur die unmittelbaren sind von Interesse, weil sie direkt und kurzfristig Profit bringen. Kunst und Kultur scheinen nur Kosten zu verursachen.

Mit Zukunftsfragen befaßte sich Kurt Biedenkopf ein letztes Mal 1994 in »Einheit und Erneuerung«. Für seine Realpolitik blieb das ohne Folgen. So brillant er beispielsweise vorzurechnen vermochte, wohin uns ein Weiterwursteln in der Rentenfrage treibe, so wenig bewegte er in Grundsatzfragen für sein Wahlheimatland. Für Sachsen lautete die Maxime der Biedenkopfschen Realpolitik«: »Schneller Wursteln als andere!«

Die Kopf- und Perspektivlosigkeit war (und ist) keine sächsische Besonderheit. Sie ist Kennzeichen nationaler wie internationaler Politik. Es klingt paradox, aber der Ersatz einer Zielformulierung durch den Slogan »Der Weg ist das Ziel« kann zumindest eine kurz- oder mittelfristige Dynamik auslösen. Biedenkopf bekannte sich des öfteren zu diesem dem Jesuiten-Gründer Ignatius von Loyola zugeschriebenen Leitsatz, der seinen Sinn hätte, wäre damit tägliches verantwortliches Handeln gemeint, aus dem sich das Ziel von selbst ergäbe. Das aber verschwamm hinter dem nebulösen Begriff der »Lebensqualität«. Und darum stellte sich die Frage: Wie lange ließen sich Bürger mobilisieren, die Straßen bauten und Rohre verlegten, wenn ihnen nicht klar war, welchem Fernziel jedes Nahziel diente? Das »Wohin«, das einen Sinn über die Plausibilität intakter Wasserrohrnetze oder flotter Straßen hinaus liefern könnte, wurde nicht definiert.

Biedenkopf deutete es in »Einheit und Erneuerung« an, wenn er einleitend den bedingungslosen Wachstumsglauben kritisierte: »Transzendente Sinn-Antworten sind auf Wachstum nicht angewiesen. Die Erfüllung ihrer Versprechen vollzieht sich im Jenseits.«[44] Hier war er einmal seinen eigenen Buchstaben getreu verfahren. Der Sachsen-Mythos, die Orientierung auf eine landsmannschaftliche Identität, war nichts anderes als die Durchhalteparole im Glauben an eine *irgendwie* geartete schöne Zukunft, die wiederum der ebenso amorphen vergoldeten Vergangenheit entsprach.

Sonderforschung über eine sonderbare Identität

Es dauerte immerhin bis ins Jahr 1999, ehe die wechselseitigen Identifikationsprozesse in Sachsen wissenschaftlich analysiert wurden. Möglich wurde dies durch die Einrichtung eines Sonderforschungsbereiches »Regionenbezogene Identifikationsprozesse. Das Beispiel Sachsen« an der Universität Leipzig. Inspiriert wurde dessen Gründung durch die Wiederentdeckung kleinräumlicher Bindungen ganz allgemein als Gegenbewegung zu Europa-Integration oder Globalisierung. Die Region ist demnach eben nicht nur ein tradierter, kulturhistorisch gewachsener Begriff. Regionen würden heute noch *gemacht*. So lautet eine der immer wiederkehrenden Thesen der vorliegenden Arbeiten. Sie befassen sich ebenso mit historischen Anknüpfungspunkten und Elitendiskursen wie mit empirischen Erhebungen zu alltäglichen Prägungen der Gegenwart.

Ohne expressis verbis die Formel vom »Sachsen-Mythos« zu verwenden, war vor allem Dr. Wolfgang Luutz auf die Strategie Kurt Biedenkopfs eingegangen. In einer Vorarbeit analysierte er dessen Regierungserklärungen von 1990 und 1994 unter dem Aspekt des Zusammenhanges von kollektiver Identität und Abgrenzung.

Für Luutz steht fest, daß es ein politisches Interessse an der Bildung einer symbolischen Identität gegeben habe. Die konnte selbstredend nicht im Vakuum konstruiert werden, sondern baute auf der selektiven Verstärkung mentaler oder traditioneller Ansatzpunkte auf. »Die Propagierung solcher Selbstbilder von ›Sachsen‹ dient nicht nur der reaktiven Sicherung der sozialen Integration in instabilen Umbruchzeiten. Ausgebaut zu programmatischen Leitmodellen lassen sich diese als Teil einer umfassenden Mobilisierungsstrategie begreifen.«[46]

Dieses Selbstbild griff bekanntlich auf historische Quellen zurück. Dabei handelte es sich nach Luutz um »gereinigte« Traditionen, die ausschließlich freundliche und intelligente Eigenschaften sächsischen Gemüts und deren sichtbare Belege in Gestalt kultureller und industrieller Leistungen aufnahmen. Zugleich wurde eine geschichtliche Kontinuität suggeriert, die wiederum eine überzeitliche sächsische Essenz auf den Altar hob: »Sachsen wird substantialisiert, zu einem überhistorischen Wesen verklärt.«

Wie war dann die Zeit nach 1949, präziser vielleicht nach der Auflösung der Länder 1952 einzuordnen? Biedenkopf umschiffte 1990 diese Klippe, indem er die fleißigen Sachsen zu Opfern der Planwirtschaft erklärte, welche sie um die Früchte ihrer Arbeit betrogen habe. Ein Wiederanknüpfungspunkt ergab sich 1989. Die Sachsen wurden zu den eigentlichen Auslösern der friedlichen Revolution und damit der deutschen Einheit erklärt. Luutz nennt das »Gründungsmythos« für Sachsens und Deutschlands Wiedergeburt.

Diese strikte Abgrenzung zu allen mit der DDR verbundenen »Deformierungen« sächsischen Wesens kollidierte unbemerkt mit den *vorteilhaften Prägungen*, die Biedenkopf so gern für einen modellhaften Aufbau von Alternativen gegen den in Besitzständen festgefahrenen Westen nutzen wollte: größere Leidensfähigkeit, Duldsamkeit und Anpassungsfähigkeit etwa.

Luutz geht darauf nicht ein, wohl aber auf die Notwendigkeit zur Abgrenzung für die Bildung einer kollektiven Einheit »Sachsen«, wie sie in der ersten Regierungserklärung 1990 noch dominierte. Diese Grenzziehung erfolgte natürlich zur DDR und ihren verbliebenen Repräsentanten, der PDS. Sie scheidet aber bis heute Sachsen auch von der ohnehin negativ besetzten Zentralgewalt, der Regierung in Bonn oder Berlin also. Schon die Wiederaufnahme der Bezeichnung »Freistaat« war ein Zeichen dafür.

Seit den Machtkämpfen der Landesfürsten mit dem Kaiser im Heiligen Römischen Reich deutscher Nation schien sich in dieser Hinsicht wenig geändert zu haben. Kein Zweifel: Hier trafen sich ostdeutsche Ressentiments gegenüber westdeutschen Expansionismus und Bürokratismus mit Biedenkopfschen Reformplänen. Aber wer erkannte schon in Sachsen, daß diese Veränderungswünsche des angeblichen Querdenkers gerade nicht in Richtung der Beantwortung einer vielleicht »neuesten« sozialen

Frage liefen, wie sie 1975 unter seiner Regie noch in der »Mannheimer Erklärung« der CDU aufgeworfen wurde? Wenn es nach Biedenkopf gegangen wäre, hätten wir den Ersatz der Sozialsysteme durch die Versorgung in der Großfamilie und eine viel stärkere Lohndifferenzierung erlebt. Folgerichtig hat er ja immer wieder eine Regionalisierung beispielsweise der Arbeitsverwaltung oder der Sozialsysteme gefordert.

Bis in die Gegenwart hinein läßt sich Widerstand gegen die Zentralgewalt, der Geist des Trutzes in der sächsischen Wagenburg verfolgen. Des Sinnes etwa, daß aus Sachsen noch viel Gewaltigeres hätte sprießen können, ließe man es denn. Das Übel kam stets von außen, und die Bösen waren immer die anderen: die reformunfreudige Bundesregierung, die gesamtwirtschaftliche Lage, die Europäische Union, die Fördermittel verweigerte ... Diese Konfrontation indessen durfte kein Regierungschef zu weit treiben, dessen Landeshaushalt zu einem Drittel von Westtransfers abhing.

In der Abschlußdebatte zum Doppelhaushalt 1999/2000 vollführte Kurt Biedenkopf – logische Folge – einen eleganten Spagat zwischen sächsischem Avantgarde-Anspruch und der Vermeidung eines Affronts: »Sachsen ist nicht Ostdeutschland, sondern Sachsen. Wir sind ein Land in Ostdeutschland. Aber der von der PDS immer wieder beschworene Osten, der zusammenstehen müsse, ist eine Konfrontation mit dem Westen und wird von uns abgelehnt. Die Bundesländer haben im Westen wie im Osten einen Anspruch auf ihre jeweilige Identität. Daß es noch gemeinsame Fragen aus der Vergangenheit gibt, wie man diese Vergangenheit überwinden muß, das steht auf einem ganz anderen Blatt. Aber daß die ostdeutschen Länder auf dem Weg der Überwindung der Vergangenheit offenbar ganz unterschiedliche Wege gehen, das darf mit der Formel Ostdeutschland nicht zugedeckt werden.« [47]

Konkrete Politik ist nicht Gegenstand des Leipziger Sonderforschungsbereiches. Aber der Politikwissenschaftler Wolfgang Luutz beschreibt sehr treffend jenes suggerierte »Wir-Gefühl«, das Binnendifferenzen weitgehend unter dem weiß-grünen Sachsentuch verschwinden lassen sollte. Eine Entwicklung, die im auffälligen Gegensatz zu den Individualisierungstendenzen westlicher Demokratien stand und eher an die »sozialistische Menschengemeinschaft« Walter Ulbrichts erinnerte. Der vereinnahmende Charakter der Wendung »Wir Sachsen« habe nicht nur eine gemeinschaftstiftende, sondern auch herrschaftslegitimierende Funktion. »Das politische Subjekt inszeniert sich damit zugleich als Akteur, der das Heft des Handelns fest in der Hand hält und die Situation kontrolliert. Das inklusive ›wir‹ gleitet in das exklusive ›wir‹ des Führers über.«[48] Gleiches gilt sinngemäß für die ebenfalls an früheren Sprachgebrauch erinnernden Wendungen »unsere Menschen« oder »unsere Bürger«. Zusammenfassend wertet Luutz diese Identifikationsstrategien als »Träger bzw. Hülle einer wesentlich neokonservativ ausgerichteten Modernisierungsstrategie«.

Im Interview wurde er noch deutlicher und sprach von einem »Faktor der Machtpolitik« und einem »Identitätsmanagement«. Bemerkenswert sei, daß diese Identifikationsleistung nicht mehr durch den Sozialstaat, durch eine angestrebte Konvergenz der Lebensverhältnisse aller erbracht werden sollte, sondern durch »Kleine Lebenskreise«, eine Lieblingsformulierung Biedenkopfs. Der sah das Ende sozialstaatlicher nationaler Identifikation kommen. Vertrautheit und Sicherheit müßten in einer immer weniger solidarischen und neoliberalen Gesellschaft, zugespitzt formuliert, vom Tabernakel mit dem Landeswappen und vom Mahl an der großen Familientafel ausgehen.

Auf einer Leipziger Tagung zum Forschungsthema im Juni 2001 wiederholte Luutz, daß er Biedenkopf keine Manipulation unterstelle. Dieser habe nur *die Orientierungsbedürfnisse* im Lande genutzt, aus seiner elitären Sicht den Leuten einen Ersatz für ihre Entwurzelung angeboten. Möglich sei dies nur durch seine eigene glaubwürdige Identifikation mit Sachsen, so autosuggestiv sie auch gewesen sein mag.

Bei aller politisch geförderten *Sachsifizierung* des öffentlichen Lebens ginge die Unterstellung einer »Staatsdoktrin« allerdings zu weit.

Das penetrante Eigenlob fiel, wie beschrieben, auf fruchtbaren Boden. Der Ministerpräsident dementierte zwar einmal in einem Gespräch: »Man entwickelt doch kein sächsisches Nationalbewußtsein, um gegenwärtige Probleme zu lösen!«

Und dennoch: Was konnte einem Land schon passieren, wo die Personifikation des Edlen, Hilfreichen und Guten in Gestalt von Winnetou und Old Shatterhand zu Hause war, wo man bei Horch, Dresdner Bank und Brockhaus aus Meißner Porzellan Melitta-Kaffee trank, den ersten mechanischen Computer zusammenschraubte, das Skatspiel erfand, wo die Sixtinische Madonna hing, Kurt Masur dirigierte und Kurt Biedenkopf regierte?

Der unbesiegbare Sachse

So blühte im Musterländle der Querdenkerei der Konformismus. Auch der Oppositionsführer Karl-Heinz Kunckel von der SPD stimmte in einem Interview der »Leipziger Volkszeitung« am 7. Oktober 1996 mit in den Chor der Jubler ein: »Sachsen hat einen eigenen göttlichen Funken.«

Der Sachsen-Kult, teils urwüchsig, teils inszeniert, teils kommerziell ausgeschlachtet, trieb die buntesten Blüten. Der Freistaat war kaum wiedergegründet, da widmete die »Welt« am 29. Januar 1991 dem Neuland eine zwölfseitige Extrabeilage. Selbstverständlich schrieb der Landesvater die selbstbewußte Titelkolumne mit gewohnten Leitsprüchen: »Neuordnen, nicht einordnen!« Neben einer Aufzählung der üblichen Sachsen-Klischees fand sich in einer Art Stammtisch-Report auf der ersten Seite der Tenor des Ganzen: »Wir Sachsen, das bestätigen sie uns doch überall, haben die besten Chancen, schneller als andere aus dem Schlamassel herauszukommen.«

Einige Monate später kam eine solche Bestätigung sogar aus Moskau, wo offenbar die Kunde vom auserwählten Volk ebenfalls eingetroffen war. »Von Sachsen lernen heißt siegen lernen!« titelte die »Iswestija« am 25. Oktober 1991.

Genau so klangen dann auch die zahllosen bunten Prospekte, mit denen für das Land geworben wurde. Es ging um Investoren, Touristen oder Käufer der Erzeugnisse von einheimischen Produzenten. Überall auf der Welt halte man die Sachsen für etwas Besonderes, meinte Wirtschaftsminister Kajo Schommer. Sie würden es »als Erste schaffen«. Spätesten seit Ludwig Erhard wisse man ohnehin, daß Wirtschaft zur Hälfte Psychologie sei.

Dort, wo man Erhard einst nicht mochte, hieß das einmal »subjektiver Faktor«.

Schommer hatte 1994 auch ein solches Subjekt eingeladen, dem

Stolz der Sachsen ein wenig nachzuhelfen: Luigi Colani. Der selbsternannte Guru der Stromlinie und angebliche Weltstar des Designs wollte aus diesem Landstrich den Design-Mittelpunkt Europas machen. Hier habe man einst die schnellsten Autos, die modernsten Flugzeuge der Welt gebaut und die schönsten Stoffe gewebt, schmeichelte er. Und in der ihm eigenen Sprache forderte er die sächsischen Tüftler auf, gar nicht erst gegen deutsche Konkurrenz anzutreten, sondern gleich »die ganze Westwelt auf den Sack zu hauen«.

Mit dem schier unbesiegbaren Erbgut der Sachsen befaßte sich ein 1998 erschienenes Buch von Ulrich Frank-Planitz, Geschäftsführer der Deutschen Verlagsanstalt (dva) in Stuttgart und für ein reichliches Jahr Herausgeber der 1990 gegründeten Wochenzeitung »Sachsenspiegel«. Der in Planitz bei Zwickau geborene Journalist fragte allen Ernstes »Sind Sachsen begabter als Schwaben?« [49] Als Kronzeuge hätte ihm ein gewisser Ernst Kretschmer dienen können, der schon 1929 Sachsen als das »absolut geniereichste Land Deutschlands« bezeichnet hatte. Obgleich sich Frank-Planitz von Kretschmer zu endlosen Aufzählungen und zur Berechnung von »Geniequoten« inspirieren ließ, vermied er schließlich eine eindeutige Beantwortung seiner Ausgangsfrage.

Vielleicht bringt die Genforschung noch den offenen Beweis für die angeborene sächsische Überlegenheit?

Aber auf diesen Beweis kommt es ebenso wenig an wie auf einen Gottesbeweis – der Glaube genügt. Der war sogar wichtiger als die meßbaren Startvorteile Sachsens 1990. Hier befand sich am Ende der DDR tatsächlich die größte Industriekonzentration und die dichteste Wissenschafts- und Kulturlandschaft des Ostens. Das wurde kaum erwähnt – es sei denn als Last wegen der Ausgaben für die vielen Hochschulen und Theater. Aber es könnte beispielsweise die im Vergleich der neuen Länder überdurchschnittlich hohe Zahl von Patentanmeldungen erklären.

Staunen war jedoch besser. Der »Spiegel« verlor in einem seitenlangen Sachsen-Special der Ausgabe 32/1996 für einige Passagen seinen sonst üblichen ironischen Unterton: »Sachsen … ist der sinnenfreudigste Teil Ostdeutschlands mit halbwegs trinkbaren Weinen, bestem Bier und einer der prominentesten Ostbands, den Prinzen. Die Eiskunstläuferin Katarina Witt kommt aus Sachsen, und dort entstand nach der Wende auch das größte ostdeutsche Volksfest, nach dem Oktoberfest das zweitgrößte deutsche Volksfest überhaupt: Der ›Tag der Sachsen‹.«

Dazu mußte man sich einfach bekennen. »Wußten Sie schon, daß Sie als Sachsen glücklicher sind?« Diese Suggestiv-»Frage« einer Initiative »Sachsen für Sachsen« bekamen 1999 kurz vor der Landtagswahl Tausende über ihren Briefkasten zugestellt. Promis forderten zu einem weiß-grünen Lustschrei auf und erhielten teils rührende Antworten.

So, wie man sie auch aus den hymnischen Entwürfen für das neue Sachsenlied heraus empfinden konnte:

> *Einst voll Tatkraft weit und breit,*
> *trugst du Fesseln dann.*
> *Jetzt vertrau' der neuen Zeit:*
> *Strebe himmelan!*
> *Sachsenblut, bewahr' die Glut*
> *für dein Heimatland.*

Wahre Patrioten hatten König Kurt angesprochen oder angeschrieben, doch endlich eine *Nationalhymne der Sachsen* zu verordnen. Der gab das Anliegen seinem Referat Bürgerinformation weiter, wo ein Wettbewerb ausgeschrieben wurde. Neben den bereits zitierten Kostbarkeiten fand sich in dem später herausgegebenen Sammelband zum Beispiel auch ein hingebungsvolles »Bekenntnis zu Sachsen«. Nur selten wurde die strotzende Einfalt bemühter Endreime durch ein bißchen Originalität unterbrochen: »Was sind Sachsen, was sind wir? Händler, Tüftler, Musikanten, Gründer, Grübler, Protestanten.« Unzweifelhaft sagte die Fülle an Pathos etwas über die ewige sächsische Volksseele aus. Gemeingut ist dennoch keiner der 102 eingegangenen Vorschläge geworden.

Es blieb nicht der einzige patriotische Luftballon aus dem von Heidrun Müller geleiteten Referat Bürgerinformation. Auch das »Sachsenspiel« mit 480 Fragen sollte einigen womöglich verzagten Sachsen neue Siegesgewißheit verschaffen. Wie der »Sachsentest«, mit Fragen auf ähnlich hohem Niveau. »Gaga-Spiel« titelte daraufhin sogar »Bild«, dessen Redakteure immerhin wußten, daß August Bebel nie gegen Kurt Biedenkopf kandidiert haben konnte und daß es im Zittauer Gebirge keine Wüstenfüchse gab. 20.000 Mark kostete den Steuerzahler die Entwicklung dieses spezifisch sächsischen IQ-Tests. Möglicherweise wurde er refinanziert durch andere vom Referat angebotene Devotionalien: Baseballmützen, Krawatten und Schlüsselanhänger mit Sachsen-Wappen …

Ganz so, wie der gezüchtete Nimbus vermuten ließ, schien es um das sächsische Gemüt in Wahrheit doch nicht bestellt zu sein. »Der Sachse lächelt dann«, meinte »Matz« Griebel, auf die zahllosen Werbeprospekte mit Lobsprüchen auf die unbesiegbaren Sachsen und ihre Produkte angesprochen. Matthias Griebel ist Direktor des Dresdner Stadtmuseums und eignet sich als sächsisches Original hervorragend zum Werbeträger. »Den Mythos machen andere. Der Sachse sieht mit einer gewissen Häme, wie er da von Fremden herausgeputzt wird.« Seinesgleichen bezeichnete er als »Meister aus der zweiten Reihe«, die nicht so viel »Gewese« um sich machen würden. Gewachsene Identität sei »emotionales Kapital«, aber doch kein Mythos!

Landtagspräsident Erich Iltgen, 1943 mit der Gnade der sächsischen Geburt bedacht, wirkt nachdenklich. Ja, der Sachse halte Spannungen und Durststrecken gut aus und rappele sich bald wieder auf. Was er anpacke, treibe er auch zur Perfektion. Aber er fragt auch, wie lange man es sich leisten könne, überwiegend zurückzuschauen. »Manche Wahrheiten verkraftet man nicht, weil sie mutlos machen.« Deshalb achteten besonders in den ersten Jahren nach 1990 die amtstragenden Mutmacher darauf, daß die zarten neuen sächsischen Blütenansätze nicht zertreten würden. Als der damals noch kritische »Sachsenspiegel« des MDR-Fernsehens 1992 die Direktübertragung von der Eröffnung des Sachsentages in Görlitz mit wenig optimistischen Berichten aus der umgebenden Braunkohlelandschaft rahmte, intervenierte die Staatsregierung. »Das dürfen die nicht noch mal machen«, zischte Kurt Biedenkopf ganz im Sinn von Art. 5 des Grundgesetzes. Der Film »Land im Aufbruch«, im Auftrag der Landeszentrale für politische Bildung produziert, mußte sich darum auf nostalgische Einstellungen beschränken und die Probleme der Gegenwart geschickt umschiffen.

Dennoch: Es funktionierte lange. Oder wie der Leipziger Wissenschaftler Wolfgang Luutz meinte: »Es lacht keiner darüber!«

Kurt Biedenkopf wurde seit jeher eine geschickte »Okkupation von Begriffen« nachgesagt. Er hatte mit einer Portion sächsischer Erfahrung schnell gespürt, wie wirksam eine Besetzung des Bildes vom unüberwindlichen Sachsen sein konnte.

Mit der Konjunktion »Eure Vigilance und meine Führung« hatte er seine Erfolgsstory mit dem Mythos des aus Ruinen immer großartiger auferstehenden Sachsen verknüpft. Vigilance – sächsisch: Fichelanz – ließ sich auch durch Fleiß oder Glorie ersetzen. Dieses vom lateinischen »vigilantia« abgeleitete Wort faßte aber wohl am treffendsten die von keinem anderen Menschenschlag auf der Welt so großartig verkörperten Eigenschaften von Umsicht, Wachsamkeit und Pfiffigkeit zusammen. Nur so helle Sachen konnten ein so helles Biedenköpfchen verdienen! Biedenkopf und die Sachsen – sie hatten sich gegenseitig rehabilitiert.

Im Vorwort zur ersten Werbebroschüre der Staatskanzlei spielte er auch prompt auf die etymologische Herkunft der Stammesbezeichnung an. Das germanische »Saks« bedeute »Schwert«. Woraus der scharf denkendste aller Sachsen schloß: »Es mag ein früher Hinweis darauf sein, daß die Sachsen einen scharfen Verstand haben. Er hat sie groß werden lassen, und er wird sie wieder groß machen.«

Daß am sächsischen Wesen zuerst das verkalkte Deutschland und dann die ganze Welt genesen sollte, formulierte so niemand. Aber gemeint war es doch, wenn Kurt Biedenkopf im Rahmen der *Dresdner Reden* im Staatsschauspiel 1995 mit biblischem Vokabular von der Wirkung Sachsens als »Sauerteig« sprach.

Georg Milbradt schrieb in seinem Grundsatzpapier zur Bewerbung um den CDU-Landesvorsitz diese Identifikationsstrategie unverändert fort. »Die Menschen brauchen Orientierung und Heimat. Gerade die Rückbesinnung auf die sächsische Geschichte und Kultur fördert die Identifikation mit unserem Land. (…) Wer Zustimmung will, muß Sinn vermitteln. Menschen nehmen unglaublich große Anstrengungen auf sich, wenn sie einen Sinn darin sehen.«

Eine gefährliche Folge, auf die an anderer Stelle noch ausführlicher einzugehen ist, hat die staatsoffizielle Zelebrierung des Sachsen-Mythos in den letzten Jahren auf jeden Fall gehabt. Mit der unverhohlenen Gleichsetzung von Sachsen, König Kurt und Staatspartei CDU konnte jeder alternative Politikansatz als sachsenfeindlich diskreditiert werden.

Was auch geschah.

In allen Töpfen rührend:
die Landesschwiegermutter

»Beraterin und Mitarbeiterin, dabei selbst schöpferisch in der Volks- und Staatswirtschaft tätig, von zeitweisem Einfluß in der Religionspolitik, ist sie eine wichtige, ja vielleicht *die* wichtigste Figur an diesem patriarchalisch geführten Hofe, dessen Zentralbehörden zur fürstlichen Familie in einer unmittelbaren Lebensgemeinschaft stehen. Der Einfluß der Kurfürstin auf den Gatten war dessen Wesen nicht entgegengesetzt, sondern verstärkte dessen Art nur.«[50]

Preisfrage für den »Sachsen-Test«: Wen beschreibt dieses Zitat? Oder das folgende: »Ihren Mittelpunkt fand diese ganze Wirtschaft in der Hofhaltung unter dem Hofmarschall, in der die Kurfürstin … die Oberaufsicht über manche Zweige der Kammergutsverwaltung ganz persönlich führte; und eine Art Post (statt der ›Lehnklepper‹) setzte sie mit den Städten und Ämtern wie diese unter sich in Verbindung.«[51]

Nein, beides sind keine Zitate aus »Eulenspiegel« oder »Titanic«, eine gewisse maßgebliche Person in der sächsischen Partei- und Staatsführung betreffend, sondern stammen aus sächsischen Geschichtsbüchern.

»Wie kaum eine wettinische Fürstin hat die ehrgeizige Frau Einfluß auf die Geschicke des Landes genommen.«[52] Für den Beobachter des post-wettinischen Hofes drängt sich bei solchen Sätzen förmlich das Bild der amtierenden »Landesmutter« Ingrid Biedenkopf auf. Wenn es für den »Landesvater« eher einen komplexen Archetyp gibt, läßt sich im kollektiven Unbewußten der Sachsen ganz klar ein historisches Vorbild für die Rolle von Frau Biedenkopf ausmachen. Schon die bis heute lebendige Titulierung »Mutter Anna« weist darauf hin. Gemeint ist die am 25. November 1532 geborene dänische Prinzessin Anna, die den Moritz-Bruder und -Nachfolger August von Sachsen heiratete. Der regierte ab 1553 als Kurfürst und starb wenige Monate nach Anna im Jahre 1586.

So naheliegend der Vergleich Ingrid – Anna hinsichtlich ihrer

Wirkungsweise ist, so hinkt er doch mit Blick auf deren Temperament. Denn eine Beschreibung, wie sie das sächsische Sozialministerium lieferte, traf nur zur Hälfte das Wesen des Vorbildes: »Den Hintergrund für die Namensgebung der Medaille bot Kurfürstin Anna von Sachsen, ... deren unermüdlicher Einsatz und außerordentliche Fürsorge für ihre Mitmenschen ihr in der Bevölkerung Sachsens große Sympathie einbrachte. Durch ihr großes Engagement auf den Gebieten der Sozialfürsorge und gesunden Ernährung, der Heilkunst, Hygiene und Geburtshilfe sowie im Hinblick auf Neuerungen in der Hauswirtschaft erlangte sie in ihrer Zeit hohe Anerkennung.«[53]

Die Medaille, von der in diesem Pressemitteilungstext die Rede war, ist übrigens die seit 1995 vom Freistaat gestiftete *Annen-Medaille*. Sie wird ohne weitere Dotierung für besonderes mitmenschliches Engagement verliehen.

Die fürsorgende, mütterliche Art der Kurfürstin aber war nur das Gegenstück zu der ihr ebenfalls nachgesagten Gefühlskälte und Strenge. Hierin soll sie ihrem Mann August wesensverwandt gewesen sein. Lucas Cranach d. J. hat beide porträtiert, und in der Tat weicht man beim Anblick des Gemäldes vor der unnahbaren, herrischen Frau unwillkürlich zurück. Nicht von ungefähr buckelte die gesamte Verwaltung vor ihr – ein Umstand, der wiederum sehr heutige Züge trägt.

Vor der Nahbarkeit der heutigen Landesmutter hingegen gab und gibt es praktisch kein Entrinnen. Spontan, eher aus einem Übermaß an Gefühl agierend, vollzog sie in bedingungsloser Konkretheit, was ihr verehrter Gatte zumeist abstrakt formulierte. Sie besitzt ein eigenes und auf einem absoluten Naturrechtsempfinden basierendes Auftreten, dem weder Ministerialdirigenten noch Minister gewachsen waren. Ingrid Biedenkopf führte bei ihren Interventionen neben dem schwiegermütterlichen Schild auch noch das Schwert der Drohung: »Das sage ich meinem Kurt Hans!«.

Ihr real wirkender Einfluß funktionierte nur qua Autorität ihres regierenden »Engelchens«. Niemand schien die unfreiwillige Komik ihrer Auftritte zu bemerken, wenn sie beflissen den Riesenschritten ihres Gatten nachtrippelte, seufzend aus der ersten Sitzreihe protokollreife Akklamationen ausstieß oder sich im Kreise der Lieben als Glucke gerierte.

Um die ersten Begegnungen der beiden hat die Boulevardpresse manch hübsche Story gerankt. Da tauchte der auch technisch begabte Kurt als Handwerker bei der Reparatur ihrer Puppenstube auf.[66] Kilometerweit war der Zehnjährige dafür mit dem Fahrrad von Schkopau nach Leipzig gefahren. (1938 waren die Biedenkopfs mit dem gerade achtjährigen Kurt in das eben noch als sächsisch anzusehende Schkopau im Chemiedreieck Halle-Leipzig-Merseburg gezogen.) Fest steht, daß beide sich in Leipzig trafen. Ingrid war die Tochter des Fabrikanten Dr. Fritz Karl Ries, einem maßgeblichen Industriellen des »Dritten Reiches«, der sich später auch mit Helmut Kohl sehr gut verstand.

Dieser Dr. Ries spielte eine maßgebliche Rolle in dem Tatsachen- und Enthüllungsroman »Großes Bundesverdienstkreuz« von Bernt Engelmann. Der Bestseller des früheren Vorsitzenden des Deutschen Schriftstellerverbandes verschwand beispielsweise aus der Stadtbibliothek Dresden und ist nur noch in der Sächsischen Landesbibliothek greifbar. Engelmann hatte mit Hilfe prominenter Schriftstellerkollegen, darunter Martin Walser, ausführlich recherchiert und widmete Ries ein eigenes Kapitel. Im 1994 erschienenen »Schwarzbuch Helmut Kohl« präzisierte Engelmann die Ausführungen.

Der promovierte Jurist Ries trat demnach 1933 der NSDAP bei und übernahm nach seinem Studium mit Hilfe seines Schwiegervaters die Leipziger Gummiartikelfirma »Flügel & Polter«. Zwangsarbeiter sollen die anfangs nur 120 Mitarbeiter zählende Firma später sarkastisch »Prügel & Folter« genannt haben. Ries profitierte von der Arisierungspolitik der Nazis und konnte durch Übernahme ehemals jüdisch geführter Betriebe sein Unternehmen rasch vergrößern. 1941 betrug der Umsatz mit fast 11 Millionen Reichsmark schon das Zwanzigfache des Jahres 1934. Die Firma war Branchenführer bei den Präservativ-Herstellern, Ries galt als deutscher »Kondom-König«. Expandieren konnte er auch im besetzten Osteuropa, vor allem in Trzebinia und Lodz, er kurbelte Projekte im Baltikum, der Ukraine und Galizien an. Für die dort überwiegend beschäftigten jüdischen Zwangsarbeiter waren, so Engelmann, etwa 40 Reichspfennig je Arbeitsstunde an den Sonderbeauftragten des Reichsführers SS zu überweisen. Das so erworbene Vermögen brachte Ries rechtzeitig vor Kriegsende in Sicherheit – teils durch Gründung von Tochterfirmen im Ausland, teils durch Grundstückserwerb wie im oberbayerischen Chiemgau, heute Land- und Feriensitz der Familie Biedenkopf.

Das Leipziger Polizeipräsidium hatte 1936 Fritz Karl Ries als »politisch einwandfrei und zuverlässig« eingestuft und ihn der Gestapo in Dresden als »Vertrauensmann für besondere Angelegenheiten« empfohlen. Von dort kam nur der streng vertrauliche Vermerk: »Dr. Ries als V-Mann vorsehen!«[54]

Kurt Biedenkopf versuchte später den Verdacht zu erwecken, Bernt Engelmanns Recherchen könnten von der Stasi gesteuert gewesen sein. Eine Privatperson habe in ihren MfS-Akten zufällig den Dank einer MfS-Abteilung an eine andere wegen der »hervorragenden Zusammenarbeit beim Buch Engelmann« entdeckt.

Nach Zeitungsberichten soll Fritz Ries außerdem 1934 das letzte Pistolen-Duell Deutschlands ausgefochten haben. Sein Sekundant war zugleich sein »Leibfuchs« in der schlagenden Verbindung »Suevia«. Dieser avancierte wenig später zum SS-Hauptsturmführer und war Heydrich direkt unterstellt. Sein Name: Dr. Hans Martin Schleyer. Als Arbeitgeberpräsident wurde er 1977 in der Bundesrepublik von Terroristen ermordet.

Ries kam wie so viele das Naziregime tragende Industrielle in der Bundesrepublik wieder zu hohem Ansehen. 1967 erhielt er das Bundesverdienstkreuz, 1972 den Stern dazu. Gleich nach dem Krieg gründete er die Pegulan-Werke AG, Hersteller von Fußbodenbelag, mit Sitz im pfälzischen Frankenthal. Er war Hauptaktionär der RIES-Gruppe, Beiratsmitglied der Commerzbank, Aufsichtsratsvorsitzender der Badischen Plastic-Werke und königlich-marokkanischer Konsul für die Länder Hessen und Rheinland-Pfalz.

Obschon 1977 gestorben, erwarb er sich gemeinsam mit Schleyer den Ruf eines »Kanzlermachers«. Der rheinland-pfälzische Ministerpräsidend Helmut Kohl war 1973 zum CDU-Vorsitzenden und damit zum Oppositionsführer aufgestiegen. Die »Wirtschaftswoche« und das »Manager-Magazin« zitierten damals einen Ausspruch von Ries über Kohl: »Auch wenn ich ihn nachts um drei anrufe, muß er springen!«

Zweifellos darf die Tochter dafür nicht in Haft genommen werden. Was können Kinder für ihre Väter. Ein Foto auf dem Schoß des Vaters in SS-Uniform sagt nichts über ihre Haltung. Wohl eher, wie sich später die Tochter dazu stellte. Ein distanzierendes Wort ist nicht bekannt geworden. Im »Who is who« der 70er Jahre fehlte jeder Hinweis auf ihren Mädchennamen.

Auch die Presse hat in elf sächsischen Jahren nie nach dem Milieu im Hause Ries gefragt. Ob es Kurt Biedenkopf damals oder später je getan hat, wissen wir nicht. Sie sei »das erste Mädchen gewesen, für das ich schwärmte«, zitierte Biograf Alexander Wendt den späteren Ehemann und Ministerpräsidenten.

1943 fand diese Schwärmerei ein jähes Ende: Die Familie Ries siedelte nach Bayern um, sie floh vor den Bombenangriffen auf das mitteldeutsche Industrierevier.

Beide heirateten andere Partner.

Kurt hatte mit seiner ersten Frau Sabine vier Kinder, darunter die spätere Fernsehjournalistin Susanne. Ingrid Ries bekam als Frau Kuhbier die Kinder Petra und Christoph. Sie studierte, erwarb ein Diplom als Handelskauffrau und arbeitete in der väterlichen Fabrik in Frankenthal.

Als eine der zahlreichen Pikanterien im Verhältnis Kohl-Biedenkopf mag gelten, daß es ausgerechnet der aufstrebende CDU-Parteivorsitzende und rheinland-pfälzische Ministerpräsident Helmut Kohl war, der der Kinderliebe von Leipzig und Schkopau zu spätem Glück verhalf. Bei einer Wahlkampfveranstaltung sollen sich beide 1974 wiederbegegnet sein. Beide ließen sich scheiden (bzw. waren geschieden) und heirateten am 27. Dezember 1979.

Vor allem katholische CDU-Kreise hatten darauf gedrungen, Biedenkopf solle sein »Verhältnis« in Ordnung bringen. Immerhin war diese Privatsache 1974 schon in Zusammenhang mit der hochpolitischen Abhöraffäre eines Kohl-Biedenkopf-Telefonats gebracht worden. Vermutet wurde, ein von Ex-Ehefrau Sabine engagierter Privatdetektiv sei zufällig in die Leitung geraten.

Ingrid Biedenkopf genoß öffentliche Auftritte an der Seite ihres Mannes sichtlich. Und immer wieder wurde auch bei Hofe über das uralte Beziehungsthema spekuliert, inwieweit die unbestrittene, ja demonstrativ häusliche Dominanz der Gattin mittelbar auch auf äußerliche Entscheidungsvorgänge einwirkte. So hieß es im Januar 2001 wiederholt, die Entlassung von Finanzminister Georg Milbradt sei eigentlich ihr Werk.

Auf Amtsentscheidungen ihres Mannes angesprochen, rutschte ihr auf verräterische Weise schon einmal die »Wir«-Form heraus. Nicht von ungefähr galt ihr die Jungfrau von Orléans als

Lieblingsgestalt in der Geschichte. Geradezu dialektisch dann ihre weiteren Antworten auf den Standard-Fragebogen der »Frankfurter Allgemeinen Zeitung«: Mütterlichkeit und Fähigkeit zur dienenden Hingabe schätze sie bei Frauen am meisten, überhaupt seien die größten Heldinnen diejenigen, die »hinter großen Männern stehen«. Und das schlimmste Unglück wäre, »wenn meinem Mann etwas zustoßen würde«.[55]

Eine »sehr selbständige Dame«, soll der damalige Leipziger Oberbürgermeister Hinrich Lehmann-Grube (SPD) sie einmal genannt haben. Jeder einigermaßen beziehungserfahrene Mensch weiß, wie man Abhängigkeiten erzeugen kann, wie Dienen in Wahrheit Herrschen bedeutet. Warum sollte die Respektlosigkeit, mit der sie allen anderen begegnete, ausgerechnet bei Biedenkopfs vor der eigenen Tür enden?

Das Grübeln über das Binnenverhältnis des Herrscherpaares erübrigte sich angesichts des für jedermann sichtbaren Auftretens von Ingrid Biedenkopf. Mochte sie auch für viele aufgeklärte und urteilsfähige Menschen eine Zumutung sein, genoß sie in Sachsen trotzdem eine gewisse Popularität. 1992 befürworteten 70 Prozent ihr Engagement. Was nichts anderes bedeutete, als daß auch ihre Erscheinung im Gefolge ihres Mannes erklärte oder unbewußte Erwartungen im Lande erfüllte.

Eine Reporterin der »Zeit« stellte eine »tiefe Seelenverwandtschaft« mit den Sachsen fest und ließ dies die Regentin auch gleich selbst begründen: »Kreativ, sich um andere kümmern, sehr leidensfähig. Daher kommt auch ihre innere Kraft.«[56]

Mütterliche Instinkte, die das Volk auch bei der Herrscherin sehen wollte, bediente sie zunächst einmal so, wie es die mediale Ablenkungsindustrie überall auf der Welt erwartet, rührende Familiengeschichtchen, wie sie voyeuristische Magazine und die mehr und mehr auch in die angeblich seriösen Zeitungen einsickernden Klatschspalten brauchten. Es gab Homestories, als etwa »Herzilein« Laura, Tochter von Sohn Christoph Kuhbier und Frau Tina, in einer alten Elbschifferkirche getauft wurde. Oder als sie sich um ihren kranken Kurt nach dessen Operation kümmerte. Oder wenn zum 70. Geburtstag am 8. April 2001 der Chor der sechs Enkelkinder krähte: »Oma lieb, Opapa, sie sind ein verliebtes Paar …«. Botschaft: Beim Herrscherpaar *menschelt* es wie zu Hause bei Hempels.

Dieses Menscheln gewann Kontur durch die anfänglich originellen Wohnverhältnisse der Biedenkopfs, deren Originalität sich zehn Jahre später allerdings zur Mietaffäre ausweiten sollte. Die sprichwörtliche »Regierungs-WG« im früheren Gästehaus der Staatssicherheit am Elbhang wurde 1991/92 zum Mekka von Journalisten aus ganz Deutschland. Ein Hauch von Kommune auf höchster Regierungsebene? Die »Westimporte« oder auch in entfernteren Winkeln des Sachsenlandes beheimatete Minister wohnten behelfsweise hier. Ende 1991 waren es drei Minister und fünf Staatssekretäre, die zur Küchengemeinschaft des nunmehr als Gästehaus der Staatsregierung fungierenden Anwesens gehörten. Das Regime führte selbstredend Ingrid Biedenkopf. Schon wenige Wochen nach ihrem Einzug schickte sie die Hausdame nach Hause, was nicht bedeutete, auf den Service der übrigen sechs Angestellten zu verzichten.

Zehn Jahre später sollte sich der Landtag über die Rechtmäßigkeit der Bierkasse der Regierungs-WG streiten. Das hätte Anfang der 90er auch bei den Reportern nur Kopfschütteln ausgelöst. War es nicht ungemein besser, weil volksnäher, wenn man über eine Landesmutter schreiben konnte, die persönlich die Soßen für ihre Minister abschmeckte und die Bißfestigkeit von Rosenkohl kontrollierte? Oder über einen polternden Innenminister Heinz Eggert, der hartnäckig das Müsli-Frühstück mit der Begründung verweigerte, er sei doch kein Papagei?

Bis zu 30 Personen hätten in der Schevenstraße 1 campiert, schwelgte Kurt zu Ingrids 70. Geburtstag in Erinnerungen. Selbst in der Sauna waren Betten aufgestellt, eine »großartige Zeit« der Improvisation. Die Minister und Staatssekretäre bauten schon bald Häuser und zogen nach und nach aus. Es blieben einige Familienmitglieder und die Biedenkopfs selbst, bis sie die Enthüllungen über ihre sagenhaften Mietkonditionen im Sommer 2001 an die Weinhänge des benachbarten Radebeul vertrieben.

Ganz gewöhnlich und mit jedem anderen Bundesland vergleichbar lautete die Antwort auf eine Kleine Anfrage aus der SPD-Fraktion, wie sie Kurt Biedenkopf am 19. Dezember 1991 formulierte: »Meine Frau unterstützt mich insofern bei der Wahrnehmung meiner Amtsgeschäfte, als sie selbst eine Reihe von Aufgaben übernommen hat, die im sozialen Bereich angesiedelt sind.«[57]

Es folgt eine Aufzählung fester Schirmherrschaften, darunter die Sklerodermie-Selbsthilfegruppen, die Multiple-Sklerose-Gesellschaft, das SOS-Kinderdorf in Zwickau-Planitz, der Heilstollen Schlema, das Öko-Gut Gamig, die Blaukreuzler. Auf 16 war ihre Zahl inzwischen angewachsen. Schirmherrschaften auf Zeit wurden erwähnt, der Vorsitz im Sächsischen Kunstverein sowie zahlreiche Termine in sozialen Einrichtungen.

Auf die Art und Weise, wie sie den Schirm aufzuhalten pflegte, deutete vielleicht ein Freudscher Versprecher eines Redners, der aus der »Schirmherrin« einmal eine »Schirmherrscherin« machte.

Später kamen Spendensammlungen hinzu, u. a. zwei Millionen Mark für den Wiederaufbau der Frauenkirche in Dresden, sechs Millionen für soziale Zwecke.

Es war die Rolle der »ersten Ehrenamtlerin« im Lande, wie sie viele Ehefrauen von Spitzenpolitikern traditionell spielen. Eine Rolle, die stets den Eindruck vermittelte, der Sozialstaat sei überflüssig, gäbe es nur ausreichend wohltätige Menschen wie Ingrid. Deren bei vielen Gelegenheiten impulsiv geäußerte Rebellion gegen Unrechtszustände klang sogar glaubhaft. Ihre spontanen Reaktionsversuche darauf auch.

Ursachen und Zusammenhänge zu durchschauen und zu begreifen war ihre Sache nicht. Schon eher, wohlriechende Salben auf Geschwüre zu schmieren. Sie beruhigten das edle Herz.

Der königlich-sächsische Kummerkasten

In einer Hinsicht nahm das Ingridsche Helfersyndrom allerdings spezifisch sächsische Formen an, die schon verfassungsrechtliche Fragen aufwarfen. Es ging um die institutionalisierte Landesmütterlichkeit in Form des *Büros Biedenkopf.* Wieder mußte man der barmherzigen Samariterin nur edle Absichten unterstellen, aber das Gegenteil von »gut« ist bekanntlich »gut gemeint«. Jene schon erwähnten 5.000 Briefe von Bürgern, die sich Ende 1990 auf Kurt Biedenkopfs Schreibtisch stapelten und die er konsequenterweise nicht beantworten wollte, landeten nämlich bald auf einem anderen Schreibtisch. Auf einem, den der MP ebenfalls sehr gut kannte. An diesem hatte er in Bonn schon als CDU-Generalsekretärs gesessen. Jetzt saß dort seine Frau. Flankiert von zwei, später drei freistaatlich bezahlten Mitarbeiterinnen und mit 25.000 Mark in der Portokasse.

Nichts illustrierte die Fortdauer obrigkeitsstaatlichen Denkens so wie die Urständ des sozialistischen Eingabewesens und sein Weiterleben bis heute. Ganz besonders bei den »fichelanten« Sachsen. Wer schrieb in der DDR schon an die subsidiär zuständige Stelle? Der Genosse Staatsratsvorsitzende mußte es für ein wenig Aussicht auf Erfolg schon sein.

Bei Ingrid wurde daraus ein Landeskummerkasten, ebenfalls an höchster Stelle angesiedelt, denn wer wäre einflußreicher als die Küchenratsvorsitzende der Regierungs-WG?

Insgesamt etwa 30.000 Briefe will sie in elf Jahren erhalten und beantwortet haben, ungefähr ein Drittel davon im ersten halben Jahr. Zu jener Zeit, im Februar 1991, waren beim eigentlich zuständigen Petitionsausschuss des Landtages gerade einmal 119 Petitionen eingegangen. Dieses Verhältnis besserte sich zwar allmählich. Bis heute aber wenden sich immer noch mehr Bürger an das *Büro Biedenkopf* als an den Ausschuß. Dessen durchschnittliche Eingabenzahl lag in den letzten Jahren um 1.500 pro Jahr, während Frau Biedenkopf monatlich 150 bis 200 Briefe erhielt. Damit trat sie außerdem in Konkurrenz zur »Stabsstelle für Bürgeranliegen« in der Staatskanzlei, die kaum jemand kennt. »Die machen eigentlich das, was das Büro Biedenkopf auch macht«, sagte auf Anfrage eine Mitarbeiterin der Staatskanzlei. Allerdings weniger durch lautes Klingeln und wirbelsturmartige Auftritte als durch effektives Dranbleiben, manchmal nur Zureden oder Zuhören.

Ganze vier Schreiben aus dem Büro Biedenkopf wurden nach Auskunft der Staatskanzlei in der laufenden Legislaturperiode zwecks Erledigung an die Stabsstelle weitergeleitet.

Für die Opposition im Landtag waren sowohl Existenz und Ausstattung des Landeskummerkastens als auch die Interventionsmethoden von Frau Biedenkopf ein Dauerthema. In seiner Antwort auf die erste SPD-Anfrage 1991 in dieser Sache umriß Kurt Biedenkopf diesen Aufgabenbereich seiner Frau so: »Bewältigung einer umfangreichen Korrespondenz und Unterstützung der Petenten bei der Lösung ihrer Probleme, soweit dies im Rahmen der Erteilung von Rat, von Hinweisen und Nachfragen möglich ist.«[57]

Dafür bewilligte ihr die CDU-Mehrheitsfraktion des Landtages regelmäßig einen eigenen Haushaltposten mit zwei Stellen und Sachkosten, zuletzt 208.800 Mark. Die fragefreudige PDS-Landtagsabgeordnete Christine Ostrowski wollte daraufhin augenzwinkernd wissen, ob die Staatsregierung jedem Bürger, der regelmäßig um Hilfe angesprochen werde und dabei mehr als 100 Briefe monatlich erhalte, ein Büro auf Staatskosten einzurichten bereit sei? Wenn nein, woraus resultiere dann die Sonderstellung von Frau Biedenkopf?

»Aus den besonderen Aufgaben und Verpflichtungen, die der Frau des Ministerpräsidenten in den zurückliegenden Jahren zugewachsen sind und die sie ohne Unterstützung durch zwei Mitarbeiter nicht bewältigen kann«, antwortete das sächsische Finanzministerium.[58]

Wie es denn käme, daß nur in Sachsen der MP-Gattin solche Aufgaben zuwüchsen und in anderen Bundesländern nicht, fragte Frau Ostrowski zurück und schlug vor, Frau Biedenkopf mit der Amtsbezeichnung »Sorgenstellenleiterin« in den Staatsdienst einzustellen.

Finanzminister Georg Milbradt antwortete, daß es nicht nur unhöflich wäre, sondern auch den Vorstellungen des Ministerpräsidenten und seiner Frau über ihre sozialen Verpflichtungen nicht entspräche, Bittbriefe zurückzuweisen. Aus dem Fehlen eines Haushalttitels in anderen Bundesländern könne nicht auf ein geringeres Engagement jener Ministerpräsidentengattinnen geschlossen werden. Schließlich sei nicht beabsichtigt, Frau Biedenkopf in den Staatsdienst einzustellen. Sie bleibe »hauptberuflich ehrenamtlich« tätig.[59]

Das Finanzministerium bemerkte offenbar nicht sein im zweiten Teil der Antwort verborgenes Eingeständnis, daß es eigentlich keine öffentliche Finanzierungsnotwendigkeit dieses ehrenamtlichen Engagements geben dürfte. Vergeblich wurde aus dem Landtag später noch einmal nach besonderen Problemschwerpunkten und vor allem nach der Erfolgsquote der Bearbeitungen gefragt. Im Bericht des Petitionsausschusses wären solche Auskünfte selbstverständlich. Immerhin erfuhren die Abgeordneten schon im Dezember 1994, daß eine Fortführung des Büros über das mögliche Ende der Amtszeit des Ministerpräsidenten hinaus nicht geplant sei. Eine Frage, deren Aktualität in dem damals scheinbar auf Lebenszeit festgeschrieben Kurtkönigtum niemand ahnen konnte.

Mitten im Krisenfrühling 2001 donnerten dann der Bund der Steuerzahler und die nicht im Landtag vertretenen Freien Demokraten noch einmal los. »Das Amt *Ehefrau des Premiers* gibt es nicht. Diese Einrichtung ist nirgendwo demokratisch legitimiert«, schimpfte der liberale Landesvorsitzende Holger Zastrow.[60]

Zu allem Überfluß goß der Premier vor dem Untersuchungsausschuß mit einer Bemerkung am Rande Öl ins Feuer. Er habe die ihm als Landtagsabgeordneten zustehende Mitarbeiterin ebenfalls dem Büro seiner Frau zur Verfügung gestellt. Kein neuer Skandal, dämpfte die SPD-Fraktion. So viel Ermessensspielraum lasse nun einmal das Abgeordnetengesetz zu.

Am 27. August 2001 befaßte sich dennoch auf Antrag einiger SPD- und PDS-Abgeordneter der Rechtsausschuß des Landtages mit dem Büro. In der Anhörung wurde es unter anderem als »Kanal hin zu den Rockschößen des Monarchen« charakterisiert. Anfang September legte der gefürchtete Datenschutzbeauftragte Thomas Giesen mit einer Beanstandung nach.

Nicht minder umstritten war der Umgang der Landesmutter mit den Anliegen der Petenten. Die Staatskanzlei versuchte, den Eindruck eines wohlgeordneten Verfahrens zu erwecken. »Sämtliche Fragesteller erhalten von Frau Biedenkopf eine Zwischennachricht, in der sie – je nach Lage des Einzelfalles – die Information erhalten, an welche zuständige Stelle sie sich wenden können. Gegebenenfalls wird durch das *Büro Biedenkopf* das zuständige Staatsministerium angeregt, den Vorgang, der der Eingabe zu Grunde liegt, nochmals zu überprüfen.«[61]

Ergänzend hieß es ein Jahr später: »In allen anderen Fällen werden die Anfragen in eigener Zuständigkeit durch Frau Biedenkopf, häufig in Zusammenarbeit mit der kommunalen Ebene oder sozialen Organisationen bearbeitet.«[62] Ein Verfahren, das sie laut der Illustrierten »Stern« als »Meisterin des kleinen Dienstweges« auszeichne.

In seiner Laudatio zum 70. Geburtstag gestand sogar Ehemann Kurt zu, ihre eigenmächtigen Anfragen bei Behörden hätten in der Anfangszeit zu »erheblichen Irritationen« geführt. Biograf Alexander Wendt verriet über die Büro- und Landesmutter: »Sie ist, obwohl in der Verfassung nicht vorgesehen, eine Institution von bemerkenswerter Interventionslust im Lande.«[63]

Beide hatten milde formuliert. Abteilungsleiter, ja sogar Minister hatten eher den Eindruck einer Dienstanweisung, wenn Mutter Ingrid forsch anrief, zum Rapport bestellte oder unangekündigt vorstellig wurde. Am Frühstückstisch in der Schevenstraße war das nicht nötig, weil Finanz-, Wirtschafts- und Innenminister dort wohnten. »Schneewittchen und ihre Zwerge« titelte der »Spiegel« 1991 mit Blick auf das sächsische Kabinett.

Wegen der allzu heftigen CDU-Erneuerung, die dem Königspaar angeblich schlaflose Nächte bereitete, nahm Ingrid Biedenkopf sich 1991 Arnold Vaatz zur Landesmutterbrust.

Im Frühjahr 2001 wurde ein Gartenzaunkonflikt bekannt, zu dessen Schlichtung die Landesmutter angerufen worden war. Ähnlich dem berühmt gewordenen Knallerbsenstrauch am Maschendrahtzaun ging es um ein Gewächshaus an einer Grundstücksgrenze. Die Landesjustizmutter Ingrid ging auf den Beschuldigten, einen zugezogenen hohen Beamten aus dem Kultusministerium, los. Über ihren Mann und die Staatskanzlei wurde ein Disziplinarverfahren eingeleitet, Beschimpfungen wie »skrupellose Spekulanten« und »Wendebetrüger« landeten sogar in der Personalakte des gemaßregelten Beamten, worauf der Strafanzeige stellte. Die sächsischen Kläger wurden zu Geldstrafen wegen übler Nachrede verurteilt – aus einem persönlichen Fonds des Ministerpräsidenten beglich die Staatskanzlei deren Prozeßkosten in Höhe von 1.162 Mark.

Kein Zweifel, daß ihr einige tausend Menschen in Sachsen für das Durchboxen ihrer Interessen dankbar waren, unabhängig davon, auf welche Weise das geschah. Es gab genügend Beispiele von Unglücks- oder Härtefällen, in denen das soziale Netz versagte und bei denen sie tatsächlich karitativ eingriff und Hilfe organisierte.

Heikel wurde es aber meist dann, wenn die Landesmutter sich als Chefinstanz für Investitionsförderung aufspielte. »Von Investitionen versteht sie nichts, aber sehr viel von sozialen Dingen«, hatte ihr Mann vor dem sogenannten Paunsdorf-Untersuchungsausschuß des Landtages bei seiner Vernehmung am 27. Februar 2001 erklärt. In diesem Ausschuß aber ging es gerade um die Einflußnahme von Kurt und Ingrid Biedenkopf auf die Konditionen von Bauvorhaben ihrer Freunde Heinz Barth und Max Schlereth.

Naiv tappte Ingrid in Fallen wie jene, die 1991 Schlagzeilen machte. Auf ihren Nachdruck hin vergab der Chef der Chemnitzer Treuhandniederlassung Dirk Wefelscheidt die Erzgebirgische Kunststoffverarbeitungs-GmbH an den zweifelhaften Unternehmer Eberhard Hottenroth. Kurz darauf hatte der die Staatsanwaltschaft wegen betrügerischen Konkurses am Hals.

Ungeniert versuchte sie beim Leipziger Planungsdezernenten Nils Gormsen, ein Ladenlokal an eine Bekannte zu vermitteln. Und über schlechte Flugverbindungen zwischen Dresden und München beklagte sie sich persönlich beim Lufthansa-Vorstand.

»Wie eine Goldhamsterin rast Ingrid Biedenkopf durchs Rädchen Sachsen. Stillstand wäre Rückschritt«, schrieb der »Stern« 1992.[64]

Peinlicher noch fielen ihre repräsentativen und halböffentlichen Auftritte aus. Unerschütterliche Egomanie siegte stets über den Instinkt für die Situation. Eifrig kolportiert wurde ihre Unbekümmertheit beim Queen-Besuch 1992 in Leipzig. Noch vor dem etwas temperamentlosen Ehrengast von der Insel sprang sie auf den Balkon des Alten Rathauses und winkte der Menge zu.

Gewaltig ins Fettnäpfchen trat die sächsische Möchtegern-Queen, als sie kurz nach den braunen Terrorakten in Hoyerswerda und Mölln Ende 1992 wieder einmal als stellvertretende Ministerpräsidentin bei der Eröffnung einer Spiele-Messe auftrat. Das mit Hoyerswerda sei ja gar nicht so schlimm gewesen. »Das haben die Medien hochgespielt, um tolle Berichte nach Hause zu bringen.« Neben Politikern empörte sich daraufhin auch die sonst so königstreue Bild-Zeitung: »Bitte, Frau Biedenkopf, sammeln Sie in Zukunft Kochrezepte, aber äußern Sie sich nicht zu brisanten politischen Themen. Sich selbst – und unserem Land zuliebe.«[65]

Aus der PDS-Fraktion kam einmal eine Anfrage, ob die Nennung der Landesmutter vor den Mitgliedern der Staatsregierung auf Einladungen und Pressemitteilungen der Protokollordnung entspreche. Der Sprecher des Landwirtschaftsministeriums zog sich damals mit den Grundsätzen »Ladies first« und »First Ladies first« aus der Affäre.

Pointierter fiel eine Antwort des Innenministers Heinz Eggert aus, als die PDS ebenfalls versuchte, ihn aufs Glatteis zu führen.

Der Stellvertreter von Kurt Biedenkopf heiße Eggert, ließ er wissen. Zu den Hoyerswerda-Bagatellisierungen meinte er, Äußerungen von Privatpersonen würden von der Staatsregierung nicht kommentiert. Eben jene *Privatperson* hatte ihn kurz zuvor noch mit Küssen überhäuft, als er in den Bundesvorstand der CDU gewählt worden war.

Wenn die Landesmutter ganz unprivat irgend etwas einweihen und dazu noch eine Rede halten wollte, schaltete man alle kognitiven Hirnfunktionen besser ab und allein das Herz auf Empfang. Dann vernahm man eine Frau, die die Welt mit unwiderstehlicher Großherzigkeit radikalmütterlich in Ordnung brachte.

Andere, die das auf ihre eigene Weise auch wollten, ließ sie ebenso wenig gelten wie ihr Mann. Dazu mußte man sie nur einmal auf der Zuschauertribüne des Landtages gesehen haben. Bei Oppositionsrednern wich ihr Dauerlächeln – sie gab hörbar Zischlaute von sich und spielte fortgesetzt Entrüstung.

Am schönsten fand sie wohl, mit dem Hubschrauber auf einem Weihnachtsmarkt zu landen, Kinder zu tätscheln, Mühseligen und Beladenen Trost zu spenden.

Zu den in die sächsische Geschichte eingehenden Großtaten gehörten ferner die erreichte Anerkennung des Pfefferküchlerhandwerks als Ausbildungsberuf und die Herausgabe eines Sächsischen Kochbuches. Kochen konnten die Sachsen (außer Hochdeutsch) bislang auch noch nicht so richtig, und dank Ingrids Kochkunst stieg die schlichte Kartoffelsuppe zur Krönung von Banketten auf. Selbst Profiköche, bei größeren Essen zum Dienst ins Gästehaus bestellt, meinte sie noch das Rühren lehren zu müssen.

Bei einem Projekt aber erwiesen sich ausgerechnet die huldigungsgewohnten Dresdner als störrisch. Ein kleiner neugebauter Straßentunnel am Eingang zum Plauenschen Grund durfte trotz der Segnung durch die Landesmutter nicht »Ingrid-Tunnel« heißen. Dagegen protestierten einige Leserbriefschreiber – die Fürstin war noch nicht tot genug.

Ihr Ehemann war ihr auch hier einen Schritt voraus: Obwohl er noch quicklebendig ist, trägt eine Halde in dem vom Uranbergbau schwer mitgenommenen erzgebirgischen Schlema seit seinem Besuch den Namen »Biedenkopf-Blick«.

Zur Gratulationscour bei ihrem Siebzigsten Anfang April 2001 im Hotel Park Inn war die Welt längst wieder in schöner Harmonie. Goldige Kinderchen, brave Minister, dankbare Gäste – überhaupt alles artige Landeskinder. Irgendwelche aufsässigen Zwischenrufer wie manchmal draußen auf Märkten oder in Veranstaltungen gab es hier nicht. Wer eben noch flüsternd lästerte, stand mit Blumen und verbindlichem Lächeln in der Reihe der Gratulanten. Der Kratzfuß wurde fleißig praktiziert, mitten in einer Phase, in der Presse und Opposition und renegate Landeskinder dem Königspaar in den Rücken fielen. Wer ihr bei dieser Gelegenheit als Journalist zu nahe kam, erhielt ein »Ich kämpfe weiter!« zugezischt.

Das Bundesverdienstkreuz besaß sie schon, wie der Herr Papa, Bundespräsident Roman Herzog nannte sie bei der Verleihung auch »Landesmutter«. Dazu kam der »Ordre de Saint Fortunat« einer dem Guten und Schönen geweihten Otto-Eckart-Stiftung.

Zum Geburtstag kam aber kein neues Blech hinzu. Dafür ein von Sozialstaatssekretär Albin Nees gesammeltes Konvolut von 32 Lobpreisungen. Eine Sammlung ausgewählter an sie gerichteter Briefe sollte später folgen.

Falls außer Ehefrau Ingrid überhaupt jemand Einfluß auf Kurt Biedenkopf haben sollte, so gelang es ihm bislang nicht, den Einfluß seiner Frau im Lande wiederum zu begrenzen. Im Gegenteil, der Regierungschef reagiert schon auf Anspielungen sofort allergisch. Nicht nur, weil er für Ingrid »der beste Politiker von der Welt ist« und sie ihm auch dann noch zu Füßen liegen wird, wenn ihn der letzte Getreue verlassen haben sollte. Auch für die von ihr wahrgenommene private Kontenführung wäre sie schlimmstenfalls entbehrlich – falls sich ein Mann überhaupt je dafür interessieren sollte, dessen offizielles Jahreseinkommen bei 400.000 Mark liegt und der damit nach eigenem Bekunden als Ministerpräsident auf weit höhere frühere Einnahmen verzichtet habe.

Natürlich erfüllte Ingrid im System Biedenkopf eine ganz wichtige Funktion. Sie war zum einen Zuträgerin von Problemen, die ihn auf der weit entfernten Weltbühne schwer erreichten. Und sie komplettierte das Landesvaterimage, das dem Akademiker zwar zufiel, das er aber nur begrenzt auszufüllen vermochte. Politologen haben diesen Effekt schon »emotionale Umweg-Rentabilität« von Politiker-Ehefrauen genannt. Noch besser als er taugte »Engelchen« fürs schlichte Volk, das nun einmal – Sachsen-Mythos hin oder her – auch hierzulande die übergroße Mehrheit stellte.

»Mein Mann kommt ja leider viel zu wenig ins Land, er muß dauernd nach Bonn«, sagte sie einer »Stern«-Reporterin.[64]

Damit erfüllte sie zugleich eine Ventilfunktion. Sie leitete angestauten Unmut gleich nach »ganz oben«, dorthin, wo in einer Monarchie selbstverständlich die Lösungskompetenz liegt. Beide zusammen paßten, wie einst, perfekt in die sächsische Puppenstube. »Warum lieben die Sachsen ihr Königspaar?« fragte 1994 die »Bunte« rhetorisch und fand als Antwort: neben Kurts stolzem Auftreten gegenüber »Kaiser Kohl« war es vor allem die WG-Küche und das Leben zwischen der Modelleisenbahn.[66] Zu ergründen, wie es innerhalb der Puppenstube aussah, bliebe der Couch Sigmund Freuds überlassen. Jedenfalls brauchten auch Pharaonen, Welteroberer und sogar Könige von Sonnenstaaten immer jemanden, dem sie sich unterwerfen konnten.

So verteidigten beide einander auch dann noch bedingungslos, als Kurt im Dezember 2001 beinahe über einen von Ingrid bei IKEA ausgehandelten Rabatt von 15 Prozent gestolpert wäre. »Da paßt niemand dazwischen«, bekräftigte sie gegenüber der böswilligen Presse, und Kurt schwoll bei diesem Thema ebenfalls der Kamm. »Wissen Sie, warum Biedenkopf noch nicht zurücktreten kann?« frotzelten daraufhin sogar CDU-Witzbolde. »Weil Ingrid noch nicht alle Weihnachtseinkäufe erledigt hat.«

Nun, das *Büro Biedenkopf* wird es nur so lange wie den »Landesvater« geben, sagte die Staatskanzlei. Schon interessierten sich findige Journalisten für die bislang gänzlich unbekannten Politikergattinnen Frau Prof. Milbradt und Frau Flath, mögliche Kandidatinnen für den absehbar freiwerdenden Posten der Landesmutter.

Der Freistaat, das bin ich

»Der erste Regierungschef errang in dem neuen Staat eine Macht-
position, wie keiner seiner Nachfolger sie auch annähernd wieder
erreichen sollte … Da gab es zunächst die einmalige Situation, die
XXX bei seinem Regierungsantritt vorfand. Denn in der Grün-
dungsphase konnte der XXX, von keiner Tradition eingeengt, die
Grenzen der Machtfülle der verschiedenen Verfassungsorgane im
Staat extensiv erproben. Aber nicht weniger bedeutend für seine
bald herausragende Stellung waren zweifellos XXXs Persönlichkeit, sein politischer Stil, sein unbedingter Machtwille, der ihn auch
viele menschliche und politisch-moralische Hindernisse beiseite
schieben ließ, vor denen skrupelhaftere Zeitgenossen zurück-
schreckten. XXXs übermächtige Rolle … erstickte allmählich die
Zweifel und brach die Widerstände gegen seine ›Alleinherrschaft‹.
Die eigene Fraktion, die Parteigremien in der Union und schließlich sogar zeitweise die parlamentarische Opposition kapitulier-
ten vor dem Durchsetzungswillen, der taktischen Cleverness dieses Mannes. Sie ließen bald vieles laufen, pochten immer weniger
auf Mitsprache und Information, die ihnen die Parteistatuten oder
das Grundgesetz einräumten. Da spielte sicher auch menschliche
Schwäche eine Rolle, denn wie in der Zeit des Parteiaufbaus fand
XXX lange keinen gleichwertigen Gegenspieler.« [67]
  Man glaubt, einen verfrühten Nachruf auf Kurt Biedenkopf
zu lesen. Gemeint war aber keine sächsische Legende, sondern
eine deutsche: Wilhelm von Sternburg schrieb diese Sätze in seinem Buch über Konrad Adenauer, den ersten Kanzler der Bundesrepublik. Ein Mann, dem ebenso wie Kurt Biedenkopf viele
gute Eigenschaften nachzusagen waren, der aber im Zusammen-
wirken eigener autokratischer Neigungen mit der historischen
Situation zu einer fast absolutistischen Machtfülle gelangte. Das
Beispiel Sachsen zeigt, wie sich solche Zustände mitten in einer
parlamentarischen Demokratie und beinahe gegen den Willen aller
Beteiligten entwickeln können.
  Die PDS-Landtagsfraktion gebrauchte etwa seit Einsetzung

des sogenannten Paunsdorf-Untersuchungsausschusses im Sommer des Jahres 2000 die Wendung vom »System Biedenkopf«. Ungefähr seit 1994 fanden sich in verschiedenen Presseartikeln Formulierungen wie »Mythos Kurt«, »Das Prinzip Biedenkopf« oder Betrachtungen über die »Anatomie seiner Macht«. Gemeint war in allen Fällen etwa das Gleiche: eine ganz auf den Mann an der Spitze ausgerichtete Pyramide mit ungezählten verschlungenen Gängen im Inneren und einer Menge Leute, die ihre Stufen zu erklettern suchten. Das Bauwerk wurde getragen von 80 Prozent Zustimmung zu dem Mann ganz oben. Obschon auf Sand gebaut, schien es unerschütterlich.

Die verschiedenen Definitionen des Systembegriffs könnten auch Zweifel aufkommen lassen, ob er für dieses »System« innerhalb des parlamentarisch-demokratischen Systems passend gewählt ist. Welche Kriterien wären da zu prüfen? Prinzipien gibt es, Ordnung schon weniger, die zu Grunde liegende allgemeine Regel könnte lauten: »Biedenkopf hat immer recht«, aber planvoll ist dieses »System« nicht geschaffen worden.

Man kann Kurt Biedenkopf nicht vorwerfen, er sei nur nach Sachsen gekommen, um vorsätzlich die politische Gleichschaltung zu befördern, einen Ämterfilz unter einem einzigen Parteiabzeichen zu weben, alten Freunden lukrative Geschäfte zu verschaffen und sich selbst nach Kräften zu bereichern. Vorgänge und Tendenzen dieser Art resultierten – beinahe unbemerkt und wie selbstverständlich – aus seiner Person, seinem Charakter, seinen Prägungen, und vor allem aus der komfortablen Stellung, die ihm die Wähler verschafft haben.

Es gibt Konstellationen, an denen ist entweder niemand »schuld« – oder alle sind es. Das heißt nicht, daß Kurt Biedenkopf keine Handlungs- und Ermessensspielräume gehabt hätte. Wer, wenn nicht er, dessen Wort in Sachsen Gesetz war? Er trägt für das Aufkommen von Erscheinungen, die er selbst früher mit Leidenschaft bekämpft hatte, die politische Verantwortung.

Der »Gefühlsstau« in der Landtagsfraktion der CDU

Es gibt von Kurt Biedenkopf einen umfangreichen Zitatenschatz, der auf die Gefahren einer Verselbständigung des Machtanspruches zu Lasten des politischen Diskurses hinweist. Helmut Kohl war ihm stets warnendes Beispiel. Die kurz vor dem Umbruch in der DDR erschienenen »Zeitsignale« waren über weite Strecken ein Lehrbuch für echte Demokraten und zugleich eine Philippika gegen eine verknöcherte, ritualisierte Parteienordnung, die einen notwendigen Paradigmenwechsel in der Bundesrepublik verhinderte. Leicht niederzuschreiben von einem, der in jener Zeit kaum politische Verantwortung trug. »Aber die Dominanz machtpolitischer Erwägungen ist es vor allem, die die Glaubwürdigkeit der Parteien gefährdet. Sie beeinträchtigt die innere Schlüssigkeit des Handelns und reduziert, wie der Bundespräsident es formulierte, die Fragen der Zeit zu Instrumenten im Kampf um die Macht.«[68] Besonders sensationell mutet aus heutiger Sicht das letzte Kapitel jenes Buches an, »Parteienlandschaft im Umbruch« überschrieben, aus dem an passender Stelle noch mehr zu zitieren sein wird. »Was die Ansicht der etablierten Parteien, sie sicherten die Stabilität unserer Demokratie, eigentlich bedenklich macht, sind nicht die Versuche, den Wettbewerb im ›Wählermarkt‹ zu beschränken. Es ist die mit dieser Ansicht verbundene Abwertung des Parlaments, der eigentlichen Vertretung des Volkssouveräns. … Die Parteien sind es, die Wert darauf legen, daß im Parlament – wie Hildegard Hamm-Brücher es formulierte – in Blöcken geredet, geklatscht, gebuht und abgestimmt wird.«[69]

In dem nach der deutschen Einheit angefügten »Ausblick« verwahrte sich Biedenkopf noch einmal gegen »Geschlossenheits-Postulate, aus denen sich der innerparteiliche Solidaritätsanspruch und der Grundsatz der Parteidisziplin ableiten«, und plädierte statt dessen für eine offene Diskussion über die unausweichlichen Zukunftsfragen auch innerhalb der Parteien.[70] In diesem Zusammenhang möchte er sogar die zur ersten gesamtdeutschen Wahl am 2. Dezember 1990 zugelassene Ausnahme von Listenverbindungen kleiner Gruppen fortschreiben. »Immer werden es Minderheitengruppen sein, die neue, revolutionäre, jedenfalls bestehende Verhältnisse nachhaltig verändernde Prozesse in Gang setzen. Solchen Gruppierungen und ihren Repräsentanten können die Volksparteien nicht auf Dauer die politische Repräsentation verweigern.«[71]

Es ist hier nicht der Ort, auf Widersprüche in den »Zeitsignalen« einzugehen. Brach sich doch an anderer Stelle wiederum Biedenkopfs elitäre Grundhaltung Bahn, wenn er auf starke

Führungspersönlichkeiten setzte. Bemerkenswert blieb aber doch, daß er solche Zeilen zur selben Zeit schrieb, als er die kritisierten Parteirituale in seiner CDU-Landtagsfraktion und im Sächsischen Landtag selbst durchzusetzen begann. Biedenkopf brachte seine CDU-Fraktion auf Linie, die das Vorschaltgesetz, die provisorische Landesverfassung, mit Zweidrittelmehrheit verabschiedete, und er verhinderte eine Bestätigung seines Kabinetts durch den Landtag. Kurz zuvor, am 22. September 1990, hatte er seinem Tagebuch eine verräterische Formulierung anvertraut. Seine vielseitigen Erfahrungen resümierend, erklärte er die Zeit als Fraktionsvorsitzender am Rhein als wichtig »für die Beherrschung der künftigen CDU-Fraktion«.

Zu jener Zeit war auch in dieser Fraktion noch der gleichfalls für die letzte Volkskammer typische Geist anzutreffen, Probleme möglichst im breiten Konsens und keinesfalls gegeneinander zu lösen. »Wir werden unsere Mehrheit nicht mißbrauchen, um Vorschläge, nur weil sie aus anderen Fraktionen kommen, niederzuschmettern«, hatte der CDU-Fraktionsvorsitzende Herbert Goliasch auf der konstituierenden Sitzung des Landtages verkündet. Diese Haltung mochte für die übergroße Mehrheit der CDU-Abgeordneten anfangs ihre simple Ursache in einer gewissen Dankbarkeit gehabt haben, durch zufällige Namensgleichheit mit der West-CDU vom angestrebten Elitenwechsel in der DDR verschont geblieben zu sein. Ähnlich wie bei vielen frischgewendeten SED-Genossen beobachtete man auch bei den obengebliebenen Blockparteimitgliedern einen auffälligen Eifer zur Mitarbeit unter den neuen Verhältnissen und mit den damals noch treibenden Kräften der Veränderung. Ein opportunistisches Verhaltens-Grundmuster, das ebenso leicht zur Indifferenz und zur Abnicker-Mentalität in den eigenen Reihen führen konnte und auch geführt hat. Der erste Vorsitzende der Fraktion Linke Liste/PDS Klaus Bartl – einst Abteilungsleiter Staat und Recht in der SED-Bezirksleitung Karl-Marx-Stadt und somit selbst »Altlast« – machte sich gelegentlich einen Jux daraus, einige Unionsfreunde in den Abgeordnetenbänken an ihre früheren gemeinsamen Begegnungen und an die Gratulationscouren bei der Staatssicherheit zu erinnern.

Solche Leute muckten nicht auf. Um so weniger, als der Stasi-Bewertungsausschuß des Landtages im Jahre 1991 alle Abgeordneten überprüfte und der sächsische Rigorismus der Selbstreinigung auch vor der eigenen CDU-Fraktion nicht haltmachte. Vor der Sondersitzung am 24. Oktober 1991 war auch sieben CDU-Abgeordneten wegen des Vorwurfes der Zusammenarbeit mit dem MfS die Mandatsniederlegung empfohlen worden. Bei zweien nachweislich zu unrecht, einer nahm sich anschließend das Leben. Fraktionschef Herbert Goliasch stürzte 1994 über nie bewiesene Verdächtigungen einer unterstellten KGB-Mitarbeit. Allerdings war er zu DDR-Zeiten unter anderem Presseinstrukteur beim Hauptvorstand der Ost-CDU und stellvertretender Chefredakteur des Parteiorgans »Thüringer Tageblatt«.

Die in Sachsen überdurchschnittlich zahlreichen neuen oder vom »Demokratischen Aufbruch« (DA) übernommenen Mitglieder lagen in ständigem Clinch mit den alten Funktionären. Diese wiederum wollten sich ihrer Vergangenheit nicht ständig schämen. Im September 1991 drohte gar eine Abspaltung von angeblich 16 Abgeordneten um den Arzt Dr. Dietmar Laue von der CDU-Fraktion. Zuvor waren die »Reformer« auf einer Fraktionsklausur mit dem Ansinnen klar unterlegen, den letzten DDR-Ministerpräsidenten und Unions-Vize Lothar de Maizière zum Rücktritt aufzufordern. Der resignierte bekanntlich trotzdem.

Nach der »Reinigung« der Fraktion von Abgeordneten, denen der Bewertungsausschuß Stasi-Mitarbeit unterstellte, wuchs den Unionsfreunden von einst neues Selbstbewußtsein zu. Es galten die gleichen fragwürdigen Exkulpierungsgesetze wie in Ostdeutschland insgesamt. Mit einigen wenigen Spitzenfunktionären und den offiziellen und inoffiziellen Mitarbeitern des MfS waren die Schuldigen für die DDR-Ära gefunden. Alle anderen konnten sich fortan im Besitz des Persilscheins wähnen.

Anfang Dezember 1991 wählte die Fraktion einen neuen Vorstand. Die jüngeren »Reformer« erlitten eine deutliche Niederlage – weniger durch die Bestätigung von Herbert Goliasch, sondern wegen der gewählten Stellvertreter. Erinnert sei auch an die Episode des im Februar 1993 gegründeten restaurativen »Deutschland-Forums« in der Union, an dem sächsische »Blockflöten« maßgeblich beteiligt waren.

Kurt Biedenkopf, in seiner über allen Grüppchen stehenden Autorität gestärkt, bediente beide Seiten und ging damit auf Distanz zu CDU-Generalsekretär Volker Rühe, der offen Sympathien für die Erneuerer hegte. Für das Verhältnis des Regierungschefs zur Landtagsfraktion galt ähnliches wie für den Umgang mit der Landespartei. Ein Mann wie Herbert Goliasch war nach dessen eigenem Bekunden Biedenkopfs Wunschkandidat für den Fraktionsvorsitz. Er repräsentierte den starken Flügel der geläuterten Block-CDU.

Bis zur Landtagswahl 1999 bestand ein hochstabiles Dreiecksverhältnis gegenseitiger Abhängigkeit. Der Wille zur Macht vereinte beide Fraktionsflügel. Und beiden war wiederum klar, daß ihre in drei Wahlen bestätigten absoluten Mandatsmehrheiten nur der Figur des Ministerpräsidenten zu verdanken waren. Im ersten Landtag errang die CDU 92 der 160 Mandate, 1994 waren es 77 von 120 Sitzen, nach der Wahl des dritten Landtages 1999 noch 76 Sitze.

Der sächsische CDU-Generalsekretär Steffen Flath schätzte 1999 den Biedenkopf-Wählerbonus auf etwa 30 Prozent. Während der im Jahr 2001 kulminierenden Diskussion um die Nachfolge Kurt Biedenkopfs fiel immer wieder der Hinweis auf eine weniger subjektive Berechnungsbasis. Zwischen dem Ergebnis der Bundestagswahlen 1998 von 32,7 Prozent CDU-Zweitstimmen in Sachsen und dem Landtags-Wahlsieg 1999 mit 56,9 Prozent bestand immerhin ein Differenz von 24,2 Prozent. Bei der erwiesenen hohen Wechselwählerzahl und der geringen Wahlbeteiligung im Osten konnte demnach mit einem CDU-Stammwählerpotential von kaum mehr als 35 Prozent gerechnet werden. Ergo: Eine Reihe von Abgeordneten verdankte Kurt Biedenkopf das Mandat und die Fraktion ihm insgesamt die absolute Mehrheit. Umgekehrt brauchte die Regierung natürlich die uneingeschränkte Rückendeckung ihrer Landtagsfraktion, um Vorhaben auch formal bestätigen zu lassen. Eine sehr viel geringere Abhängigkeit, wie sich zeigte.

Als ein erster Test auf die Verläßlichkeit der CDU-Landtagsfraktion erwies sich die wichtige Schulgesetzgebung. Durch die vom Einigungsvertrag gesetzte Frist bestand ein gewisser Zeitdruck, das Gesetz bis zum 31. Juni 1991 zu verabschieden. Das Kultusministerium unter Stefanie Rehm hatte einen von allen Seiten belachten Referentenentwurf vorgelegt, die SPD-Fraktion war ihr mit einem vielbeachteten Gesetzestext zuvorgekommen. Der berührte mit der Gesamtschule und anderen Punkten allerdings einige ideologische Tabus der CDU. Die Mehrheitsfraktion lernte wiederum schnell, wie man in Ausschüssen taktiert, die Diskussion hin- und der Regierung den Rücken freihält.

Der CDU-Schularbeitskreis griff dem Ministerium schließlich unter die Arme und bereitete einen zustimmungsfähigen Gesetzentwurf vor.

Einem Hochschulgesetzentwurf von Bündnis 90/Grüne erging es ähnlich. SPD-Fraktionschef Karl-Heinz Kunckel, obschon stets auf konstruktive Opposition bedacht, kommentierte daraufhin verbittert: »Das Land blutet aus allen Wunden, wir brauchen Ausgleich und Zusammenarbeit. Die CDU-Fraktion scheint dazu zumindest in Teilen nicht mehr bereit.« CDU und Staatsregierung warf er eine »rücksichtslose Politik des Durchmarsches« vor.[72] Ein Vorwurf, der inzwischen zum Standard gehört, damals aber noch von wirklicher Betroffenheit zeugte.

Der »Sachenspiegel« schrieb daraufhin: »Die Fraktion der Absolutisten ist offenbar außerstande, einem oppositionellen Gesetzentwurf eine Chance zu geben und damit über einen sehr langen eigenen Schatten zu springen. Auch in Sachsen wird man sich daran gewöhnen müssen, daß Parteipolitik das Primat vor der Sache genießt. Wer alles selbst machen will, und sei es auch mit Hilfe von Experten aus den zwei alten Südländern besonders gut und exklusiv gemeint, der verantwortet schleppende Gesetzgebung in dieser dichten Phase, da Sachsen seinen dritten historischen Frühling erleben soll.«[73]

Ungeachtet des oben Gesagten kann der CDU-Landtagsfraktion dennoch zumindest im ersten Jahr und mit Abstrichen auch noch im Verlauf der ersten Legislaturperiode eine gewisse Aufsässigkeit gegenüber der Staatsregierung bescheinigt werden. Vielleicht ein Ausläufer der vorübergehend aufgekommenen »Basisdemokratie«, sicher aber dem Gestaltungswillen einiger Parteineulinge zu danken. Zu einer direkten Konfrontation mit dem Ministerpräsidenten kam es allenfalls in internen Fraktionssitzungen. Seine Person galt lange als sakrosankt. Wenn sich ernsthafter Widerstand regte wie 1992 gegen die unveränderte Fassung des Staatsvertrages zum Deutschlandradio, genügte eine zarte Rücktrittsdrohung, um das Abhängigkeitsverhältnis ins Bewußtsein zu rufen.

Biedenkopf war aber auch persönlich schwer zu greifen. Von

ihm kamen in jener turbulenten Anfangsphase fast nur Äußerungen zum Bund-Länder-Verhältnis, zu Finanzierungsfragen, zur Treuhand, zum Verwaltungsaufbau, zu ostdeutschen Mentalitäten, kurz, zu generellen Problemen des Aufbaus Ost. Das Drängen, den Vereinigungsprozeß endlich als gesamtstaatliche Aufgabe zu erkennen, dabei möglichst durch einen Impuls aus dem unverbrauchten Osten den Westen umzukrempeln, hinausgeschobene Zukunftsprobleme zu lösen – das alles waren seit langem Biedenkopfsche Themen, die er nun, mit neuer Autorität versehen, nachdrücklicher ansprach.

Bei der Kritik an Kohls größter Wahlkampflüge, der Verneinung notwendiger Steuererhöhungen, und in den Verhandlungen zum Solidarpakt I avancierte Biedenkopf auf selbstverständlichste Weise zum Sprecher der ostdeutschen Länder. Seiner Kompetenz und seinem Nachdruck war es wesentlich zu danken, daß damit auch für Sachsen eine mittelfristige Finanzierungsgrundlage erkämpft wurde.

Die Kärrnerarbeit im Sachsenland stand von vornherein an zweiter Stelle. Die Kritik der Opposition an den Gemeinplätzen in seiner Regierungserklärung lief ins Leere. In die Schußlinie selbst seiner eigenen CDU geriet Biedenkopf über viele Jahre schon deshalb nicht, weil er seinen Ministern die Rolle eines »Kugelfängers« zugewiesen hatte. Die interpretierten das als Freiraum, der ihnen übertragen worden war, und keineswegs als »Drecksarbeit«. Sie bedankten sich artig beim Ministerpräsidenten.

Zuletzt tat dies im Jahr 2000 noch MP-Stellvertreter und Sozialminister Dr. Hans Geisler. »In der sächsischen Staatsregierung hat das Ressortprinzip wirklich Geltung.«

Ein erstes anschauliches Beispiel für Differenzen der Fraktion mit einzelnen Ministerien lieferte die Debatte um die Hochschulerneuerung und ein neues Hochschulgesetz. In lebhafter Erinnerung sind die Rededuelle zwischen dem hochschulpolitischen Sprecher Dr. Matthias Rößler, der später Kultusminister wurde, und Wissenschaftsminister Prof. Hans-Joachim Meyer. Der forsche Rößler, nicht nur bei verbitterten SED-Professoren im Ruf eines Flegels stehend, drang auf einen radikalen Personalschnitt, während Ex-Ordinarius Meyer vor allem die Arbeitsfähigkeit von Lehre und Forschung im Auge hatte. Indirekt attackierte Rößler auf einer Fraktionssitzung sogar Ministerpräsident Biedenkopf, der trotz seiner Verbalangriffe auf alte Seilschaften laut Rößler wenig Konsequenz zeigte.

Ähnliche Meinungsverschiedenheiten gab es zur Personalpolitik am Mitteldeutschen Rundfunk.

Strammen Ordnungspolitikern im Pickelhaubengeist wie dem innenpolitischen Sprecher Volker Bandmann blieb der Regierungsentwurf des Polizeigesetzes zu lasch.

Der umweltpolitische Sprecher Karl Mannsfeld kritisierte den ersten Umweltbericht von Minister Dr. Karl Weise. In dessen Ressort wurde auch das vorläufige Gesetz zur Siedlungsentwicklung und Raumordnung erarbeitet, das für die erste offene Ablehnung eines Regierungsentwurfes durch die CDU-Fraktion sorgte. Auch Teile der Konservativen fühlten sich durch einen Ermächtigungsparagraphen für die Staatsregierung entmündigt, und erst nach Zustimmung zu einem Änderungsantrag der oppositionellen FDP passierte das Gesetz den Landtag.

Derartige Unverschämtheiten aber wurden immer seltener. Für die Presse geriet es schon zu einer Sensation, als 1995 die Fraktion einen Handstreich von Finanzminister Milbradt abschmetterte. Unabgesprochen hatte der eine Finanzspritze von 25 Millionen Mark für den Wiederaufbau der Dresdner Frauenkirche lockermachen wollen. Vielen Abgeordneten wäre die Zustimmung in ihren Wahlkreisen als unnötige Förderung eines zentralistischen Prestigeobjektes vorgehalten worden.

Eine weitere »Ungeheuerlichkeit« passierte im Juni desselben Jahres. Monatelang war zuvor die Frage nach einem Nachfolgekandidaten für den scheidenden Rechnungshof-Präsidenten Alfred Wienrich offen geblieben. Der Ministerpräsident besaß ein Vorschlagsrecht für dieses traditionell der größten Oppositionspartei zustehende Amt, das er aber lange nicht wahrnahm. Erst unmittelbar vor der Landtagssitzung schickte er den ehemaligen SPD-Abgeordneten Dr. Dieter Rudorf zur Vorstellung in die CDU-Fraktion. Die »diggschte«, wie man in Sachsen sagt, zumal der Kandidat eine sehr unglückliche Vorstellung lieferte.

Statt der erforderlichen Zweidrittelmehrheit erhielt Rudorf nur 72 der 116 abgegebenen Stimmen. »Ich bedauere dieses Ergebnis«, kommentierte knapp der sichtlich konsternierte Ministerpräsident.

Als Innenminister Klaus Hardraht und Finanzminister Georg Milbradt Bürgermeister künftig von Mandaten in Kreistagen und im Landtag fernhalten wollten, fielen sie 1997 bei einer Fraktionsmehrheit auf die Nase.

Aus Motiven, die im wahrsten Wortsinn naheliegend genannt werden können, gerieten auch die Riesenprojekte von Kreis- und Gemeindegebietsreform zu einem Dauerbrenner im Streit mit der Staatsregierung. Hier wiederum vorwiegend mit dem Innenministerium – der Regierungschef blieb erhaben über die lokalen Stänkereien. Ein Prüfstein für die Fähigkeit seiner sächsischen Vorzeige-Union, die von Biedenkopf immer wieder attackierten Besitzstände zugunsten höherer Einsicht aufzugeben.

Über zwei Legislaturperioden gelang das ohne ernsthafte Aufstände von Abgeordneten als Emissäre ihrer ja gleichfalls der CDU angehörenden Lokalfürsten. Es gab Blessuren auf beiden Seiten. So etwa, als das Innenministerium nach vielen Rösselsprüngen doch einen einheitlichen Vogtlandkreis akzeptieren mußte.

Auch Fraktionschef Fritz Hähle hatte 1998 den erbosten Bewohnern seines Heimatortes Grüna zu erklären, warum er der beabsichtigten Eingemeindung nach Chemnitz nicht länger widerstehen konnte. Entscheidungen des Landesverfassungsgerichtes und attraktive Versorgungsregelungen für die ausscheidenden Landräte und Bürgermeister haben die Gebietsreform zumindest nicht weiter erschwert. Und dem König fiel deswegen auch nicht der kleinste Zacken aus der Krone.

Zwar konnte Kritik an einem Minister auch die indirekte Form einer Kritik am Ministerpräsidenten sein, aber offene Majestätsbeleidigung wagte in der CDU-Landtagsfraktion lange niemand. Gerade in den kontroversen Fragen der Kommunalpolitik hätte sich mancher CDU-Abgeordnete einmal klare Worte »von oben« oder doch zumindest von dem seit 1994 amtierenden Fraktionschef Dr. Fritz Hähle gewünscht. Hähle aber galt hier wie auch in der 1995 übernommenen Rolle des Vorsitzenden der Landespartei als Verehrer und treuer Gefolgsmann Biedenkopfs. Ins Amt kam er nach der für die CDU wiederum erfolgreichen Landtagswahl 1994. (Sein Vorgänger Herbert Goliasch, unter Spitzelverdacht geraten, kehrte später der CDU ganz den Rücken.)

Der ehrgeizige Bewerber Matthias Rößler, vom ehemaligen »Demokratischen Aufbruch« übernommen, hätte gegenüber der

Staatsregierung sicher eine selbstbewußtere Haltung eingenommen, womöglich aber auch die Fraktion gespalten. Kurt Biedenkopf »lobte« den potenziellen Rebellen ins Kabinett fort. Er setzte ihn auf den schwierigen Posten des Kultusministers, wo zwei glücklose Vorgänger einen Scherbenhaufen hinterlassen hatten.

So hatte der Ministerpräsident von der ihn tragenden Fraktion lange nichts zu befürchten. An Haushaltentwürfen nahm sie lediglich kosmetische Änderungen vor, und es erschien schon als mutig, wenn sich Umschichtungen einmal im dreistelligen Millionenbereich bewegten. Sie erschienen eher als eine Konzession der Staatsregierung, damit die Fraktion ihr Gesicht wahren konnte.

Geradezu Mitleid provozierten Einzelaufstände wie die von Thomas Pietzsch, Landesvorsitzender der Christlich-Demokratischen Arbeitnehmerschaft, bei der Schlußabstimmung zum Personalvertretungsgesetz. Abgeordnete machten ihrem Unmut lieber Luft beim Plausch mit Journalisten als in der Fraktionssitzung. »Der Alte ist doch gar nicht mehr hier!« zitierten die dann genüßlich und anonym.

Einer outete sich 1995 in einem *Focus*-Artikel. Volker Schimpff, Rechtsausschuß-Vorsitzender und Rechtsaußen seiner Partei, schimpfte über eine übermächtige Ministerialbürokratie in dem angeblich so schlanken Freistaat. »Eigentlich ist Sachsen als parlamentarische Demokratie angelegt. In Wirklichkeit sind wir auf dem Weg zur konstitutionellen Bürokratie.«[74] Die Beamten könnten sich kaum noch vorstellen, daß auch aus der CDU-Fraktion einmal ein Gesetzentwurf kommen könnte, legte Schimpff nach.

In der Tat hat dieser anfangs noch zu beobachtende Eifer im Laufe der Jahre drastisch nachgelassen.

Nicht selten war gegen Schluß von Fraktionssitzungen zu beobachten, wie nach dem forschen kleinen Professor – sofern er überhaupt teilnahm – eine Reihe »bedepperter« und zerknitterter Abgeordneter den Saal im obersten Turmgeschoß des Landtages verließ. Je nach Perspektive hatte die Kraft der Argumente überzeugt oder aber der unwiderstehliche Rhetoriker alles niedergeredet. »Manchmal weiß man auch nicht mehr, was man noch entgegnen soll.«

Das meinte nicht unbedingt einen Zugewinn an Wissen, sondern die Ratlosigkeit, wie die eben gehörte Vorlesung in die Praxis draußen im Wahlkreis zu übersetzen sei.

Solch erdrückende Dominanz war nicht gut für das Selbstbewußtsein von gewählten Volksvertretern und sollte sich noch gegen Biedenkopf kehren. Die Vorherrschaft des Regierungschefs, aber auch der meisten Kabinettsmitglieder in der Landtagsfraktion wurde schon optisch augenfällig: Bis zu acht der zehn Kabinettsminister waren zugleich Abgeordnete und Mitglieder der Fraktion (im Herbst 2001 waren es sechs). Nebenbei: Sie kassierten auch die Hälfte der Abgeordnetendiäten zusätzlich, so daß ihre Einkommen zum Teil über denen von Bundesministern lag.

Von Gewaltenteilung blieb nicht viel übrig. Auch von jenen Textpassagen aus den »Zeitsignalen« nicht, die eigentlich gerahmt ins noble Amtszimmer des Ministerpräsidenten gehörten: »Wer Minister ist, kann sein Amt als Abgeordneter im Grunde nicht frei wahrnehmen. Er unterliegt der notwendigen Kabinettsdisziplin. Selbstkontrolle wird jedoch in keiner Demokratie als ausreichend angesehen. Urteile in eigener Sache lassen wir nicht einmal bei der Werbung zu. Viel weniger sollten wir die Selbstbeurteilung des Regierungshandelns durch Parlamentarier zulassen, die zugleich der Regierung angehören ... Deshalb muß der Grundsatz der Unvereinbarkeit (Inkompatibilität) auch für die Mitglieder der Regierung gelten. Sie können nicht zugleich Mitglied der Dritten und der Ersten Gewalt sein.«[75]

Es folgen weitere Sonntagssätze, die Kurt Biedenkopf längst der Machtpolitik geopfert hatte. Alles, was die Unabhängigkeit des Parlaments beeinträchtige, müsse abgebaut werden. So dürften Regierungsmitglieder nach vereinsrechtlicher Praxis eigentlich nicht über den Vollzug des Haushaltes mit abstimmen. Ängste über mögliche Einschränkungen der Handlungsfähigkeit räumte er mit solch revolutionären Sätzen aus: »Die Arbeitsfähigkeit bleibt erhalten, auch wenn die Fraktionen nicht länger alle Entscheidungen vorgeben und es nicht mehr als besonderer Ausweis von Führung gilt, daß alle Entscheidungen in der Fraktion einstimmig fallen.«

Der dritte Wahlsieg am 19. September 1999 und die erneute absolute Mandatsmehrheit hätten, für sich genommen, an der stereotypen Fraktionsrolle des Abnickens nach oben und des Mauerns gegen die Opposition nichts geändert. Nirgendwo aber zeigte die Ankündigung Kurt Biedenkopfs, dies sei endgültig seine letzte Amtsperiode, so spürbare Folgen wie in der CDU-Landtagsfraktion. Die Mandate würden künftig knapper werden, soviel schien gewiß. Also galt es, sich nunmehr zu profilieren. Die schönen grünen Abgeordnetensitze in der Glasarena des Landtagsneubaus müssen im Jahre 2004 aus eigener Kraft und nicht mit einem Biedenkopf-Bonus gewonnen werden.

Eine stärkere Widerborstigkeit in der Landtagsfraktion war fortan unübersehbar. Sie kollidierte allerdings mit dem Mangel an Profilierungsgelegenheiten – gemessen an der intensiven Parlamentsarbeit der ersten Jahre. Gesetze waren gelegentlich zu novellieren, an neuen bestand nur wenig Bedarf. Die große Stunde der Wahrnahme des Haushaltrechtes schlägt nach Einführung der Doppelhaushalte nur noch aller zwei Jahre. Tatsächlich ist das Parlament in seiner Bedeutung hinter die Exekutive zurückgefallen. Spätestens seit Herbst des Jahres 2001 war jedermann ersichtlich, daß die Schwäche der CDU-Landtagsfraktion in der Stärke des Regierungschefs wurzelte. Und diese Konstellation begann sich aufzulösen.

Sogar der Fraktionsvorsitzende Fritz Hähle begann von einer selbstbewußteren Fraktion zu sprechen und warnte die Regierung vorsichtig davor, weiterhin auf einen bloßen Zustimmungs-Verein zu setzen. Die Haushaltberatungen für 2001/02 unterstrichen, daß dies kein Zimmergewitter war. Nachdem die nicht einstimmig verabschiedete Kabinettsvorlage, ungewöhnlich genug, bereits auf Protest im Lande gestoßen war, korrigierte sie die CDU-Fraktion dieses Mal deutlich. Vor allem bei der Förderung von Kindertagesstätten, beim Landeserziehungsgeld und bei der »Aktion 55« für Senioren milderte sie soziale Härten. »Wir wollen nicht gleich an allem schuld sein«, hatte Hähle vorab schon erklärt. Zuvor war unter Regie der Fraktion und namentlich des Schularbeitskreises der sogenannte Schulkompromiß ausgehandelt worden. Mit ihm sollte ein proportional zu den sinkenden Schülerzahlen verlaufender Abbau des Schulnetzes und von Lehrerstellen verhindert werden.

Die wachsende Unberechenbarkeit der CDU-Fraktion, die Kultusminister Rößler einmal mit einer Wanderdüne verglich, zeigte sich auch bei der Wahl eines neuen Landesbeauftragten für die Stasi-Unterlagen. Gleich zweimal ließ sie Kandidaten der Staatsregierung und der Fraktionsspitze durchfallen, darunter die von der SPD zur CDU gewechselte ehemalige Bürgerrechtlerin Angelika Barbe.

Einen vorläufigen Höhepunkt erlebte diese Entwicklung bei der turnusmäßigen Wahl des Fraktionsvorstandes im Januar 2001. Überraschend sah sich Amtsinhaber Fritz Hähle zwei Konkurrenten gegenüber. Der Schriftsteller und Kulturarbeitskreisleiter Dr. Uwe Grüning konnte schwerlich einer bestimmten Strömung zugerechnet werden. Mit Dr. Horst Metz aber schien ein Strohmann von Finanzminister Georg Milbradt nach dem Fraktionsvorsitz zu greifen. Metz, ein altgedienter CDU-Kader, war bis Ende 1991 schon einmal stellvertretender Landesvorsitzender der CDU gewesen. Sein Amt als Parlamentarischer Staatssekretär im Umweltministerium gab er ebenfalls Ende 1991 ab, als der Reformer Arnold Vaatz das Ministerium übernahm. Seit 1996 war er finanzpolitischer Sprecher der Fraktion, was in praxi tatsächlich die Wortführung des »Finanzer«-Flügels in der Fraktion meinte.

Wer aber Hähle angriff, griff Biedenkopf an und wollte Milbradt in eine Favoritenposition für die Biedenkopf-Nachfolge bringen. Hähle sagte das ganz unverhohlen der Presse. Kurt Biedenkopf, der schon bei Amtsübernahme gedroht hatte »Wenn es Intrigen gibt, gehe ich!«, kreiselte wie noch nie um die Fraktion und intervenierte in Telefonaten. Am 24. Januar 2001 wurde Fritz Hähle mit der knappen Mehrheit von 39 zu 36 Stimmen wiedergewählt. Noch einmal hatte der Übervater die Fraktion in den Griff bekommen. Aber die Ereignisse um diese Wahl sollten zum sichtbaren Ausgangspunkt seines Abstiegs werden.

Wozu gibt es Parlamentarier?

Wenn der ungekrönte König schon mit seinen Fraktionsfreunden so umsprang, wie vertrug er sich dann mit der Opposition und dem Landtag insgesamt?

Wie in seiner eigenen Fraktion trat der Ministerpräsident im Plenum meist als Lehrer, als Dozent auf. »Zeit«-Redakteur Christian Wernicke beobachtete das ein Jahr nach Amtsantritt sehr genau: »So verwandelt die inzwischen ergraute Eminenz den Landtag zum Hörsaal.«[76] Biedenkopf wende fertige Erkenntnisse in deduktivem Stil einfach nur auf aktuelle Probleme an.

In seinem Tagebuch gibt es eine aufschlußreiche Schlüsselstelle, die seine eigentliche Einstellung zur Versammlung der gewählten Volksvertreter verrät. Nach einem Gespräch mit dem Baden-Württembergischen Ministerpräsidenten Lothar Späth schrieb Biedenkopf in Übereinstimmung mit ihm: »Der Bundestag wird nachhaltig an Bedeutung verlieren. Es wird ihm ähnlich gehen wie den Länderparlamenten seit Jahren: Abgesehen von der Wahl des Ministerpräsidenten und der Verabschiedung der Haushalte haben sie praktisch keine nennenswerten Kompetenzen mehr.«[77]

Noch bevor er zum Kandidaten für das Amt des sächsischen Ministerpräsidenten gekürt worden war, notierte er am 10. Juni 1990: »Die Position des Ministerpräsidenten ist in der Verfassungsordnung der Bundesrepublik Deutschland sehr stark. Wenn er will, kann ein Ministerpräsident die Politik des Landes nachhaltig beeinflussen. Daß einige Ministerpräsidenten der Bundesrepublik das nicht tun, spricht nicht gegen ihre Kompetenzausstattung, sondern gegen ihre Fähigkeit, sie wahrzunehmen.«[78]

Der großkopfete Biedenkopf aber wähnte sich selbstverständlich im Besitz aller Fähigkeiten und gedachte sie auch einzusetzen. In Sachsen fiel einiges auf, was über das natürliche Spannungsverhältnis zwischen erster und zweiter Gewalt hinausging. Zu einem geflügelten Wort wurde eine Anekdote aus dem Jahre 1991, als es um eine neue Geschäftsordnung des Landtages ging. Wieder einmal intervenierte Biedenkopf fleißig, besuchte sogar die Fraktion. Vor allem sollte der Passus verschwinden, der es dem Oppositionsführer bislang erlaubte, nach dem Ministerpräsidenten noch einmal ans Pult zu treten. »Es kann doch nicht sein, daß nach mir noch einer redet!« Biedenkopf wollte um jeden Preis das letzte Wort haben.

Eine andere Parlamentsanekdote rührt aus der Haushaltberatung im Dezember 1996. Ohne Vorwarnung an die Regierungsbank hatte der juristische Dienst des Landtages eine CDU-Vorlage für verfassungswidrig erklärt. Biedenkopf hörte das erst in der Debatte, als der Tagesordnungspunkt anstand, fuhr erregt in die Höhe und beschwerte sich beim Juristen und Landtagspräsidenten Erich Iltgen. »Dünnhäutig« nannte ihn daraufhin Oppositionsführer Kunckel, so reizbar, daß er nicht den kleinsten Widerspruch verkrafte. Sollte sich ein Biedenkopf der Parlamentsautorität beugen?

Das hieße gar, sich auch einem Mann unterzuordnen, der formell der erste Mann im Freistaat war und ihm den Amtseid abnahm: Landtagspräsident Erich Iltgen. Der aus der katholischen Kirchenverwaltung kommende Sachse war über die Moderationen am Dresdner Runden Tisch und beim »Sächsischen Forum« in die CDU und in das Spitzenamt gelangt. Auch er war nicht ganz frei von autokratischen Zügen, was er sich im Gegensatz zum Ministerpräsidenten aber vorhalten ließ und durchaus zu Herzen nahm. Nur an Körpergröße vergleichbar, intellektuell und strategisch aber im Hintertreffen, wachte Iltgen geradezu eifersüchtig über die Rechte der Legislative und damit auch seines Amtes. »Machtgebrauch im Dienste der Demokratie« nannte er das. Zu Kurt Biedenkopf bestehe ein »fruchtbares Spannungsverhältnis«. Das meinte kaum mehr als einige Gefechte mit dem Zahnstocher an den Kompetenzgrenzen.

Um die Allmacht des Regierungschefs zu limitieren, bestand der Landtagspräsident beispielsweise darauf, Gesetze selbst auszufertigen, also die letzte Unterschrift zu leisten. Ein bundesweit einmaliges Privileg. Im Landtag übte er nicht nur das selbstverständliche Hausrecht aus, sondern entschied auch in Personalfragen. Um jeden Preis sollte verhindert werden, daß der Ministerpräsident zur Einweihung des neuen Landtagsgebäudes am 12. Februar 1994 redete. Der regelte das aber weltmännisch und erschlich sich mit dem Geschenk einer Fahne doch einige Grußworte. Einer Fahne mit dem Wappen ohne Königskrone übrigens.

Das aber waren harmlose Balgereien auf der Spielwiese der Demokraten, die der übermächtige König Kurt locker wegsteckte. So, wie den Streit um die Größe der Flaggen-Stander auf den Dienstlimousinen. Der Landtagspräsident mit dem Autokennzeichen LSN 1-1 wollte natürlich den größeren haben. Es ging aus wie das Hornberger Schießen – alle fahren seither ohne Stander.

Eine Anekdote über das Zustandekommen des bis heute aktiven »Runden Tisches gegen Gewalt« zeigt, wie man politisch wirklich in Vorhand bleibt. Landtagspräsident Iltgen befand sich nach den ausländerfeindlichen Krawallen von Hoyerswerda 1991 gerade auf einer Fahrt in die Lausitz, als er aus den Rundfunknachrichten im Auto erfuhr, daß er die Leitung dieses soeben von Biedenkopf angeregten Gremiums übernehmen sollte.

Ernst hätte es allerdings nach der dritten gewonnenen Landtagswahl 1999 werden können. Vom Regierungschef öffentlich geleugnet, betrieb dieser dem Vernehmen nach hinter den Kulissen Iltgens Ablösung. Auslöser für den Zorn des Königs könnte die Zulassung des Volksbegehrens gegen den geplanten Sparkassenverbund gewesen sein. Iltgen ließ sich nicht als verlängerter Arm der Regierung gebrauchen und erklärte die Unterschriftensammlung für rechtmäßig. Er konnte sich aber auf einen soliden Rückhalt in der Fraktion verlassen und wurde wieder zum Landtagspräsidenten gewählt.

Dem Präsidenten blieben oft nur mahnende Worte, solche, die immerhin einer erzdemokratischen Grundhaltung entsprangen und zu seinem dem Machtkalkül weitgehend entzogenen Amt gehörten. Auch gegenüber seiner eigenen CDU-Fraktion und der Staatsregierung, wenn sie in absolutistische Attitüden zu verfallen drohte.

Auf einer Dresdner Tagung, die ein Jahr Parlamentarismus in den neuen Bundesländern würdigen sollte, rüffelte er am 4. Oktober 1991 alle Seiten. Zuerst den harten Kritikstil der SPD, die sich gerade in einem Umfrage-Hoch wähnte, aber auch das eigene Lager: »Umgekehrt mögen auch die spiegelbildlichen Gefühle die Staatsregierung und die Mehrheitsfraktion nicht immer zu besonders besonnenem politischen Handeln bewegt haben.« Auch wenn Verantwortung jetzt eindeutig geregelt sei, folgte bei Iltgen beinahe erwartungsgemäß eine Erinnerung an den Geist des Runden Tisches.

Dessen Prinzipien – etwa der Gleichberechtigung und Niederlagenfreiheit – geisterten noch eine Weile als Schimäre durch den Landtag und sogar durch Biedenkopfs Verbalaussagen. »Daß es hier einen Grundkonsens gibt, daß man zusammengehört, daß der Aufbau des Landes wichtig ist und daß man anständig miteinander umgeht, das genieße ich wirklich.«[79]

Wieviel Wunschdenken hier im Spiel war, welche Sehnsucht nach einem Idyll, schien der Patriarch schon nicht mehr zu bemerken. Solche Aussagen weckten Sympathien, die gerade er nicht mehr einzulösen vermochte. Man darf ihm Ehrlichkeit unterstellen, was aber nur auf einen beginnenden Realitätsverlust schließen ließ. Denn der Genuß der Harmonie einer Volksgemeinschaft bezog sich überwiegend auf seine Person.

Bei Notwendigkeit einer Koalitionsregierung hätte sich ein solches »Harmoniesystem Biedenkopf« sehr wahrscheinlich nicht in gleicher Weise herausgebildet.

Die Spaziergangsopposition

Die zahlenmäßig von Wahl zu Wahl schrumpfende sozialdemokratische Opposition trug lange dazu bei, bei Kurt Biedenkopf das Sandkastenidyll der unter seiner Führung und im Aufbauwillen vereinten Sachsengemeinschaft zu nähren. Der erste SPD-Fraktions- und spätere Landesparteichef Dr. Karl-Heinz Kunckel betrieb trotz gelegentlicher Verbalattacken erklärtermaßen keine Fundamentalopposition. Fehlenden Willen zur Macht warfen ihm die eigenen Genossen vor – nach dem Wahldesaster 1999 mit gerade noch 10,7 Prozent der Zweitstimmen gab er die Führungsämter ab.

Direkten Fragen, ob er als Juniorpartner in einer CDU/SPD-Koalition stellvertretender Ministerpräsident werden wolle, wich er stets mit dem Hinweis auf die Alternative eines Zusammengehens mit der PDS aus. Die erschien ihm aber derart undenkbar, daß eigentlich nur die Funktion eines mehr oder weniger freundlichen Korrektivs zur CDU blieb. Im Wahlprogramm 1994 verzichtete die SPD bewußt auf Stolpersteine für einen möglichen Koalitionspartner CDU, von Angriffen gegen das repressive Polizeigesetz einmal abgesehen.

Zuvor hatten die Sozialdemokraten beispielsweise Wirtschaftskontakte zur autonomen Republik Bashkortostan am Ural eingefädelt, aber die tapfere Opposition überließ den Medienerfolg der Reise dem Ministerpräsidenten.

Zudem zählte auch Kunckel zu den offenen Bewunderern des großen Biedenkopf. Ihm fehlte die nötige Distanz, um ein äquivalenter Oppositionsführer werden zu können. Für sich genommen waren die gemeinsamen Spaziergänge von Regierungs- und Oppositionschef durchaus bemerkenswert, wie sie in den ersten Jahren von Biedenkopf und Kunckel gelegentlich unternommen wurden. Eine Geste, wie sie nur aus dem Wendegeist im Osten heraus erklärbar war. »Ein filigraner Denker«, urteilte denn auch der SPD-Mann, und Biedenkopf revanchierte sich mit: »Ein großartiger Mann«.[79]

Nun hätte ein genauer Beobachter der Person Biedenkopfs hellhörig werden müssen. Lobte er doch nur jene, die endlich Einsicht in seine Lehren zeigten, oder wen er für vollkommen harmlos und ungefährlich hielt. Aber wem würden solch goldene Worte nicht wie Musik in den Ohren klingen, wie sie der Ministerpräsident am 30. September 1991 der Nachrichtenagentur ADN anvertraute?

Es müsse ein Dialog zustande kommen, sagte Biedenkopf, in dem Opposition wie Regierung voneinander lernen wollen. »Regierungsverantwortung ist nicht gleichbedeutend mit der Einräumung eines Innovationsmonopols; die Angst, zwei bis drei Prozent in einer Wahl zu verlieren, darf nicht zur parlamentarischen Selbstblockade führen.« Und wem wäre das Parfüm nicht in die Nase gestiegen, wenn der Regierungschef aufmunternd verbreitete, in Sachsen gebe es alles andere als eine Einparteienherrschaft?

Zu dem naheliegenden Bonmot, dann handele es sich offenkundig um eine Einpersonenherrschaft, verstieg sich damals noch niemand.

Von »neuen Wegen im politischen Umgang miteinander« sprach Biedenkopf kurz darauf auch in seiner Regierungserklärung »Ein guter Anfang ist gemacht« am 25. Oktober 1991. Zu diesem Zeitpunkt lag schon fast ein Jahr Parlamentspraxis hinter dem Landtag, verblaßte das Wandgemälde »Versöhnung« im Tagungssaal allmählich, waren die Aufrufe der Presse zur gemeinsamen Sacharbeit mit der Opposition längst eingestampft. Der Alltag in den Ausschüssen und im Plenum sah anders aus. Nach konkreten Formen der schöngeredeten Kooperation mit der Opposition befragt, hatte der Regierungschef schon ein Vierteljahr nach Amtsantritt ein wenig herumgedruckst: »Wir haben eine Zusammenarbeit, die keiner Formalisierung bedarf.«

Wenn man in Buchstaben immer wieder die große gemeinsame Aufgabe des Landesaufbaus beschwor, konnte man eigentlich nicht so verfahren, wie es Kurt Biedenkopf nach seiner Einjahres-Regierungserklärung tat. In einem Zeitungsinterview versuchte er, aus der SPD-Kritik an der Regierungspolitik eine Mißachtung der bisherigen Aufbauleistung der Sachsen zu konstruieren.[81] Eine im System Biedenkopf jahrelang bewährte Methode, den politischen Gegner zu desavouieren und einen Keil zwischen Volk und die anderen Parteien zu treiben. Wer nicht mit uns ist, ist gegen Sachsen. Denn Sachsen, Biedenkopf und die CDU sind eins.

Damit rückte er andere, linke Parteien in die Nähe der »vaterlandslosen Gesellen« von einst. Wohl fand sich in jener Regierungserklärung 1991 ein letztes Mal der allgemeine Hinweis auf eine bewahrenswerte politische Kultur, ja sogar ein verklausulierter Dank an die Opposition. Spätestens die folgenden Wahlkämpfe aber setzten den Musterland-Sachsen-Mythos schon mit einer erfolgreichen CDU-Politik gleich. »CDU – das Beste für Sachsen« lautete 1999 der Wahlslogan. Auf der Leipziger Regionalkonferenz am 31. August 2001 rutschte einem Christdemokraten ein aufschlußreicher Versprecher heraus. Aus der CDU-Landtagsfraktion wurde bei ihm die »sächsische Fraktion«.

Mag sein, daß das verbal proklamierte Modell einer pluralen Denkfabrik aller Demokraten in den CDU-Köpfen noch sehr viel von der *Nationalen Front* aus SED-Zeiten bewahrte. Nach der zweiten Regierungserklärung zerriß es jedenfalls ungewöhnlich pointiert auch Kommentator Dirk Rohwedder vom Boulevardblatt »Dresdner Morgenpost«: »Biedenkopf ist mit dem Anspruch angetreten, in Sachsen keine absolute CDU-Politik durchzupauken. Von diesem Geist der Nachwendezeit ist wenig übrig geblieben (Man denke nur an den ›Biedenfunk‹ MDR). Was heute nicht mehr ins Konzept paßt, wird abgebügelt. Motto: Alle dürfen in der ›Denkfabrik Landtag‹ (Biedenkopf) mitmachen – aber getan wird, was die CDU will ... Kurt Biedenkopf, der Querdenker, hat im Alltag der Machtausübung manches von seinem über alle Parteigrenzen hinausragenden Esprit eingebüßt.«[82]

Es lohnt sich, gerade aus der Anfangszeit des Demokratieaufbaus in Sachsen zu zitieren, weil sich an solchen Einschätzungen ein Jahrzehnt lang im Grund nichts geändert hat. Spätestens 1994 sei »Schluß mit der politischen Pietät« gewesen, lauteten Kommentare nach dem erneuten Wahlsieg der Union.

Zehn Jahre währte übrigens auch die Geschichte eines Gesetzes und seiner verschiedenen Fassungen, dessen gemeinsame Erarbeitung die CDU-Fraktion im November 1991 aufgekündigt hatte. Nach Niederlagen vor dem Landesverfassungsgericht mußte die CDU im Jahr 2001 einem gemeinsamen Entwurf von SPD und PDS zum Personalvertretungsgesetz im öffentlichen Dienst entgegenkommen.

Die letzte konsensuale Anstrengung aller Landtagsfraktionen bestand in der Erarbeitung der Landesverfassung 1992. Wohl hatten Arnold Vaatz und der spätere Justizminister Steffen Heitmann schon 1990 einen nach ihrer Zusammenkunft im Kurort Gohrisch benannten Entwurf vorbereitet. PDS und Bündnisgrüne reichten eigene Entwürfe ein, die auf dem Leipziger Hochschullehrerentwurf basierten. Der Verfassungs- und Rechtsausschuß raufte sich zusammen, legte einen gemeinsamen Diskussionsentwurf vor und wertete auch die in mehreren Monaten eingegangenen Vorschläge aus der Bevölkerung aus.

Die Bestätigung der Verfassung durch einen Volksentscheid verhinderte allerdings die CDU und setzte die gleichfalls mögliche Annahme durch den Landtag durch. Der Rechtsausschuß-Vorsitzende Volker Schimpff verweigerte am 26. Mai 1992 seine Zustimmung, weil ihm die ohnehin schon drastisch beschnittenen plebiszitären Elemente in der Landesverfassung noch zu weit gingen.

Das Jahr 1994 markierte dann tatsächlich einen spürbaren Einschnitt in der parlamentarischen Arbeit und festigte die Unangreifbarkeit der Biedenkopfschen Position. Mit den Bündnisgrünen und den Liberalen scheiterten zwei Parteien an der Fünf-Prozent-Hürde, die im ersten Landtag noch für Belebung gesorgt hatten. Anders als die mit dem ewigen Vorwurf der SED-Nachfolge belastete PDS konnten sie unbekümmert vom Leder ziehen. Von niemandem wurde Kurt Biedenkopf persönlich so attackiert wie von der Ärztin und Frauenrechtlerin Cornelia Matzke aus dem bunten Bündnis 90. Aus der FDP-Fraktion blieb besonders die couragierte Bürgermeisterin Ute Georgi in Erinnerung.

Der personelle Aderlaß zog sich nach der zweiten Landtagswahl durch alle Fraktionen. Auch die CDU-Fraktion büßte mit dem Schriftsteller Prof. Ingo Zimmermann ihren geistreichsten Redner ein. Im Dreiparteien-Landtag setzte nicht nur eine verstärkte Polarisierung, sondern auch eine Verflachung der Redekultur und des politischen Stils ein. Während der zweiten Legislaturperiode zog sich unter anderem der SPD-Wirtschaftspolitiker Dr. Friedemann Tiedt zurück. Besonders die Haushaltdebatten hatten leidenschaftliche Rededuelle mit Kurt Biedenkopf gebracht, wenn es um die Rettung der Reste sächsischer Industrie ging. Gegenüber dem unbequemen Tiedt zeigte Biedenkopf wenig Charakter: Er, der früher selber sechsstellige Honorare als Schlichter in Tarifkonflikten angenommen hatte, »verpfiff« den SPD-Mann ob einiger Beraterhonorare in Höhe von 400.000 Mark und löste damit eine Neidkampagne aus.

Umso hegemonialer wirkten seither Biedenkopf und die CDU. Eine personelle Alternative zu ihm war nicht in Sicht. Die SPD bemühte sich um unpolemische sachliche Auseinandersetzung. Etwa so, wie es ihr erster Landesvorsitzender Dr. Michael Lersow schon 1991 formuliert hatte: »Die schillernde Figur des Ministerpräsidenten überdeckt vieles – wir brauchen aber Lösungen!« Bis heute ist bei ihr eine gewisse Zurückhaltung spürbar, wenn es um tätiges Sägen am Thron und an der CDU-Vorherrschaft geht. Ihr sprichwörtlicher Wadenbeißer Karl Nolle, der im Zuge der Biedenkopf-Affären mit teils rüden Methoden aufklärte und polemisierte, hatte und hat wenig Rückhalt bei den eigenen Sozialdemokraten. Mit einem subkutanen »Das gehört sich nicht gegenüber dem König« wurde und wird er immer wieder ausgebremst.

Sprich nicht mit den Schmuddelkindern

Aus der Distanz der Jahre reizt das Gedankenexperiment, wie wohl konservative Politik im Osten und speziell in Sachsen ausgesehen hätte, wären da keine demokratischen Sozialisten gewesen und die PDS an der Sperrklausel gescheitert. Denn derart souverän konnte auch keine Biedenkopf-Politik sein, daß sie ohne Sündenbock ausgekommen wäre. Die Fraktion Linke Liste/PDS diente als willkommener Schuttabladeplatz. Als SED-Nachfolgepartei war sie letzlich für jede Schwierigkeit im Land verantwortlich zu machen. Auch jedes vom Westen übernommene systemimmanente Problem konnte als Begleiterscheinung des Reparatur- und Wiederaufbauprozesses den Erben der Mißwirtschaft angelastet werden. Die Abgeordneten wurden als Schmuddelkinder des Parlaments behandelt, mit denen man nicht spielte und mit deren Anträgen man sich nicht auseinandersetzen mußte. Und dann untermauerten die Genossen ihren schlechten Ruf auch noch, indem sie ihre früheren IM deckten! Bequemer ging es nicht für eine Regierungspartei und den Ministerpräsidenten. Die PDS spielte eine unverzichtbare Rolle im System Biedenkopf.

Kurt Biedenkopfs Haltung zu früheren Funktions- und Ver-
antwortungsträgern der DDR war zwiespältig. Er war ein Kind
der ihn prägenden Adenauer-Ära. Wirtschafts- und organisa-
tionspragmatisches Denken fragte nicht so viel nach Gesinnungs-
ballast. Kurt Biedenkopf tat dies früher nur so weit, wie es die
öffentliche Meinung oder der parteiinterne Frieden verlangten.
Peter Köpf zitierte in seiner Biedenkopf-Biografie dessen Verteidigung zweier ehemaliger Mitglieder der Waffen-SS. 1983 erst war
die braune Vergangenheit des WDR-Chefredakteurs Theo M. Loch
und des nordrhein-westfälischen Kultusministers Jürgen Girgen-
sohn bekanntgeworden. Biedenkopf plädierte damals für die Ent-
wicklungsfähigkeit eines jeden und die Anrechnung der Nach-
kriegsverdienste in der Bundesrepublik.[83] Inwieweit er in dieser
Überzeugung auch von der zwiespältigen Rolle seines Vaters Wilhelm als Technischer Direktor der kriegswichtigen Kautschuk-
Produktion in Buna beeinflußt war, kann nur gemutmaßt werden.

Noch mehr Verwirrung lassen seine in »Fortschritt in Freiheit« geäußerten Grundpositionen zum Verhältnis von Liberalismus und Sozialismus zurück. Sie könnten von den maßgeblichen
und aufgeklärten PDS-Politikern unserer Tage zu 90 Prozent
unterschrieben werden. Diese plausible Sachauseinandersetzung
stand in krassem Widerspruch zu seinem praktischen Verhalten
gegenüber jenen, die sich genau dieselbe Auseinandersetzung mit
ihrer ideologischen Vorprägung mühsam abrangen, anstatt sie
leichten Herzens auf den Müll zu werfen und sich in den allgemeinen Tanz um das Goldene Kalb einzureihen. Das konnte nur
mit politischer Opportunität erklärt werden, zu der auch der
»Querdenker« sehr wohl fähig war.

Neben einer Kritik der historisch überholten und pseudoreli-
giösen Teile des Marxismus anerkennt auch Biedenkopf in seinem
Buch dessen scharfsinnige Kapitalismus-Analyse. Er läßt ebenfalls gewisse Sympathien für die Rückkehr aus einer Sackgasse des
schrankenlosen Individualismus zugunsten des solidarischen Kol-
lektivs erkennen.

Hier verwickelt er sich zwar in Widersprüche, wenn er den
realen Umsetzungsversuchen marxistischer Ideologie wiederum
zurecht die Erniedrigung des Individuums und seiner Freiheits-
fähigkeit vorwirft. Und wenn er die marxistische Heils-Illusion
eines »Endsieges« der Arbeit über das Kapital verspottete, sah er

doch mit gleicher Absolutheit für die modernen Gesellschaften den Widerspruch zwischen Kapital und Arbeit als längst gelöstes »Phantom« an. Eine auch später oft wiederholte Auffassung, die verkannte, daß dieser fortbestehende Widerspruch permanent und gegenwärtig erst recht austariert oder gar ausgekämpft werden muß. Eigentlich genau im Sinne der Schlußzeilen des entsprechenden Buchkapitels in »Fortschritt in Freiheit«: »Der Sozialismus war in der Geschichte der modernen Industriegesellschaft das notwendige Korrektiv zu einem extremen und damit inhumanen Liberalismus … Die Grundgedanken des Sozialismus sind wertvolle Elemente des modernen Denkens. Sie hatten wesentlichen Einfluß auf unsere Haltung zum Menschen. Wir können nicht auf sie verzichten.«[84] So Biedenkopf 1974.

Biedenkopf verfügte über ähnlich gute Kontakte zu DDR-Spitzen wie die später dafür gescholtene SPD-Führung. Wolfgang Berghofer (SED), ab 1986 Oberbürgermeister in Dresden, lernte er beispielsweise nicht erst 1990 kennen. Um in Leipzig am geplanten Weltwirtschaftsseminar des Professors Günter Nötzold teilnehmen zu können, nahm Prof. Biedenkopf 1984 auch eine Begegnung mit ZK-Sekretär Hermann Axen in Kauf. Über Prof. Nötzold lief auch seine Gastprofessur 1990 an der Leipziger Karl-Marx-Universität. Eine Zeit, in der Biedenkopf mit zahlreichen SED-Mitgliedern unter Akademikern und Wirtschaftslenkern zusammenkam. Obgleich sein Tagebuch nur den Zeitraum eines Jahres umfaßt, finden sich hier aufschlußreiche Passagen über seine Einstellung zu den Karrieristen des alten Regimes. Immer standen Tüchtigkeit und die Gewährleistung wirtschaftlicher Funktionsfähigkeit bei ihm obenan. Durch das gesamte Tagebuch zogen sich beispielsweise Kontakte zum ehemaligen Polygraph-Kombinatsdirektor Herbert Beschnitt. Biedenkopf bedauerte die Entscheidung des DDR-Wirtschaftsministers Pohl (CDU), das gesamte Management der Kombinate zu entlassen und nur als vorübergehende Geschäftsleitung einzusetzen. »Die damit verbundene Verunsicherung der Kombinatsdirektoren ist keine gute Voraussetzung für die Bewältigung der Probleme, die den Betrieben mit der Wirtschafts- und Währungsunion ins Haus stehen.«[85]

Ähnlich gut weg kamen in seiner Einschätzung »kompetente und angenehme Gesprächspartner« bei Deutrans und in der berüchtigten Schalck-Zentrale »Kommerzielle Koordinierung«.

In der Abwahl von Kombinatsdirektor Beschnitt durch die Belegschaft sah er das Opfer eines anonymen SED-Staates, zu dessen Mitträgern er solche »kompatiblen Typen«, wie sie Joachim Gauck einmal genannt hatte, offenbar nicht zählte: »Es gehört zu den teuflischen Folgen des Stasi-Staates, daß er wesentliche Teile der verbliebenen Intelligenz der alten DDR korrumpiert und damit einer neuen Ordnung praktisch entzogen hat.«[86] Biedenkopfs nachsichtige Haltung, nur strafbare Handlungen von Staatssicherheits-Mitarbeitern zu verfolgen, wurde an anderer Stelle schon zitiert. Und sein Eingeständnis, als DDR-Bürger vor 1989 möglicherweise selbst in der SED gewesen zu sein, machte nach einem Zeitungsinterview 1990 die Runde.

Eine ambivalente Haltung, die noch verwirrender wirkte, stellte man seine persönliche Betroffenheit durch eine Spionageaffäre in Rechnung. Gerade noch rechtzeitig konnte sich seine Sekretärin aus der Zeit als CDU-Generalsekretär 1973-77 vor ihrer Enttarnung als »Kundschafterin« wieder in die DDR absetzen. Nach unbestätigten Angaben soll sie bis heute unbehelligt im Raum Erfurt leben.

So jakobinisch wie im Landtag und in einigen Schlachtreden gerierte sich Biedenkopf gegenüber der PDS nicht durchgängig.

Der Elitenwechsel war zu Beginn der 90er Jahre neben der Wiedervereinigung ein zentrales Thema in der DDR. Obschon von einer Volksmehrheit im Osten gefordert und von der »zweiten Reihe« im Westen lauernd erwartet, ließ Biedenkopf ein gewisses Bedauern über diesen Austausch erkennen. Seltsam einig war er sich darin mit PDS-Alleinunterhalter Gregor Gysi, der zehn Jahre später räsonierte, damit hätten sich die Bürger wider Willen auch ein Stück Identität genommen. Kurt Biedenkopf ließ im Tagebuch die Voraussage folgen, daß die entstehenden personellen Defizite »in erheblichem Umfang« durch Kräfte aus dem Westen auszugleichen sein werden.

Damit sollte er, wie man weiß, recht behalten. Er berührte hier zugleich einen fundamentalen Unterschied zur Restauration der Adenauer-Ära, der seinen später praktizierten PDS-Haß erklären könnte. Mag auch der Verlust manch fachlicher Kompetenz bedauerlich gewesen sein, so war der Aufbau Ost auf die Einbindung hier gewachsener Eliten keineswegs angewiesen. Sie konnten, anders als in den 50er Jahren, durch Leute aus dem Westen ersetzt

werden, die nur auf ihre Chance warteten. Ob nun aus echter Hilfs-
bereitschaft, dem Karrierestau entfliehend oder dem Geschäfts-
sinn folgend, soll nicht erörtert werden. Jedenfalls wurden durch
diese Importe zumindest SED-Kader entbehrlich. Ganz anders
als die der Blockparteien, denen zwecks Kompatibilität mit dem
westdeutschen Parteiensystem eine großzügige Absolution erteilt
werden mußte.

Zu allem Überfluß konzentrierten sich in der PDS auch noch
die verbliebenen oder neuen inkompatiblen Überzeugungstäter,
die ein Ab- und Untertauchen oder eine Umarmung des neuen
Systems ablehnten. Von einer solchen Entwicklung konnte Kurt
Biedenkopf unmöglich überrascht worden sein. Schon in den
»Zeitsignalen« hatte er vorausgesagt, mit wachsendem Abstand
zur DDR würden die früheren sozialen Sicherheiten in immer gün-
stigerem Licht erscheinen. Daß die PDS diese immer wieder selbst
relativiert hat und längst keine Nostalgiker-Partei war, verdräng-
te der Premier indessen beharrlich. (Doch mit dieser Ignoranz
stand er nicht allein.)

Kurt Biedenkopf mag trotz mancher Marx-verwandten
Erkenntnis von Haus aus einen Rochus auf Kommunisten haben
– ähnlich wie bei Franz-Josef Strauß endete diese Verachtung aber
beim wirtschaftlichen und politischen Kalkül. Seine Freundschaft
zum früheren Dresdner Oberbürgermeister Wolfgang Berghofer
mag dafür stehen. Die Berghofers waren 1990 mehrfach Gast in
»Übersee« am Chiemsee, ein Privileg, das die Biedenkopfs nur
wenigen gewährten. Wolfgang Berghofer war gerade dabei, seine
SED-Vergangenheit zu bewältigen und das Kapital als segensreich
für die Menschheit und die eigene Brieftasche zu entdecken.

Von der Bezeichnung »Freund« distanzierte sich Kurt Biedenkopf allerdings elf Jahre später, als nach dem Hickhack um
eine Kandidatur zur Oberbürgermeisterwahl in Dresden der Stern
Berghofers endgültig verlosch.

Biedenkopfs geradezu neurotisches Verhältnis zur PDS und
die Nachsicht gegenüber nützlichen Personen schienen einander
zu bedingen. Schon im Wahlkampf 1990 hatte er betont, gegen
niemanden außer gegen die PDS anzutreten. Als auf dem Görlitzer Landesparteitag am 26. Oktober 1991 die CDU ein Papier
verabschiedete, das die *Leipziger Volkszeitung* mit »Ab heute
sind wir unschuldig« kommentierte, wetterte Biedenkopf zu-

nächst gegen die SED-PDS und ihre stasi-belasteten Abgeordneten im Landtag, um gleich darauf in Richtung eigener Partei
zu erklären: »Wir dürfen die Menschen nicht ausgrenzen. Wir
haben nicht das Recht, den Stab zu brechen. Und diese Unterscheidung, die in bezug auf die politische Aufgabe der CDU eben
die Unterscheidung zwischen Gerechtigkeit und Barmherzigkeit
widerspiegelt, ist eine gute Grundlage für die weitere Arbeit der
Union.«[87]

Etwa zur selben Zeit verlieh ihm die DSU, der sich »block-
frei« wähnende CSU-Ableger »Deutsche Soziale Union«, den
Wanderpreis »Graue Socke«. Sie spielte damit auf seine Resigna-
tion gegenüber den »Grauen Socken« in der eigenen Partei an,
während er die »Roten Socken« stets in den Orkus wünschte.

Als »heuchlerisch« bezeichnete ein parteiloser Abgeordneter
mit PDS-Landtagsmandat das Verhalten Biedenkopfs gegenüber
der PDS. Deren Landtagsfraktion hatte es in der ersten Legislaturperiode besonders schwer. Vier ehemalige inoffizielle MfS-Mit-
arbeiter, darunter Fraktionschef Klaus Bartl, wollten ihre Mandat nicht niederlegen. Trat einer von ihnen ans Rednerpult,
verließen große Teile des Plenums, vor allem CDU-Abgeordnete, den Saal oder falteten die Zeitung auseinander. Fraktionschef
Bartl führte das Parlament einmal regelrecht vor, als er seinen
Redebeitrag mit einem nicht gekennzeichneten Kohl-Zitat über
die Notwendigkeit des Umdenkens begann. Statt Beifall setzte
auch hier die routinemäßige Absetzbewegung ein. Es war immerhin der selbst der CDU angehörende Landtagspräsident Erich
Iltgen, der mit einer Mahnung an den demokratischen Stil eine
Verhaltensänderung einleitete. Vielleicht trugen auch Zeitungs-
kommentare über die »kindischen Auszüge« dazu bei, daß die
Unionsfreunde wieder seßhafter wurden.

Die PDS-Fraktion aber arbeitete zwei Legislaturperioden lang
fleißig für den Papierkorb, wo auch mancher bedenkenswerte
Gesetzentwurf landete. Wenn sie Glück hatte, griff die CDU einmal einen ihrer Gedanken auf und formulierte ihn in einem ihrer
Anträge neu. Ein einziger PDS-Antrag passierte in diesen Jahren
den Landtag, allerdings auch erst nach Änderung durch einen
bündnisgrünen Antrag. Im Juni 1991 billigte das Parlament die
Forderung, in Sachsen keine tropischen Edelhölzer zu verwenden. Ein ähnlicher »Triumph« sollte sich erst im Frühjahr 2001

wiederholen. Zum ersten Mal stimmte der Landtag ohne Korrekturen dem PDS-Antrag zu, die von der Bundesregierung beabsichtigte Kindergelderhöhung allen Kindern, also auch den Sozialhilfeempfängern, zugute kommen zu lassen.

Da stellten die demokratischen Sozialisten mit einem Viertel der Abgeordneten aber schon die stärkste Oppositionsfraktion und hatten nach dem Wahlerfolg 1999 mit 22,2 Prozent der Stimmen deutlich an Akzeptanz gewonnen. Unbeeindruckt davon blieb aber augenscheinlich ein besonderes persönliches Spannungsverhältnis zwischen dem Regierungschef und dem neuen Oppositionsführer. Das hochemotionale Auftreten Kurt Biedenkopfs ihm gegenüber – um es diplomatisch zu formulieren – legte den Verdacht nahe, daß dies nur zum geringeren Teil an dessen PDS-Parteibuch lag. Der Germanistik-Professor Peter Porsch war zunächst hochschulpolitischer Sprecher seiner Fraktion, wurde 1994 deren Vorsitzender und war bis Juli 2001 zudem noch Landesvorsitzender der PDS.

Biedenkopf war ihm zum ersten Mal bei einem Kandidatengespräch der »Sächsischen Zeitung« zur Landtagswahl 1990 begegnet und hielt die Erinnerung daran im Tagebuch fest. Für die PDS sei ein »Germanist aus Österreich« erschienen. »Er paßt weder in die Runde, noch sind seine Argumente erträglich, wenn man erlebt hat, wie die Menschen im Land immer noch unter der politischen Altlast der SED leiden.«[88] Es war also Antipathie auf den ersten Blick, und der leicht chauvinistische Unterton fand später in provinziellsten Attacken der CDU-Landtagsfraktion auf die hörbar wienerische, also nichtsächsische Herkunft Porschs seine Fortsetzung. Das passierte auch dann noch, als längst jedermann wissen konnte, daß der fesche Peter sich bei Gelegenheit eines Hockeyspieles in Jena in eine DDR-Bürgerin verliebt hatte und dafür fortan die Unbilden des sozialistischen Alltags in Kauf nahm. Ein Umstand, der das Vorstellungsvermögen der CDU offensichtlich bis heute überfordert.

Die Biedenkopfsche Allergie gegen Porsch dürfte ihre Wurzeln nicht in dessen Rolle als PDS-Exponent haben. Porsch reicht intellektuell zumindest an ihn heran, ist zwar kein Wirtschaftsexperte, dafür bei den Denkern der Jahrhunderte umso bewanderter und um einiges witziger und schlagfertiger als der »erste Staatsschauspieler«, wie er den Obersachsen einmal nannte. So hatte sich übrigens Theodor Heuss, der erste Bundespräsident, einmal selbst bezeichnet.

Anders als der reine Akademiker Biedenkopf hatte Porsch zudem reichlich vom prallen Leben gekostet. So etwas vertrug ein Biedenkopf bekanntlich schlecht. Regelmäßig ließ er sich also provozieren, verlor die Contenance, ließ sich zu persönlichen Schmähungen und Unterstellungen von Ahnungslosigkeit hinreißen, wenn Porsch argumentativ tatsächlich einmal den schwachen Nerv getroffen hatte. Der Tradition aus der ersten Legislaturperiode folgend, ging der souveräne Biedenkopf seinen Erregungszuständen manchmal auch durch gezielte Abwesenheit oder Wechsel auf den Abgeordnetensitz selbst aus dem Weg.

Einer Auseinandersetzung in Sachfragen hat Kurt Biedenkopf die PDS nie für wert befunden. Das hätte ein Ende der ihr zugedachten Rolle als Prügelknabe für alle Defizite bedeutet, in der sie wider Willen über lange Zeit eine stabilisierende Funktion gerade für Biedenkopf persönlich einnahm. Um so wütender mußte er auf ihre bundesweit zunehmende Akzeptanz und Politikfähigkeit reagieren. Im erfolglosen Dresdner Kommunalwahlkampf vom Juni 2001 fand diese bereits zur Phobie ausgewachsene Unfähigkeit des Umgangs mit einem politischen Gegner ihren vorläufigen Höhepunkt. Den von einer Bürgerinitiative und einem Parteienbündnis getragenen Kandidaten Ingolf Roßberg (FDP) warnte er, »sich in Gefangenschaft der PDS zu begeben«. Er solle »den früheren Machthabern nicht die Tür zum Rathaus öffnen«.

Daß er einem anderen früheren Machthaber, seinem Freund Wolfgang Berghofer, den vertrauten Sessel des Oberbürgermeisters wieder gegönnt hätte, war in diesen Wochen ein offenes Geheimnis.

In summa: So lange der Pakt »Mandat gegen Macht« zwischen der CDU-Fraktion und dem Regierungschef hielt, erwuchs ihm im Landtag kein ernsthaftes Korrektiv. Die Animositäten zwischen den Oppositionsfraktionen der SPD und PDS vergrößerten faktisch die rechnerische absolute Mehrheit noch. Wo die Animositäten überwunden werden konnten, etwa bei gemeinsamen Verfassungsklagen, zeigte die Regierung sofort Wirkung. Daß der auf Führungseliten setzende Biedenkopf nicht viel von Parlamenten hielt, ist vorn bereits zitiert worden. Der böseste diesbezügliche

Aphorismus stammt allerdings einmal mehr von Karl Kraus: »Der Parlamentarismus ist die Kasernierung der politischen Prostitution.«

Kabinettstückchen

Die Zusammensetzung seines Regierungskabinetts hatte sich Sachsens neuer Ministerpräsident selbst vorbehalten und dabei anfangs auch einige Fehlgriffe getan. »Wenn wir 75 Prozent der Personalentscheidungen richtig treffen, sind wir genial. Wenn wir 51 Prozent richtig machen, sind wir gut«, lautete ein Ausspruch aus dem Jahr 1990. Der überforderte Umweltminister Karl Weise hielt sich nur ein knappes Jahr, Innenminister Rudolf Krause mußte ebenfalls noch vor Jahresfrist wegen Stasi-Vorwürfen gehen. Auch Kultusministerin Stefanie Rehm wurde vorzeitig abgelöst. Ihr folgte im letzten Jahr der ersten Legislatur mit dem gutmütigen früheren Komponisten Friedbert Groß eine weitere Fehlbesetzung. Das Kultusressort blieb bis heute problematisch. Denn auch der seit 1994 amtierende Matthias Rößler ist kein Pädagoge und fand unter Lehrern und Fachkollegen wenig Anerkennung, zumal er brisanten Disputationen meist aus dem Weg ging. Als ein ähnliches Wackelressort erwies sich auch das Innenministerium. Krause-Nachfolger Heinz Eggert stolperte 1995 über eine bis heute nicht restlos aufgeklärte »Belästigungs«-Affäre und wurde durch Klaus Hardraht abgelöst.

Demgegenüber stand die rund zehnjährige Konstanz eines »Kernkabinetts« der ersten Stunde. Bis zum Herbst 2000, als die Turbulenzen um Biedenkopf einsetzten, zählten Finanzminister Prof. Dr. Georg Milbradt, Sozialminister Dr. Hans Geisler, Wirtschaftsminister Dr. Kajo Schommer, Justizminister Steffen Heitmann und Wissenschaftsminister Prof. Dr. Hans-Joachim Meyer dazu. Auch Gleichstellungsministerin Friederike de Haas wurde erst 1999 abgelöst. Die Fluktuation im Kabinett bewegte sich also im durchaus üblichen Rahmen und sagte wenig über die Position des Ministerpräsidenten.

Zwei sich nur scheinbar widersprechende Urteile über dessen Führungsstil existieren. Die einen sagten, er führe auch das Kabinett gewohnt autoritär, die anderen sahen die Minister eher an einer ungewöhnlich langen Leine. Zu den erstgenannten gehörte auch

»Zeit«-Redakteur Christian Wernicke, der schon nach einem knappen Jahr Regierungsarbeit einschätzte:»Die sächsische Landesregierung wirkt ohnehin schon wie ein Einmannbetrieb. Wenn der quirlige Professor ständig alle Minister in den Schatten stellt, kann sein Kabinett nicht wachsen.«[76] Andererseits schrieb er dies in einer Zeit, da viele Minister sich »draußen« heftige Beulen holten und sich oft sehr allein vor aufgebrachten Menschenmengen bewähren mußten. Mit heftig rollendem Adamsapfel verteidigte Wissenschaftsminister Meyer die Abwicklung ganzer Hochschulbereiche, mit mühsam bewahrtem Charme Kultusministerin Rehm die Lehrerentlassungen und das chaotische Übergangsschuljahr. Umweltpolitik fand praktisch nicht statt in diesem ersten Jahr, und der begnadete Schwätzer Kajo Schommer wurde viele Male von Belegschaften zusammenbrechender Betriebe mit Pfiffen empfangen, um nach zwanzig Minuten goldener Worte mit Beifall verabschiedet zu werden. Der Regierungsstil bot entsprechenden Anlaß zur Kritik. »Erst administrieren, dann mit den betroffenen Leute reden«, kommentierte damals der »Sachsenspiegel«.

Den Mann an der Spitze erreichten die anrollenden Wogen persönlich kaum. Seine Minister fungierten als Wellenbrecher. Hinter dem strahlenden Ministerpräsidenten blieb ihr Bekanntheits- und Popularitätsgrad extrem weit zurück. Auch so gesehen besaßen und besitzen sie bis heute relativ viel Freiheit. In der bereits erwähnten Laudatio zum 70. Geburtstag des MP betonte Stellvertreter und Sozialminister Hans Geisler noch einmal den »Spielraum zur Eigengestaltung und Eigenverantwortung«.

Gegen die von Biedenkopf eingeführte Praxis von Fachregierungserklärungen beispielsweise war schlechterdings nichts einzuwenden, auch wenn sie qualitativ höchst unterschiedlich ausfielen und mit wachsender Paralysierung der Regierung durch die Affären des Regierungschefs ganz entfielen.

Es war eine Frage der Perspektive, ob man diesen Spielraum als großzügig vom Ministerpräsidenten gewährt ansah oder ihn vielmehr mit den unveränderten bundespolitischen Ambitionen Biedenkopfs erklärte. Nicht nur Frau Ingrid sah ihn »dauernd in Bonn«. Rundfunk, Renten, Sozialsysteme, Erwachsenenbildung – wie hätte er von seinen Lieblingsthemen lassen können? Nein, nicht Lieblingsthemen, sondern von »der Wirklichkeit diktierte«, wie er den Fragenden korrigierte. Mehr als einmal wurde von einem möglichen CDU-Parteivorsitzenden Biedenkopf gemunkelt, vor der Bundestagswahl 1998 fabulierten einige gar über ihn als Kanzlerkandidaten.

Die relative Freiheit der Ressorts hatte natürlich auch Kehrseiten. Rückendeckung ihres Chefs konnten in Bedrängnis geratene Minister selten oder nur sehr spät erwarten. Innenminister Heinz Eggert mußte das 1995 erfahren, als ihm homosexuelle Belästigungen von Mitarbeitern vorgeworfen wurden. Ob es sich um eine CDU-interne Intrige oder Behauptungen mit einem Körnchen Wahrheit handelte, wurde nie geklärt. Ebenso wenig konnte später der Verdacht ganz entkräftet werden, Justizminister Steffen Heitmann habe die Ermittlungen in diesem Fall behindert. Eggert, der sich wochenlang gegen einen Rücktritt gewehrt hatte, resignierte nach einem Gespräch mit seinem Regierungschef am Chiemsee.

Umgekehrt bewies Biedenkopf wenig Instinkt, als er sich im Herbst 2000 vehement hinter seinen Justizminister Heitmann stellte und dessen Rücktritt dann doch nicht verhindern konnte. Heitmann waren Eingriffe in die Justiz zugunsten eines Görlitzer Parteifreundes vorgeworfen worden.

Wie straff der Regierungschef sein Kabinett wirklich führte, blieb meist Gegenstand von Spekulationen. Wie er es zu führen gedachte, ließ er unter anderem im Buch »Einheit und Erneuerung« durchblicken. Unmittelbar nachdem er einen Abbau der hierarchischen Tiefe in Organisationen verlangt hatte, kritisiert er die Abgabe der Richtlinienkompetenz von Kanzler oder Ministerpräsidenten an Koalitionsausschüsse. »Weder auf Bundes- noch auf Landesebene werden die Richtlinienkompetenzen dort, wo die Regierungen auf Koalitionen beruhen, de facto im Verfassungssinne wahrgenommen.«[89] Auch die Anrechte der Koalitionspartner auf bestimmte Ministersessel kritisierte er scharf. Damit würden Auswahl und Qualität politischer Führungskräfte eingeschränkt.

Nicht von ungefähr hatte Biedenkopf schon vor den Landtagswahlen 1994 erklärt, für eine Koalitionsregierung nicht zur Verfügung zu stehen. An kaum einer anderen schriftlichen Äußerung wurde seine hierarchische Grundeinstellung, sein Glauben an Veränderung von oben so deutlich wie in diesen Textpassagen in »Einheit und Erneuerung«. Ein völlig anderes Verständnis als das Leitbild eines »Primus inter pares« etwa. Und in die etymologischen Tiefen des Fremdwortes »Ministerpräsident« dürfte man schon gar nicht herabsteigen. Kurt Biedenkopf kokettierte zwar bei jeder Gelegenheit mit der Rolle des »Anwalts« und des »Helfers« in Sachsen. Ihn aber wörtlich als »Vorsitzenden der Diener (des Staates)« anzusehen, grenzte spätestens seit dem Jahr 2001 an Komik.

Nun sind, der etymologischen Deutung weiter folgend, seit dem 17. Jahrhundert die Minister auch die »Geringeren als der Fürst«. Oder, um mit Biedenkopf und der Verfassung zu sprechen: Richtlinienempfänger. Widerstände dagegen waren lange nicht spürbar. Nach außen hin vermochte die Runde ein geschlossenes Bild zu wahren. Befragte man Minister, verfielen diese in der Regel in das gleiche Benedictus gegenüber dem Unantastbaren wie die Öffentlichkeit. Nicht zu vergessen: Das Kernkabinett saß in den Anfangsjahren täglich gemeinsam am Frühstückstisch der »Regierungs-WG« im Gästehaus Schevenstraße. Nur selten wurde ein schlichtendes Eingreifen des Ministerpräsidenten bekannt.

Beim Streit zwischen Umweltminister Vaatz und Wirtschaftsminister Schommer um die Streckenführung der Prag-Autobahn A17 zum Beispiel. Oder bei den jährlichen Haushaltklausuren, wo besonders das Armdrücken zwischen Finanz- und Wissenschaftsministerium schon Ritual geworden war. Es gab aber einen tiefergehender Konflikt, dessen Ausmaß erst im Jahr 2001 sichtbar wurde. Glaubte man einem spektakulären Zeitungsartikel von Wissenschaftsminister Meyer über seinen Rivalen Milbradt, so hielt der Ministerpräsident schon jahrelang seine schützende Hand über Kultur und Wissenschaft als wichtigster Zukunftsressource des Landes. Er habe damit den phantasielosen Sparkurs des Finanzministers gebremst. Für den Wissenschaftsminister gab es kein System Biedenkopf, sondern ein System Milbradt.

Im Kabinett galt ähnliches wie für die Landespolitik generell: Den Übervater erreichten kritische Fälle nie wirklich. Sein persönliches Ansehen war nicht zu beschädigen, so heftig ihn die Opposition auch in Verantwortung zu nehmen suchte. In zwei Fällen hatte der »Querdenker« Biedenkopf jedoch ganz offenkundig gegen Querdenker in seinem Kabinett eingegriffen. Arnold

Vaatz, der die Vorarbeiten zur Landesgründung im Jahre 1990 koordinierte, war zunächst mit der Leitung der Staatskanzlei belohnt worden. Der Mann, den Biedenkopf noch 1990 für außerordentlich talentiert hielt, erwies sich als zu eigenständig und zu wenig berechenbar. Es war leicht vorstellbar, daß der Krawattenträger wider Willen auch mit dem Milieu der »Grüß-Gott-Onkels« im Machtzentrum seine Schwierigkeiten hatte. Kurz nach seiner Versetzung an die Peripherie, ins Umweltministerium, Ende 1991 fühlte er sich in Journalistengesprächen zwar immer noch von Biedenkopf gefördert, ging aber mit den Jahren zunehmend auf Distanz zum Patriarchen.

Vaatz wird jene selbstverständlich nie bestätigte, durch Indiskretion 1997 an die Presse gelangte Äußerung zugeschrieben, Kurt Biedenkopf sei ein »Quartalsirrer«.

Der zweite Fall war die Aufsehen erregende Entlassung von Finanzminister Georg Milbradt im Januar 2001 – die erste Entlassung während einer Legislaturperiode. Das war, um mit den Begriffen des *Peter-Prinzips* zu sprechen, keine seitliche Arabeske wie beim ersten Umweltminister Karl Weise, das war ein knallharter Ausschluß aus der Hierarchie.

Entscheidender für die Stabilität der Biedenkopf-Hierarchie aber war weniger das Kabinett als vielmehr der »paternalistische Zugang« zur eigentlichen Arbeitsebene, um noch einmal das *Peter-Prinzip* von Laurence J. Peter zu bemühen. Über die Zusammensetzung der Ministerrunde konnten sich die eingeborenen Sachsen zunächst nicht beklagen. Mit Finanzminister Milbradt und Wirtschaftsminister Schommer saßen hier nur zwei »Importe«. Später stieg ihre Zahl zwar auf fünf, wogegen sich bislang in Sachsen kein Murren erhob. Die Staatssekretärsebene aber war von Anfang an komplett westdeutsch besetzt, in vielen Fällen westfälisch, wie es Biedenkopfs Verbindungen nahelegten. (In der Affäre um den Abwasser-Zweckverband Beilrode/Arzberg wurde der Begriff »Westfalen-Connection« zu einer feststehenden Wendung. Darin verwickelt war der Landwirtschafts-Staatssekretär Hermann Kroll-Schlüter.)

Nach Arnold Vaatz übernahm Günter Meyer die Schlüsselposition des Chefs der Staatskanzlei, als ehemaliger CDU-Geschäftsführer in Westfalen-Lippe einer der treuesten Gefolgsleute Biedenkopfs. Die ähnlich wichtige Regierungssprecherfunktion übernahm Ende 1991 Michael Sagurna, inzwischen Staatssekretär. Sagurna betreute schon als Mitglied der Jungen Union bis 1981 das von Biedenkopf herausgegebene »Westfalen-Echo«.

Tatsächlich über den parteipolitischen Schatten springen konnte der Regierungschef anfangs noch mit der Berufung des liberalen Wirtschaftsstaatsekretärs Rüdiger Thiele und besonders mit dem reformfreudigen Schulpolitiker Wolfgang Nowak. Den der SPD angehörenden Staatssekretär kannte Biedenkopf ebenfalls vom Rhein. Nowak mußte jedoch gehen, als Matthias Rößler 1994 Kultusminister wurde.

Ein weiteres Experiment im Sinne der »Zeitsignale« war zu Ende.

»Kleine Lebenskreise und schwarze Socken«

Journalisten des MDR-Vorläufers »Sachsenradio« erinnern sich an ein Interview mit dem frischgebackenen Ministerpräsidenten. Nach möglichen eigenen Schwächen befragt, nannte er damals die Personalpolitik. Eine solche für Biedenkopf ohnehin höchst ungewöhnliche Selbstkritik mag angesichts der konsequenten Installation von Gefolgsleuten und straffer Parteibuch-Personalpolitik auf den ersten Blick verwundern. Langfristig sollte er aber in einem von ihm sicher nicht gemeinten Sinn Recht behalten. Den Bundestagswahlkampf 1976 hatte er vor allem im heimischen Revier am Rhein noch gegen Filz und Ämterpatronage geführt. In Sachsen ging es 1990 nicht einmal darum, personelle Besitzstände aufzubrechen und Platzhirsche zu verjagen. Eine Landesverwaltung hatte es bis dato nicht gegeben, die sprichwörtlichen »alten Seilschaften« waren erst bei den Regierungspräsidien, die einen Teil der früheren Bezirksverwaltungen übernahmen, und von da abwärts zu den Kommunen ein Thema.

Wer beim Aufbau der Landesregierung zuerst kam, mahlte zuerst, und das waren schon zu Zeiten des Koordinierungsausschusses im Jahr 1990 vor allem neu eingetretene CDU-Mitglieder und parteinahe Kreise.

Die sich bereits vor Landesgründung abzeichnenden hegemonialen Strukturen wurden überlagert und gefestigt von der hohen Zahl der westdeutschen Beamten, die entweder befristet »ausgeliehen«, abgeordnet oder nach sächsischem Beamtenrecht neu eingestellt wurden. Aufschlußreich war eine Tagebuchnotiz Kurt Biedenkopfs vom 14. Mai 1990, in der sich ganz der Machtstratege zeigte. Am Tag nach der Wahlniederlage in Nordrhein-Westfalen gab er in einer CDU-Bundesvorstandssitzung fünf Punkte zu bedenken, die die Position der Union in NRW festigen sollten. Hinsichtlich der verlorenen Mehrheit im Bundesrat lenkte er das Augenmerk auf die künftigen Länder in der Noch-DDR. »Das heißt aber auch, daß wir politisches Personal organisieren müssen, das sich um den Aufbau der neuen Länder kümmern kann.«[90]

Über die Parteizugehörigkeit der Beamten und leitenden Angestellten in den obersten sächsischen Landesbehörden gab es keine Erhebungen. Als gewiß darf nur gelten, daß sie in ihrer Mehrheit nicht der DKP oder PDS angehörten. Schon bei Landtags-Anfragen nach deren Ost- oder West-Herkunft wurde das Innenministerium nicht müde, auf die ausschließliche Auswahl nach Eignung, Befähigung und fachlicher Leistung hinzuweisen, wie es Grundgesetz und Landesverfassung vorschrieben. So einleuchtend es sein mochte, daß erforderliche Qualifikationen im eigenen Land anfangs unzureichend entwickelt waren, so hatte sich auch im Jahre 12 des neuen Freistaates an der westdeutschen Dominanz in den Leitungsebenen nichts geändert. Die Beantwortung einer entsprechenden Kleinen Anfrage des PDS-Abgeordneten Heiko Hilker lehnte das Innenministerium im Oktober 2000 mit dem Hinweis ab, es habe seit der letzten Erhebung im Jahr 1998 keine Veränderungen gegeben.

Demnach haben Sachsen immer weniger zu sagen, je weiter es die Hierarchie hinaufgeht. Auf Referentenebene ist das Ost-West-Verhältnis bei den obersten Landesbehörden noch etwa ausgeglichen. Bei den 330 Referatsleitern sank der Sachsen-Anteil schon auf 37 Prozent, bei den 61 Abteilungsleitern auf unter 30 Prozent. Immerhin kamen aber inzwischen vier von elf Staatssekretären aus dem eigenen Land. Günstiger sahen die Zahlen erwartungsgemäß bei den nachgeordneten Behörden aus.

Solche Differenzierungen ließen sich mit dem pathetischen Hinweis auf die alle verbindende deutsche Einheitsaufgabe wegwischen. Wer das tat, unterschätzte das in Sachsen nie laut, sondern gewohnt grummelnd artikulierte Trauma, nicht genügend eigene »helle Köpfe« zu besitzen. Im Zusammenhang mit den

Paradoxien des »Sachsen-Mythos« war davon schon die Rede. CDU-Landes- und Fraktionschef Dr. Fritz Hähle, unüberhörbar ein Stammsachse, berichtete einmal im kleinen Kreis, es erfülle ihn mit Sorge, wie West-Beamte auch immer wieder ihre West-Klientel auf frei werdende Posten nachzögen.

Von solchen Beobachtungen war es nicht weit zu jenem Günstlings- und Familienfilz, wie er aus allen langandauernden Einparteienherrschaften geläufig ist und beinahe schon als selbstverständlich angesehen wird.

So stieg etwa die Tochter von Ex-Staatskanzleichef Günter Meyer im Kultusministerium bis zur Abteilungsleiterin Grundsatzangelegenheiten auf. Ihr Lebensgefährte Günther Portune, dessen öffentliche Auftritte regelmäßig peinlich berührten, wurde Staatssekretär im selben Haus.

Dort tauchte auch Bernd Krieger als Personalchef wieder auf, nachdem seine Stelle bei der Fusion von Landwirtschafts- und Umweltministerium überflüssig geworden oder gemacht worden war. Ganz zufällig hatte Krieger in die Verwandtschaft von Kultusminister Rößler eingeheiratet.

Zufall vermutlich auch, daß Referatsleiter Christoph Carl aus der Staatskanzlei der Sohn des inzwischen pensionierten Finanzstaatssekretärs Dr. Karl-Heinz Carl ist. Bonner Insider wunderten sich, wie Carl wieder zu einer solchen Spitzenstellung kommen konnte. Aus dem Bundesfinanzministerium war er zunächst als Staatssekretär in das Verteidigungsministerium »weggelobt« worden, nachdem er an der luxemburgischen Grenze mit einer Fuhre Goldbarren unter dem Autositz erwischt worden war. Nach seiner Entlassung in Bonn kam er über Sachsen-Anhalt nach Sachsen.

Von Carl und dessen Sohn gingen Fäden zu der früheren CDU-Rüstungslobbyistin und Verteidigungs-Staatssekretärin Agnes Hürland-Büning.

Alle drei sollen nach Recherchen des SPD-Landtagsabgeordneten Karl Nolle mit Hilfe des sächsischen Wohnungsbauprogramms günstige Wohnungen in Moritzburg nahe Dresden gebaut haben, die wiederum Landesbediensteten angeboten wurden. Auch nichts Neues. 1996 stoppte der Landtag viel zu spät ein Wohnungsbeschaffungsprogramm für Landesbedienstete, das jährlich 20 Millionen Mark kostete und Eigenheimpreise bis auf ein Viertel des Üblichen senkte. Nach offiziellen Angaben der Staatskanzlei gewährte der Freistaat in den Jahren 1992-98 Zinszuschüsse von knapp 130 Millionen Mark an seine Bediensteten.

Die frühere Oberbürgermeisterin von Coburg, Frau Prof. Dr. Irene Schneider-Böttcher, gab dieses Amt auf und wurde Präsidentin der dem Umwelt- und Landwirtschaftsministerium nachgeordneten Landesanstalt für Landwirtschaft Pillnitz. Ihr langjähriger Partner Hans Meinhold war in diesem Ministerium Haushaltchef.

Im gleichen Haus wurde ein Mann Amtschef, der über beste Beziehungen zur Familie Biedenkopf verfügte. Wolf-Eberhard Kuhl war seit 1983 Beamter in Nordrhein-Westfalen, ab 1990 Biedenkopfs persönlicher Referent, dann Abteilungsleiter im Wirtschaftsministerium. Er ist geschickterweise als Amtschef nun nicht mehr Staatssekretär, also kein politischer Beamter, sondern Ministerialdirigent, mithin unkündbar.

Kuhls Frau war beim »Büro Biedenkopf«, bei Ingrids königlichem Kummerkasten, angestellt. In diesem Zusammenhang sorgt ein von Kuhl herausgegebenes Schreiben bei den Mitarbeitern des Umweltministeriums bis heute für Heiterkeit. Darin wies er an, Frau Biedenkopf künftig mit der Formel »Sehr verehrte gnädige Frau« anzusprechen.

Ein anderer persönlicher Referent, der von Wirtschaftsminister Kajo Schommer, heiratete Landesmuttertochter Petra. Nichts Verdächtiges, aber inzwischen hatte sich Andreas Waldow selbständig gemacht und betrieb ein Reinigungsunternehmen, das wegen seiner Regierungsaufträge auch in die Affäre um das Gästehaus Schevenstraße verwickelt war.

So ging es weiter.

Der erste Landtags-Fraktionsvorsitzende Herbert Goliasch, ein Meister im Vermitteln von Versorgungsposten, besorgte einer Verwandten eine Sachbearbeiterinnen-Stelle in der Staatskanzlei.

Auch von Pressesprecherposten aus waren gute Geschäfte mit der Macht zu machen. Walter Hannot, früher im Sozialministerium, managte mit seiner Agentur den für die CDU erfolglosen Oberbürgermeister-Wahlkampf 2001 in Dresden.

Sehr viel erfolgreicher war er hingegen in der Akquisition von PR-Aufträgen für die Öffentlichkeitsarbeit der Staatsregierung.

Und der ehemalige Pressesprecher der Dresdner CDU, Burghard Hartung, erfreute sich mit seiner »Direkt GmbH« auch diverser CDU- und Regierungsaufträge. Seine Frau Anita wurde wiederum Referatsleiterin für Allgemeine Verwaltung im Umweltministerium, als der Dresdner CDU-Kreisvorsitzende Dr. Dieter Reinfried dort als Staatssekretär diente.

Solche Myzele sind selbstredend kein Privileg zugereister Partei- und Regierungsmitarbeiter. So resignierte beispielsweise Dr. Horst Metz, CDU-Mitglied in Dresden seit 1968, im Dezember 1991 als stellvertretender CDU-Landesvorsitzender und Parlamentarischer Staatssekretär beim Umweltministerium. Ihm war vorgeworfen worden, Planungsaufträge zugunsten der Firmen alter Seilschaften und seiner eigenen Frau vergeben oder empfohlen zu haben. (Metz ist seit 1996 wieder finanzpolitischer Sprecher und seit 1999 stellvertretender Vorsitzender der CDU-Landtagsfraktion.)

Der Skandalbürgermeister des inzwischen eingemeindeten Dresdner Vorortes Weißig, Hans-Jürgen Behr, wurde wiederholt angezeigt. Es ging unter anderem um weit unter Wert an Ministerialbeamte verschachertes Bauland. Behrs »Immobilienmafia«, so der damalige CDU-Oberbürgermeister Herbert Wagner, war in der Dresdner Union so stark, daß er beinahe an Stelle des inzwischen abgewählten Wagner zum OB-Kandidaten gekürt worden wäre.

Ein eigenes Kapitel, wenn auch wiederum kein spezifisch sächsisches, bedeutete der Durchgriff der Regierungspartei auf die Medien. Mit der Wiedergründung des Mitteldeutschen Rundfunks zum 1. Januar 1992 bot sich die Chance, jungfräuliches Terrain nach eigenen Vorstellungen zu gestalten. Drahtzieher auf sächsischer Seite war vor allem CDU-Landtagsfraktionschef Herbert Goliasch. Die Vorgänge um die Besetzung der Direktorenposten der neuen Dreiländeranstalt waren ein Spiegelbild des langen Arms der SPD hinein in den Norddeutschen Rundfunk. Wahlsieger Gerhard Schröder ersetzte damals den CDU-Intendanten Peter Schiwy durch Stellvertreter Jobst Plog. CDU-Parteigänger wie Ulrike Wolf, Henning Röhl oder Ralf Reck »flüchteten« nun zum MDR und wurden mit Spitzenpositionen bedacht. Bis heute leitet Ulrike Wolf das Landesfunkhaus Sachsen. Dieter Bauerfeind, ebenfalls CDU, übernahm dank einer CDU-FDP-Allianz den Vorsitz im Rundfunkrat. Intendant Udo Reiter kam aus München vom Bayerischen Rundfunk.

Eine Etage darunter und noch mehr beim journalistischen Fußvolk bildete sich ein verhängnisvolles Geflecht von Möchtegern-Karrieristen aus dem Westen und erfahrenen Absolventen des »Roten Klosters«, der Leipziger Sektion Journalistik. Die IM-Extremfälle flogen erst im Jahr 2001 serienweise auf. Die Vorwürfe hatten eine unterschiedliche Berechtigung, sorgten aber für ein riesiges Echo vor allem bei konkurrierenden Medien. Über die demotivierende Rolle der mittleren Leitungsebene hingegen sprach niemand.

Die Folgen für das Programm waren eindeutig. Wenn in den letzten Jahren regierungskritische Beiträge erschienen, kamen sie in den seltensten Fällen vom MDR. Hörfunk-Programme wie das gewendete rotzig-frische Jugendradio »DT 64« hatten hier keine Chance und wurden durch belanglos-alberne Lifestyle-Formate wie »MDR-Life« oder »Jump« ersetzt. Mit »Sputnik«, nur via Satellit oder per Kabel zu empfangen, verblieb ein Rest des einstigen DT-64-Niveaus.

Mit seiner verlustreichen Outsourcing-Strategie, einer dubiosen Geldanlagepolitik und der laschen Personalüberprüfung wurde das einstige Ziehkind der Staatsregierung zu einem Problemfall MDR.

Beim Versuch, auch unmittelbaren Einfluß auf den Privatfunk zu sichern, scheiterte allerdings Kurt Biedenkopf Anfang Dezember 1991 auf peinliche Weise. Medienreferent Dr. Helmuth Neupert aus der Staatskanzlei, der die gesetzlichen MDR-Grundlagen nach westdeutschem Muster auszuarbeiten half, sollte nach seinen Vorstellungen unbedingt Direktor der aufsichtsführenden Landesmedienanstalt werden. Neupert hatte im sächsischen Privatfunkgesetz bereits einen genau auf seine Person zugeschnittenen Passus versteckt. Danach sollte der künftige Direktor nicht nur über Medienerfahrung verfügen, sondern auch einen juristischen Abschluß vorweisen können.

Der FDP-Mann und unbequeme Direktor des Gesamtdeutschen Instituts in Bonn, Detlef Kühn, versalzte ihm die Suppe. Kühn war ein Mann von Arnold Vaatz, der kurz vor seiner Ablösung als Chef der Staatskanzlei stand. Nach einer für Kühn erfolgreichen ersten Abstimmung in der Versammlung der Landesmedienanstalt attackierte ihn Biedenkopf brieflich, warf ihm einen Gesetzesverstoß gegen die Eignungsvorschriften vor und forderte seinen Rückzug. Kühn hingegen gab der Versammlung und damit der Öffentlichkeit den Brief zur Kenntnis und verwahrte sich seinerseits gegen den Versuch, »in gesetzwidriger Weise Einfluß auf die Entscheidungen eines Organs der Landesanstalt zu nehmen«. Die damals noch recht unabhängige Versammlung von Vertretern verschiedener gesellschaftlicher Gruppen honorierte Kühns Courage mit dessen Wahl und verpaßte Biedenkopf einen Denkzettel.

Am dürftigen Niveau sächsischer Privatsender und deren wirtschaftlichen Problemen hat das freilich wenig geändert.

Die sächsische Regionalpresse zeigte nach unsicherem Abtasten im Jahr 1990 zunehmend eigenes Profil. Namentlich die »Sächsische Zeitung« mit Hauptredaktion in Dresden war bald der CDU ein Stachel im Fleisch. Ausfällig wurde vor allem Arnold Vaatz gegen die dort noch immer agierenden Redakteure aus DDR-Zeiten. Deren kritische Berichterstattung überstand auch den Verkauf des Blattes zu mehrheitlichen Anteilen an das Hamburger Verlagshaus Gruner+Jahr. Erst mit dem Wechsel in der Chefredaktion und weiteren personellen Veränderungen 1997 wurde die Zeitung deutlich zahmer. Spekuliert wurde, ob Ministerpräsident Biedenkopf dank seiner guten alten Verbindungen zum Hause Bertelsmann und damit auch zu deren Tochter Gruner+Jahr dabei die Hand im Spiel hatte. Nachzuweisen war eine solche Intervention nicht. Nach strategischen Absichten befragt man am besten sein Tagebuch. In dem bereits erwähnten Fünf-Punkte-Papier für den CDU-Bundesvorstand nach der mißglückten Nordrhein-Westfalen-Wahl 1990 notierte er zu den Medien: »Unser Problem mit den Medien können wir nicht nur institutionell lösen. Die Medien wollen auch umworben werden. Man muß dabei mit einer besonderen Sensibilität der DDR-Journalisten rechnen.«[90]

Bei den anderen beiden großen Regionalzeitungen in Sachsen setzten die Konzeptveränderungen wesentlich früher ein. Im April 1991 hatte die Treuhand diese Schnäppchen an die begierigen Westverlage verkauft. Bei der »Leipziger Volkszeitung«, zu gleichen Teilen an Springer und Madsack gegangen, wechselten Chefredaktion und Konzept Anfang 1992. Ein halbes Jahr später meinte CDU-Landtagsfraktionschef Herbert Goliasch beiläufig und dabei gleichermaßen offenherzig wie verräterisch: »Mit der LVZ gibt es ja nun auch keine Probleme mehr ...«

Die Chemnitzer »Freie Presse« übernahm die Medien-Union des Verlegers Dieter Schaub aus Ludwigshafen, dem Geburtsort von Helmut Kohl und Kurt Biedenkopf. Die dortige »Rheinpfalz« war schon ob ihrer Kohl-Treue bekannt, und auch später fiel die Parallele ins Auge, daß die »Freie Presse« auch dann noch fest zu Kurt Biedenkopf stand, als andere Blätter ein Preisschießen auf den Premier veranstalteten. Leserproteste dürfte sie damit kaum hervorrufen – das Erzgebirge hielt seit jeher zum König.

So mochte es denn ruhig sein im lieben Vaterlande der Sachsen, und ihr Anführer konnte sich weitgehend dem Kampf gegen den allbösen Feind in Bonn und Berlin widmen.

Unberechenbar blieben, wie überall, die Gerichte, besonders das Landesverfassungsgericht, und ein paar amtliche Widerstandsnester, die gelegentlich wirksamer als die Opposition agieren konnten. Der Landesrechnungshof gehört zu denen, die seine Majestät unmittelbar bedrängten. Und mit dem Datenschutzbeauftragten Thomas Giesen hatte sich die CDU einen Parteifreund in dieses beim Landtag angesiedelte Amt geholt, den sie schon bald wieder loszuwerden trachtete. Ein Abwahlversuch scheiterte an der Uneinigkeit der CDU-Fraktion.

Wie ein Eiferer wachte Giesen über die Individualrechte im Freistaat. Seine Beanstandungen und Gesetzeskommentare waren gefürchtet, indirekt brachte er damit sogar Justizminister Heitmann zu Fall. Hinter seinen fast missionarischen Aktivitäten steckt die Sorge um eine verhängnisvolle Verquickung. Der vormundschaftliche Staat habe mangelndes Rechtsbewußtsein in der Bevölkerung hinterlassen, und der neue Staat nutze diese Sorglosigkeit unter dem Etikett der Rechtsvereinfachung und Entbürokratisierung zu verstärktem Durchgriff, erklärte er. Nicht von ungefähr schwang Kurt Biedenkopf in seinen Schriften immer wieder die Keule gegen Individualisierung und Selbstverwirklichung, wo sie die Grundlagen des Gemeinwesens und damit wiederum sich selbst bedrohten. Über Grenzziehungen, über die höhere Vernunft des Staates und daraus ableitbare Rechte bestanden zwischen ihm und dem ebenso eitlen Datenschützer gravierende Meinungsverschiedenheiten.

Am Rande der Heitmann-Affäre im Herbst 2000 verlor Biedenkopf völlig die Fassung und beschimpfte Giesen, er habe noch nicht einmal seinen Lebensmittelpunkt in Sachsen. Giesens Familie war in Koblenz geblieben.

Biedenkopfs verbringen bekanntermaßen jede freie Minute am bayerischen Chiemsee.

Fast ein Jahrzehnt lang blieben die politischen Kraftvektoren, die Abhängigkeitsverhältnisse, die hierarchische Pyramide Sachsens in ihrer Hülle im wesentlichen stabil. Das System funktionierte nach außen dank der überragenden Wahl- und Umfrageergebnisse. Und es funktionierte nach innen mittels klassischer Macht- und Personalpolitik, im Falle Biedenkopfs noch durch besonders rechthaberische Züge verstärkt.

Solche Verhältnisse bleiben nur scheinbar stabil.

PDS-Fraktionschef Peter Porsch sagte dazu auf der von seiner Fraktion beantragten Sondersitzung des Landtages am 16. Mai 2001: »Wer sich jahrelang loben läßt dafür, daß er keinen anderen mit eigener Meinung neben sich duldet, darf sich nicht wundern, daß der Hofstaat und das Fußvolk außer der Intrige nichts beherrschen. Sie sind alle nach Ihrem Bilde geformt, Herr Prof. Biedenkopf …

Was haben Sie nur für verbogene Menschen um sich geschart?«

Der kleine König

Es könnte auch ein anderer Ort als das Foyer des Blockhauses in Dresden und eine andere Gelegenheit gewesen sein. Denn zu beobachten war eine Biedenkopfsche Standardsituation. Obschon von Bodyguards flankiert, war er ins Gedränge geraten, ein überfülltes Foyer nach der Veranstaltung. Wohlgesonnene Menschen und freundliche Journalisten fragten – aber bitte den Landesvater zum Anfassen nicht zu wörtlich nehmen! Mit hochrotem Kopf ruderte der Premier, schuf einen Distanzraum um sich, entfloh dem Beinahe-Körperkontakt. Es gab Situationen, da wäre es dem kleinen König sicher hilfreich erschienen, hätte man ihn nach altem Brauch auf einen Schild gehoben. Wer einmal Kohl im Pulk erlebt hatte, die Meute überragend, sich den Schwarm lästiger Journalisten aus dem Pelz schüttelnd, der konnte sich keinen größeren Kontrast vorstellen.

Niemand kann etwas gegen seine Körpergröße ausrichten, und selbst die allmächtige kosmetische Chirurgie versagt hier. Man kann die Größe nur annehmen und mit ihr umgehen lernen wie mit anderen Erbanlagen. Kurt Biedenkopf hat nicht immer den Eindruck vermittelt, souverän mit seiner Körpergröße umzugehen.

Warum konnte sein kluges Haupt nicht auch sichtbar das der anderen überragen?

Klaus Hartung von der »Zeit« beobachtete den Landesvater 1994 im Wahlkampf. »Der Ministerpräsident regelt das Verhältnis von Nähe und Distanz, bittet die Zuhörer heran und ermahnt die Kinder. Nicht das Bad in der Menge wird geboten, sondern die Konzentration der Zuhörer gefordert.«[91]

In Biedenkopfs Tagebuch verstecken sich manchmal Hinweise auf andere groß gewachsene Personen, etwa einer auf die letzte Volkskammerpräsidentin Sabine Bergmann-Pohl. Dann wieder dokumentiert er sympathische Selbstironie, wenn er es als Vorzug ansah, während einer Nachtfahrt nach Leipzig auf dem Rücksitz des Autos ausgestreckt schlafen zu können. Gegenüber seinem alten Schulfreund Herrmann Rösch, eine Erscheinung von rund zwei Metern Körpergröße, soll er einmal geäußert haben: »Wenn ich Deine Größe hätte, wäre ich schon Bundeskanzler.«

Will man sich einem Charakterbild Kurt Biedenkopfs nähern, muß seine Person als Einheit betrachtet werden. Kluge Frauen besitzen oft einen untrüglichen, ja entwaffnenden Instinkt für die schwachen Punkte von Männern. Es gibt solche, die mit Kurt Biedenkopf zu tun hatten und spontan eine urgründige Unsicherheit in seinem Wesen verspürten – aller aufgesetzten Rhetorik zum Trotz. Da war gerade nicht »König Kurt« zu erleben, sondern eher »August der Schwache«, wie ihn der Dresdner Pantomime Rainer König karikierte. Eine an sich verbindende, konsensstiftende Entdeckung, wäre da nicht der formale Abstand des Amtes und die von Kurt Biedenkopf immer wieder eingeforderte Distanz.

Eine sehr viel grobschlächtigere Bemerkung fiel einmal bei einer Arbeitslosen-Demonstration vor der Staatskanzlei. Biedenkopf habe die gleichen Komplexe wie alle kleinen Männer, meinte eine recht robuste Dame. Andere brachten die napoleonischen Züge in seinem Wesen ebenfalls mit der Körpergröße in Verbindung.

Solche Urteile haben nun zwar gar nichts mit der Wertung politischer Leistungen zu tun. Wenn aber Angehörige der sogenannten politischen Klasse zurecht für sich in Anspruch nehmen, auch nur Menschen zu sein, muß man sich auch ihren menschlichen Seiten mit der gebotenen Diskretion nähern dürfen. Das ist freilich aus der einengenden Perspektive der Bewunderung nicht möglich, aus der die meisten Bücher über lebendige und vor allem einflußreiche Zeitgenossen geschrieben wurden.

Wer Kurt Biedenkopfs Triumphe in Sachsen und zugleich sein gereiztes, unberechenbares Auftreten im Jahr 2001 erlebte, kommt an Fragen nach seinem Charakter nicht vorbei. Außer Gattin Ingrid wird niemand widersprechen, wenn er auf den ersten Blick als ehrgeizig, eitel und erfolgssüchtig bezeichnet wird. So etwas las man sogar bei seinen Biografen, und selbst Claus Hinrich Cassdorf sprach in der schon zitierten Pfeifenraucher-Laudatio von einem »gelegentlichen Hang zur Arroganz«. Es war jedoch eine Überlegenheit, die sofort schwand, wenn auf der anderen Seite Beifall oder die Unterwerfung unter seinen Standpunkt ausblieb.

An den Äußerungen Biedenkopfs zu den Affären um das Leipziger Paunsdorf-Center und um seine Wohnverhältnisse fiel auf, wie wenig sich der sonst so autonome Denker auf gefestigte eigene Überzeugungen und statt dessen auf die Zustimmung und die Urteile anderer berief. Exemplarisch wurde das an einem Zeitungsinterview, das im Sommerloch 2001, also schon nach dem Abklingen der Kampagne, erschien: »Ich war nie auf der Verliererstraße. Meine Frau und ich haben bergeweise Dankesbriefe bekommen, vor allem auch von jungen Menschen. Es ist durch die Angriffe ein Stück Solidarität entstanden … Daß sich diese Zustimmung trotz dieser Kampagne gehalten hat, das macht mich sehr glücklich. Es gab eine krasse Diskrepanz zwischen dem, was geschrieben wurde, und dem, was die Menschen in ihrer großen Mehrheit empfunden haben.«[92]

Die Psychologin Alice Miller hat sich in ihren beiden berühmten Büchern »Das Drama des begabten Kindes« mit solchen Phänomenen auseinander gesetzt. Im Kapitel »Die Grandiosität als Selbsttäuschung« schrieb sie: »Der ›grandiose‹ Mensch wird überall bewundert, und er braucht diese Bewunderung, kann gar nicht ohne sie leben. Er muß alles, was er unternimmt, glänzend machen, und er kann es auch (etwas anderes unternimmt er eben nicht). Auch er bewundert sich – seiner Eigenschaften wegen: seiner Schönheit, Klugheit, Begabung, seiner Erfolge und Leistungen wegen.«[93] Miller schloß dann, ein solcher Mensch sei letztlich nicht wirklich frei, sondern vom Publikum abhängig.

Ein solcher Eindruck drängte sich bei Kurt Biedenkopfs schon oft zitierten Tagebuchnotizen 1989/90 auf, selbst wenn man ihm nie persönlich begegnete. Natürlich ist sein Ruf nicht nur nach Amerika gedrungen, weil er dort studiert hat. Ob kanadische Journalistin oder Freund Milton Friedman, alle fragten sich, warum er nicht längst Kanzler sei. US-Botschafter Holbrooke zählte ihn zu den »faszinierendsten deutschen Politikern«.

Daß hingegen Kanzler Kohl ihm nicht einmal zum Wahlsieg in Sachsen gratulierte, wurmte ihn gewaltig. Die allenthalben notierten Zustimmungen zu seinen Ideen und Vorschlägen gingen darum weit über das Maß durchschnittlich empfundener Genugtuung hinaus. »Kein Zweifel: Er mag sich. Zustimmung bringt ihn auf Touren, seltener Widerspruch so richtig in Fahrt. Eine leichte Röte steigt ihm dann ins Gesicht. Es ist die Wärme der Lust an der Macht.«[94] So schrieb der »Stern« 1991 und titelte unter anderem: »Vielfältig begabt und hemmungslos von sich überzeugt«.

Von Ludwig Erhard, dem »Vater des Wirtschaftswunders«, ist das witzige Bonmot überliefert: »Der liebe Gott weiß alles – aber Kurt Biedenkopf weiß alles besser!« Über die ungezählten Gelegenheiten, die diesen Eindruck bestätigten, könnte man getrost hinweglächeln. Auch als Journalist, dessen Fragestellungen vor der druckreifen Antwort erst einmal als falsch gestellt korrigiert wurden.

Bedenklich wurde es, wenn Biedenkopf anderen die Fähigkeit zur eigenen Erkenntnis, zur selbständigen Urteilsfähigkeit absprach. Sachsens SPD-Landeschef Karl-Heinz Kunckel konnte nach Biedenkopfs Auffassung 1997 die sozialkritische »Erfurter Erklärung« zur deutschen Einheit nur unter Druck unterschrieben haben. Auch die 485.499 Bürger, die das Volksbegehren zum Erhalt kommunaler Sparkassen und gegen den Sachsen-Finanzverbund unterstützten, sollten nicht gewußt haben, was sie unterschrieben. Kurt Biedenkopf offenbarte auch an dieser Steller ein grundsätzliches Problem mit der Demokratie. Es fiel und fällt ihm schwer zu akzeptieren, daß Demokratie zuerst die Mehrheitsfrage und nicht die Wahrheitsfrage stellt. Als ein Mensch von tieferer Einsicht vermochte er die Zuversicht offenbar nicht zu teilen, demokratische Systeme bildeten mittel- und langfristige eine tragfähige Art »praktischer Wahrheit« heraus.

Ein Biedenkopf muß belehren. Dieses Verhalten trägt egozentrische Züge und geht über die dienende Anwendung intellektueller Überlegenheit zugunsten der Allgemeinheit hinaus. Auch nach mehr als 70 Lebensjahren hat ihn die bloße Schärfe des Verstandes nicht zu jenem weisen Fazit geführt, zu dem nach Sokrates noch viele große Nachdenker gelangt sind: »Ich weiß, daß ich nichts weiß!«

Wie in der Wissenschaft müßte eigentlich auch in der Politik jede neue Erkenntnis zur demütigen Einsicht führen, damit ein noch größeres unbekanntes Forschungsfeld eröffnet zu haben. Für die Ebene der Politik nannte es der oft verspottete Norbert Blüm »die Demut des Politikers, nicht vorschnell Ergebnisse vorzulegen, wenn man die Ergebnisse nicht bis auf die Ebene der Details formulieren kann«.[95]

Aber Kurt Biedenkopf ist nicht Nachdenker, sondern eben der vielfach umschmeichelte »Vordenker«, der mit diesem Image auch gern kokettierte. Auch beim Selbstvergleich mit Galileo Galilei. Dessen Jupitermonde waren Biedenkopfs Rentenfragen, und nur er und das Miegel-Institut für Wirtschaft und Gesellschaft schauten wirklich durchs Fernrohr. An Weitdenkern und deren Stimme fehlt es in der Tat im Land, aber wer stets behauptet, schon zu Ende gedacht zu haben, dem wird man mit natürlicher Skepsis begegnen.

So hat sich Kurt Biedenkopf manchen Diskurs selbst verbaut, weniger durch die mangelnde Plausibilität seiner Gedanken als durch die Art und Weise ihrer Vermittlung. Nach dem mageren Ergebnis zur Bundestagswahl 1987 in Nordrhein-Westfalen beispielsweise gab es solche Rüffel unter anderem von der damaligen Bundesfamilienministerin Rita Süssmuth: »Niemand sollte auf die Idee kommen, einer von uns sei allein so groß, daß er etwas Außergewöhnliches schaffen wird. Nur im Team sind wir stark.« Und FDP-Fraktionschef Achim Rohde lehnte einen Koalitionswechsel in NRW so lange ab, »bis einige in der CDU aufhören, sich als Monstranz durch die Gegend zu tragen«.[96]

Der damit Angesprochene verfiel und verfällt bei seinen apodiktischen Urteilen beharrlich in denselben Fehler. Gern bezeichnete er seine Arbeiten als wissenschaftlich und meinte, aus seiner Analyse müsse stets ein objektiv richtiges Handeln folgen. Wieviel Voluntarismus darin mitschwingt, vermochte er häufig nicht zu begreifen. Max Weber hatte schon 1904 dazu Treffendes bemerkt, als er sich gegen eine Vermengung von Sozialpolitik und Wissenschaft verwahrte. »Und das zweite Gebot wissenschaftlicher Unbefangenheit ist es deshalb, … jederzeit deutlich zu machen, daß und wo der denkende Forscher aufhört und der wollende Mensch anfängt zu sprechen, wo die Argumente sich an den Verstand und wo sie sich an das Gefühl wenden. Die stete Vermischung wissenschaftlicher Erörterung der Tatsachen und wertender Räsonnements ist eine der zwar noch immer verbreitetsten, aber auch schädlichsten Eigenarten von Arbeiten unseres Faches.«[97] Kurz zuvor äußert er in dem Aufsatz über die »Objektivität« sozialwissenschaftlicher und sozialpolitischer Erkenntnis ein gewisses Verständnis für solche Neigungen, wenn sie aus anerzogenen oder erworbenen Überzeugungen herrührten: »Gerade jene innersten Elemente der ›Persönlichkeit‹, die höchsten und letzten Werturteile, die unser Handeln bestimmen und unserem Leben Sinn und Bedeutung geben, werden von uns als etwas ›objektiv‹ Wertvolles empfunden.«

Man tut also gut daran, Biedenkopfsche Glaubenssätze stets im Kontext mit seiner wohlstandsbürgerlichen Prägung und dem Milieu zu sehen, in dem er aufstieg. Wo sich Biedenkopf mit Biedenkopf widerlegen läßt, kollidieren ja genau dieses Gesinnungshandeln und nüchterne Analyse miteinander.

Kurt Biedenkopf wußte durchaus um die Schwäche seiner Selbstverabsolutierung und hatte sie zeitweise mit Erfolg zu korrigieren versucht. Sein Wechsel nach Sachsen wurde immer wieder von der Selbstermahnung und auch von Interviewäußerungen begleitet, nicht belehrend wirken und nicht als »Besserwessi« erscheinen zu wollen. Aber gerade in Sachsen mußte es besonders schwer fallen, nicht wieder in Überheblichkeit zu verfallen, wenn einem ständig nur gehuldigt wurde. Immer galt es als »Glück, in seiner Nähe zu arbeiten«, wie Sozialminister Hans Geisler zum 70. Geburtstag schwelgte.

Ein solch grandioser Mensch kann dann auch um keinen Preis unterliegen. Die Nachfolgefrage und die sich seit dem Jahr 2000 häufenden politischen Fehlgriffe illustrierten das. Die jüngsten Erfahrungen in Sachsen bestätigten jedenfalls nicht die Cleverness, die man dem Stehaufmännchen aus seiner Zeit am Rhein nachsagte. Biedenkopf erschien gerade nicht als der Schachspieler, der nach einem Figurenverlust aus der Defensive erst recht zu großer Form aufläuft. Immer irrationaler wirkte sein Verhalten, mit dem Rücken zur Wand folgte er eher dem als »Murphys Gesetz« bekannten Zwang, in immer größere Fettnäpfchen treten zu müssen.

Die 1989 erschienenen »Zeitsignale« enthielten unbestritten geradezu revolutionäre Thesen. Unüberhörbar aber war auch der Gestus der Gekränktheit, der den Verdacht nahelegte, hier rechnete einer mit den vermeintlichen Verursachern seiner Niederlagen ab. 1983 hatte Biedenkopf die Oppositionsführerschaft im Düsseldorfer Landtag und damit die Spitzenkandidatur für die Landtagswahlen 1985 an Bernhard Worms verloren. Worms war erklärter Favorit Helmut Kohls. Obschon noch einmal zum Vorsitzenden des vereinigten CDU-Landesverbandes in Nordrhein-

Westfalen gewählt, mußte Biedenkopf 1987 nach einem bescheidenen Bundestagswahlergebnis auch diesen Stuhl für Norbert Blüm freimachen. Es klang stets glaubwürdig, wenn Biedenkopf in Dresden betonte, er wolle nie wieder das Opfer derartiger Intrigen werden.

Sein Gang nach Sachsen, vor allem aber sein irrationales Verhalten in der eigenen Nachfolgefrage kann nur im Zusammenhang mit den tiefen Deformationen seines Ehrgeizes am Rhein gesehen werden. Er habe schmerzhaft erfahren, wie rasant man von ganz oben ins Nichts fallen könne, bemerkte er einmal in kleiner Runde. Womöglich mündete diese Weisheit in den mittlerweile zum Lehrsatz erhobenen Spruch, daß Dankbarkeit keine politische Kategorie sei.

Als am 19. Dezember 2000 Helmut Kohl in Erinnerung an seine weichenstellende Rede vor genau zehn Jahren wieder Dresden besuchte, sprangen die Biedenkopfschen Komplexe regelrecht ins Auge. Nach einer kurzen Begegnung mit Kohl im »Hilton« verschwand er wie ein Maulwurf, als beim Verlassen vor dem Hotel »Helmut, Helmut!«-Rufe erschallten und der Pulk zum Ex-Kanzler drängte. Von Ambivalenz bis Männerfeindschaft zwischen dem Kleinen und dem Dicken ist schon unendlich viel geschrieben und kolportiert worden. Zweifellos hat dieses Mißverhältnis für Biedenkopf traumatische Züge angenommen. Sein Tagebuch bezeugte das authentisch.

Heimliche Sehnsucht nach dem Idyll

Warum mußte ein Biedenkopf immer im Mittelpunkt stehen? Mußte er das wirklich? Es gab auch den anderen Biedenkopf, der einem Bienenzüchter eine ähnliche Befriedigung bei seiner Arbeit zubilligte wie sich selbst bei seiner Öffentlichkeitswirkung. Der auf Pressebällen und dergleichen unbeobachtet mit dem Diskjockey schwatzen und sich technische Details erklären lassen konnte. Der Uhren reparierte und mit Modelleisenbahnen spielte. Irgendwo lebte Ingrids Puppenstube fort. Vielleicht sogar in Gestalt des Musterländles Sachsen. Schon 1990 dachte er an einen Rückzugs ins halbprivate Berater- und Schriftstellerdasein. Eine ansonsten eher zur unfreiwilligen Selbstparodie geratene Beurteilung eines Imageberaters meinte 1994 zu ahnen, »daß er im verborgenen ein wenig ausgelaugt ist und lieber mehr Zeit zu Hause verbringen würde«.[98]

Das von Hans Magnus Enzensberger herabgerufene »Erbarmen mit den Politikern« wollte Biedenkopf aber auf keinen Fall für sich in Anspruch nehmen. Kurz nach Erscheinen dieses köstlichen Essays in der FAZ vom 5. September 1992 vom Autor daraufhin befragt, meinte er nur lakonisch: »Wenn ein Politiker sich selbst bedauert, ist er fehl am Platz.« Enzensberger hatte treffsicher die isolierte und entfremdete Lebensweise von Politikern auf die Schippe genommen.

Gelegentlich seines 70. Geburtstages wollte die »Süddeutsche Zeitung« sogar Anzeichen einer neuen Demut beim Jubilar entdeckt haben. Es seien sympathieheischende, archaische, hausbackene Züge, die man mit gutem Willen auch an Kurt Biedenkopf entdecken könne. Sie korrespondierten mit der heilen, wohlgeordneten, idealen Gedankenwelt, die sich als Maßstab der Wirklichkeit in allen seinen tagespolitischen Schriften und Aussagen spiegelte. Sehr wahrscheinlich glaubte Biedenkopf beispielsweise wirklich, daß die »kleinen Lebenskreise« wieder einen Teil der auf den Staat übergegangenen Sozialversorgung übernehmen könnten.

Da stand der weltläufige Politiker ganz dicht neben dem Familienpatriarchen aus guter alter Zeit. Hingen die Sehnsucht nach dem Idyll und der übersteigerte Geltungstrieb womöglich zusammen? Waren scheinbare Souveränität und die innere Unsicherheit nicht Geschwister?

Es ist nicht nur ein Privileg sensibler Frauen, solches aufzuspüren. Wie kein zweiter Journalist hat Jürgen Schreiber diese Spannung mit einem nicht durch landesübliche Ehrfurcht getrübten Scharfblick erfaßt: »Seltsam. Je länger der Connaisseur mit gestochenen Formulierungen brilliert, um so weniger erscheint er als das starke Gemüt, das zu sein er suggestiv behauptet. Druckreif, präzise, überlegen lächelnd gibt der Hochgemute das Souveräne nur kunstvoll vor. In Wahrheit frisiert er mit hart trainierter Leutseligkeit dergestalt seine Bilanz, kaschiert notdürftig Unsicherheit. Professorale Aura dient dem Titelträger zunächst als Schutzschild. Die Huldigung an den eigenen Verstand macht ihm keiner nach, mit feiner Skala des Imponiergehabes etwa beiläufig den Begriff ›Komplexität‹ von ›Kompliziertheit‹ unterscheidend.

Distanz entsteht durch Reflexion, die zielsicher in der Schwäche anderer stochert.«[99]

Aus dem Niederlagenjahr 1987 ist ein Bonmot der »Frankfurter Allgemeinen Zeitung« überliefert, ein Blatt, dessen Korrespondenten er bis heute nach Kräften abkanzelt: »Biedenkopf versteht Selbstkritik vor allem so, daß er selbst Kritik an anderen übt.«

Für einen solchen Charakter ist beinahe folgerichtig das Katheder der sicherste Ort. Oder auch der Thron. Ein Ort jedenfalls, an dem er nicht angefragt wird.

Wo liegen die Wurzeln für solche autistischen Verhaltensformen? Muß der brillante Rhetoriker andere Defizite kompensieren? Ist es nicht andererseits selbstverständlich, daß jeder mit den Pfunden wuchert, die er nun einmal mitbekommen hat? Der PDS-Landtagsabgeordnete Heiko Hilker meinte, Kurt Biedenkopf fühle sich von – seiner Meinung nach – falschen oder schwachen Argumente intellektuell beleidigt. Dann bleibe nur noch der dozierende Tonfall.

Wer aber vermochte auf Augenhöhe, auf intellektueller Augenhöhe mit ihm zu argumentieren? Es fiel auf, daß er Anerkennung nur sehr wenigen Leuten zollte, die Zahl der Menschen, mit denen er sich wirklich berät, war und ist außerordentlich gering. So, wie er nur wenigen wirkliches Vertrauen schenkte, schaffte er umgekehrt kaum, solches zu wecken. In seiner Umgebung wohlgemerkt, nicht in der idealisierten Abgehobenheit der Landesvaterrolle beim Wahlvolk.

Schon Ende der 70er Jahre hatte er sich durch wechselnde taktische Bindungen zwischen Kohl, Albrecht und Strauß in der Union den Ruf der Illoyalität erworben.

In dem die dritte Legislaturperiode beherrschenden Untersuchungsausschuß zur Günstlingswirtschaft beim Behördencenter Leipzig-Paunsdorf äußerten sich untergebene Beamte in ähnlichem Sinn. Rückendeckung »von oben« hatten sie bei den ebenfalls »von oben« veranlaßten zweifelhaften Geschäftsabschlüssen nicht zu erwarten. Und spätestens seit den Vorgängen um die Entlassung des langjährigen Finanzministers Milbradt machte sich auch in der sächsischen CDU Reserviertheit, wenn nicht gar Mißtrauen breit. Biedenkopf hatte versucht, die Mietaffäre um das Gästehaus der Regierung dem Finanzministerium in die Schuhe zu schieben.

Auf der Regionalkonferenz in Bautzen am 24. August 2001 mahnte ein schlichtes CDU-Mitglied deshalb zur Disziplin, obgleich, so wörtlich, »es auch viele hier im Raum gibt, die vom Ministerpräsidenten getreten worden sind«.

Mutmaßungen über eine Kinderstube

Grandiosität auf Weltniveau, Versagen im Kleinen – Alice Miller würde zur Erklärung frühkindliche Traumata bemühen. Auf seine etwas rüde Art hatte das auch der SPD-Landtagsabgeordnete Karl Nolle einmal getan. Im Zusammenhang mit dem vermeintlichen Mord von Neonazis an dem sechsjährigen Joseph in Sebnitz hatte Nolle der Landesregierung eine Verharmlosung des Rechtsextremismus vorgeworfen. Sie liege auch im Elternhaus und der Prägung des Ministerpräsidenten begründet.

Ähnliche Vorwürfe wiederholte er mehrfach mit Bezug auf die schleppende Zwangsarbeiter-Entschädigung. Nolle sprach damals ganz unverblümt von einer »nationalsozialistischen Familientradition« der Biedenkopfs. Er meinte damit nicht nur Ingrids Vater Fritz Karl Ries. Auch Kurt Biedenkopfs Vater Wilhelm soll als Technischer Direktor der kriegswichtigen Buna-Werke in die Zwangsarbeit russischer Kinder verstrickt gewesen sein. Nolle stützte sich auf einen bemerkenswert sensiblen und unpolemischen Artikel der »Berliner Zeitung«. Autor Andreas Förster hielt Kurt Biedenkopf ein an seinen Vater gerichtetes Schreiben aus dem Jahr 1943 vor. Eine Eignungsuntersuchungsstelle legte darin einen Bericht »zur Grobausleseliste des Transportes russischer Kinder« vor. Dort hieß es unter anderem: »Zur Untersuchung waren 17 Mädchen und 13 Jungen in den Altersgrenzen zwischen 9 und 14 Jahren erschienen … Es handelt sich bei den Kindern … um gesundes, gutes Material, von dem ein erheblicher Gewinn zu erzielen ist, wenn der arbeitsmäßige Ansatz mit dem richtigen Vorbedacht erfolgt.«[100] Das MfS hatte dieses Schriftstück aus dem Buna-Archiv aufbewahrt, um die Profite der IG Farben und damit auch des Buna-Werkes durch die Ausbeutung von Zwangsarbeitern nachzuweisen.

Kurt Biedenkopf zeigte sich im Gespräch mit Förster von dem Schriftstück, das er erstmals zu sehen bekam, sichtlich betroffen. Er habe darüber nie mit seinem Vater geredet. Statt dessen tauchten eher freundliche Erinnerungen auf, auch an Regimegegner, denen Wilhelm Biedenkopf Schutz gewährt habe. Schließlich sinnierte er, daß Aufarbeitung mittels alleiniger Verantwortungsdelegierung an einige fanatische Nazi-Spitzen nicht funktioniere. Auch die Privatwirtschaft habe eine Mitschuld. »Wir tragen alle eine Last«, wurde er zitiert.

Man kann es zumindest als einen wohlgemeinten Beitrag zur »Entlastung« ansehen, wenn die Biedenkopfs nach Auskunft des Fördervereins der Dresdner Synagoge »erhebliche Summen« für deren Aufbau gespendet haben.

Vater Wilhelm war zum Zeitpunkt des Erscheinens des Artikels in der »Berliner Zeitung« bereits gestorben. Daß er zu Lebzeiten nie über dieses Lebenskapitel mit seinem ältesten Sohn gesprochen hat, läßt auf ein schwieriges Verhältnis schließen. Auf dem Schreibtisch des Ministerpräsidenten stand lange ein Bild des Großvaters Hermann, der nach 1945 den Fünfzehnjährigen betreute – nicht das seines Vaters. Andererseits wissen Journalisten, daß sich der greise Vater Wilhelm für die Arbeit seines Sohnes enorm interessierte. Die sächsische Staatskanzlei erbat für ihn stets Kopien von Interviewmitschnitten. (Daß Wilhelm Biedenkopf belastet war, konnte Biedenkopf jr. spätestens seit 1965 wissen. Damals erschien die Kurz-Vita seines Vaters im »Braunbuch. Kriegs- und Naziverbrecher in der Bundesrepublik«. Dort hieß es auf Seite 49: »Biedenkopf, Wilhelm. Vor 1945: Direktor der IG-Farben-Industrie AG, Frankfurt a. M.; Mitwisser des millionenfachen Verbrechens in Auschwitz [Oswiecim]. Nach 1945: Vorstand DECHEMA Deutsche Gesellschaft für chemisches Apparatewesen, Frankfurt a. M., Dynamit Nobel AG, Troisdorf [Flick-Konzern], Arbeitsring der Arbeitgeberverbände der Westdeutschen Chemischen Industrie e. V. Wiesbaden«)

Es gibt keine Sippenhaft, Biedenkopf kann nichts für seinen Vater. Doch man muß auch darüber reden, weil die Persönlichkeitsstruktur von Kurt Biedenkopf immer wieder diesbezügliche Fragen aufwarf und er gelegentlich Zweifel an seiner konsequenten Wahrnehmung rechtsextremistischer Gefahren erkennen ließ.

Für die ignoranten Äußerungen seiner Frau nach den ausländerfeindlichen Übergriffen von Hoyerswerda 1991 war er nicht haftbar zu machen. Hohe Wellen der Empörung aber löste ein Interview der »Sächsischen Zeitung« vom Herbst des Jahres 2000 aus. »Die sächsische Bevölkerung hat sich als völlig immun erwiesen gegenüber den rechtsradikalen Versuchungen. In Sachsen gibt es keinen Grund, auf der Grundlage des Wahlverhaltens der Bevölkerung von einer Gefahr von Rechts zu reden ... In Sachsen haben noch keine Häuser gebrannt, es ist auch noch niemand umgekommen.«[101]

Da tauchte sie wieder auf: Sachsen, die Insel der Seligen. Viele, die damals eine Entschuldigung bei den Opfern forderten, fragten sich auch, wieviel Gesinnung neben sachlicher Falschinformation aus solchen Äußerungen sprach. Ernstzunehmende linke Kreise überlegten, ob SPD-Mann Nolle mit seinen sehr groben Anspielungen auf die Biedenkopfsche Kinderstube nicht doch einen Funken Wahrheit herausgeschlagen habe.

Schon in »Fortschritt in Freiheit« 1974 fiel die für demokratische Verhältnisse ungewohnte Herausstellung von Führungsqualitäten auf. Die Forderung nach besserem Führungspersonal, mutmaßlich im Biedenkopfschen Format, wurde mit den Jahren immer lauter.

Mit der Krise der Ära Biedenkopf schälte sich immer mehr ein solches Selbstverständnis heraus. Obschon höchster Repräsentant eines Staates, erschien Kurt Biedenkopf als ein nur noch sich selbst rechenschaftspflichtiger Autokrat.

Das für sich als selbstverständlich angesehene Privileg totaler Selbstentfaltung stand in auffälligem Gegensatz zu Biedenkopfs immer heftiger werdender Kritik an einem massenhaften Selbstverwirklichungswahn zu Lasten der Gemeinschaft. In »Einheit und Erneuerung« trieben solche Attacken skurrile Blüten, wenn Biedenkopf die Medien und die Wohnungswirtschaft für diesen verantwortlich machte. Ganz so, als gäbe es nur einen volkserziehenden Angebotsmarkt, auf dem Medienunternehmen nach hehren ethischen Grundsätzen arbeiteten und Wohnungsunternehmen ausschließlich Großfamilienwohnungen anböten. Daß Biedenkopf immer wieder meinte, massenhafter kulturzerstörender Narzißmus habe ausschließlich kulturelle Wurzeln, soll an dieser Stelle nicht weiter erörtert werden. Es sind richtige Appelle, die an die Marxsche Erkenntnis gemahnen, der Kapitalismus zerstöre tendenziell die Grundlagen seiner eigenen Existenz. Anachronistisch muteten dennoch die Aufforderungen zu einer neuen Kollektivität oder wenigstens einer Art amerikanischen Kommunitarismus an. So gerieten beispielsweise die Sachsen zu einer im Aufbauwerk vereinten Volksgemeinschaft. Biedenkopfs Solidaritätspredigten kollidierten wiederum mit seiner langjährigen Forderung, die Risikovorsorge zu individualisieren.

An den eigenen Besitzständen, denen der »politischen Klasse« und denen der Wirtschaftslenker, wollte der große Aufräumer natürlich nicht rütteln lassen. Wieder einmal plauderte Gattin Ingrid Entlarvendes über den Wasserprediger Kurt: »Wenn ich irgend etwas gerne möchte und es mir nicht sofort kaufen kann, dann wird er böse.«[102]

Biedenkopf konnte die Perspektive seiner »Klasse« nicht nur nicht verlassen, er verklärte und idealisierte sie noch. Die Schaffung von Arbeitsplätzen wurde dann zu einer geistigen, schöpferischen, ja geradezu kulturellen Leistung. Der Unternehmer erbringe sie freiwillig, niemand habe Anspruch auf diese »Produktion von Arbeitsplätzen«. Der Undank der Gesellschaft bestehe dann auch noch in der Verpflichtung, das teure Sozialsystem mitfinanzieren zu müssen.[103]

Die Arroganz solcher Windungen und Wendungen zeigt, wie weit sich Biedenkopf und seine Exegeten nicht nur vom berühmten Kantschen »Kategorischen Imperativ«, sondern auch von Mitbestimmung und »Neuer sozialer Frage« der Mittsiebziger entfernt haben.

Macht, Mensch und Mut zum Gefühl

Woher rührte solch elitäres Denken? Herkunft und Erziehung mögen ebenso eine Rolle gespielt haben wie die Prägung durch die mehrjährigen Studienintervalle in den USA. Seine Begeisterung über dieses Vorbild schlug sich in den eigenen Modellen immer wieder nieder. Sie liefen letztlich auf eine nur noch formell chancengleiche Gesellschaft scharfer sozialer Unterschiede hinaus, in der die postulierte Freiheit zur Eigenverantwortung in Wahrheit nur noch von einer wohlhabenden Elite wahrgenommen werden kann. Das eigentliche Phänomen Biedenkopf besteht darin, solches auch klar zu erkennen und dennoch – wie beispielsweise beim steuerfinanzierten Grundrentenmodell – bewußt Armut und soziale Spaltung in Kauf zu nehmen.

In »Zeitsignale« griff er die vom SPD-Politiker Peter Glotz

gebrauchte Wendung von der »Zweidrittelgesellschaft« auf. Biedenkopf ging davon aus, daß eine Mehrheit inzwischen wohlhabend geworden sei. Unausgesprochen rührte er dann an ein Grundproblem der Demokratie, ob nämlich diese Mehrheit ihre Interessen auf Kosten einer ärmeren Minderheit durchsetzen dürfe. »Als ärmere Minderheit – ärmer an Einkommen und Chancen, ohne das Vermögen, im Leistungswettbewerb mit den anderen mithalten zu können, ärmer aber auch an politischen Möglichkeiten, die eigenen Interessen durchzusetzen – ist sie deshalb auf die neue wohlhabende Mehrheit angewiesen ... Denn der drohende Egoismus einer Mehrheit, die niemand zwingen kann, ihre Chancen und Möglichkeiten mit einer ärmeren Minderheit angemessen zu teilen, ist längst Realität geworden.«

Und dann folgte in sympathischer Naivität der Weltverbesserungsvorschlag: »Nur eine moralisch begründete Einsicht kann sie dazu bewegen, die Überwindung von Armut und elementaren Abhängigkeiten für wichtiger zu halten als die weitere Vermehrung ihres Wohlstandes.«[104]

Es ist jedenfalls aus elf Jahren Politik in Sachsen nicht bekannt, daß Kurt Biedenkopf viel zur Verbreitung dieser Einsicht beigetragen hat.

Hätte er denn die Macht dazu gehabt?

Wozu diente ihm überhaupt die übertragene Macht?

Zunächst einmal kann man aus vielen seiner Äußerungen herauslesen, daß er selbst von der gemeinschaftsdienlichen Funktion seiner Spitzenämter überzeugt war und diese Überzeugung auch lange dem sächsischen Wähler zu vermitteln vermochte. Von einer »Dienstleistung« hat er in schöner Einfalt einmal gesprochen. Ohne diesen Glauben – und gründete er auch nur auf eine Zwecklüge – hielte es kein Politiker länger als drei Tage im Amt aus. Die Durchsetzung seiner Erkenntnisse und Vorstellungen mußte wegen ihrer unterstellten Objektivität identisch mit dem Wohl aller sein. Ausschließlich für diese Gestaltungsaufgabe erscheint der Machtgebrauch als das geeignete Mittel zum Zweck.

Man kann Kurt Biedenkopf zugute halten, daß alles feudalabsolutistische Gebaren nicht von einer Machtverliebtheit an sich herrührte, sondern einer Formung der Gesellschaft nach seinem Bilde dienen sollte. Ein wirklicher Unterschied zu Helmut Kohl.

»Biedenkopfs politische Ziele bestehen nicht in den Posten,

die er nach seinem siebzigsten Geburtstag noch erringen möchte, sondern darin, seinen Ideen zum Durchbruch zu verhelfen«,
schrieb Peter Carstens in der FAZ kurz nach diesem 70. Geburtstag.[105] Angeregt sicher durch die Laudatio von Prof. Meinhard
Miegel, dem langjährigen Freund, der eben dies behauptet hatte
und Biedenkopf als Opfer der inhaltsleeren Machtpolitik Kohls
hinstellte.

Die vom »Stern« konstatierte »Lust an der Macht« war dann
eher die beim Ein- oder Umräumen einer Puppenstube oder beim
Steuern einer Modelleisenbahnanlage als die eines Tyrannen. Wie
so viele vor ihm war auch Biedenkopf überzeugt, für die bessere
Sache auch das Recht zu möglichst umfassendem Machtgebrauch
zu haben. Genau darin lag in der Geschichte immer die Tragik des
sich regelmäßig einstellenden Machtverfalls. Ein Problem des
Umgangs mit Pluralität also.

Sich selbst hielt er nicht für machthungrig und nach Ämtern
strebend. »So bin ich auch nicht von den Bedingungen abhängig,
die an Macht oder Amtserwerb geknüpft sind«, schrieb er im Tagebuch.[106] Frau Ingrid pflichtete ihm natürlich bei: »Mein Mann ist
viel zu wenig Machtmensch. Machtmensch wäre ich. Ich würde
mir die Macht schon holen, um den Menschen zu helfen. Mein
Mann macht das anders. Mein Mann hat einen tollen Kopf, und
damit übt er Macht aus. Aber nicht wissentlich.«[107]

Damit hatte sie in ihrer unnachahmlichen Art etwas Richtiges
bemerkt. Nicht nur Wissen ist – laut Lenin – Macht, sondern auch
Reden. Insofern war es eigentlich eine Tautologie, wenn Biedenkopf in »Einheit und Erneuerung« postulierte, Führung wolle in
Zukunft nicht macht-, sondern argumentationsorientiert ausgeübt
werden.

In seiner Person wurde beides ununterscheidbar.

Eines schien dem mächtigen Redner Biedenkopf zum klassi-
schen Machtpolitiker wirklich zu fehlen, wie sich noch einmal
gegen Ende seiner Ära in Sachsen zeigte: Die vom Kulturhistori-
ker Jakob Burckhardt sogenannte »Seelenstärke«, mit der ein
außerordentlicher Mensch, einsam im Sturm stehend, gewisse
»Seelenspannungen« eine bestimmte Zeit aushalten kann. Immer
noch regierte da der weißhaarige »Feuerkopf«, in seiner Unge-
duld sympathisch, ginge sie nicht auf Kosten anderer. Ein »Aus-
sitzer« war und ist Biedenkopf nicht.

Nicht an der Macht um ihrer selbst willen zu kleben, ist sicher ehrenvoll und sollte in Demokratien mit ihrem Mandat auf Zeit selbstverständlich sein. Bei Kurt Biedenkopf zeigte sich eingedenk seiner egomanischen Züge aber auch eine Kehrseite: Er nahm Macht auch nur zu seinen Konditionen an, zu Bedingungen, die auf eine noch größere Machtfülle hinausliefen.

Wenn schon regieren, dann unumschränkt.

Sein Gestaltungswille ließ kein Korrektiv zu. Kaum ein Sachse hat erfaßt, daß er nicht nur politischen Institutionen, sondern eigentlich dem ganzen Land wiederholt Bedingungen für sein Kommen oder Bleiben gestellt hatte. Das fing mit Fragen der Personalhoheit zum Zeitpunkt seiner Kandidatur an. »Wenn es Intrigen gibt, gehe ich«, war bis heute wiederholt zu hören. Nach der Landtagswahl 1994 wollte er das Ministerpräsidentenamt nur für den Fall fortführen, daß er sich weiter auf eine absolute Mehrheit im Landtag stützen könnte. Das klang nicht eben nach Nibelungentreue gegenüber den Sachsen. An manchen Tagen des Jahres 2001 wurde um die Staatskanzlei herum schon gemunkelt, seiner Laune nach könne Biedenkopf von einer Stunde auf die andere den Bettel mit ähnlichen Worten wie der letzte König hinschmeißen. »Macht eich eiern Dregg alleene!«

Im Interview mit der »Freien Presse« am 1. August 2001 bestätigte er solche Gedanken auch, verwarf sie aber wegen der fortdauernden Verpflichtung und Verantwortung. Insider waren indessen überzeugt, daß er die erwähnte politische Verantwortung nur so lange empfinden werde, wie er die Gestaltungs-Macht nicht teilen müsse. »Der Starke ist am mächtigsten allein«, heißt es bei Schiller im »Wilhelm Tell«.

Es steht auf einem anderen Blatt, daß seine Fähigkeit zu gestalten weit hinter der zur Analyse zurückbleibt. Eigentlich ist Kurt Biedenkopf der geborene Oppositionspolitiker, der bessere Kritiker, Analytiker, Berater, Sachverständige. Eine im Widerstreit und in der Kurzsichtigkeit der Interessen und Lobbys mehrheitsfähige Politik zu fahren ist eben etwas anderes, als der theoretischen Einsicht in die Notwendigkeit praktisch zu folgen. Aus der exakten Beschreibung eines Problems resultiert noch keine Lösung.

Christa Thoben, die seinen Weg lange begleitet hat, sah es ähnlich: »Biedenkopf will beweisen, daß ein Intellektueller in der Politik nicht unbedingt scheitern muß.«[108]

Die Gesetze aber, die ungeschriebenen, unter denen auch ein Biedenkopf steht, werden von anderen gemacht. Kurt Biedenkopf kämpfte, den seinigen nicht erkennend. Die Widersprüche zwischen erkenntnisgeleitetem Anspruch und der Realität, auch der selbst zu verantwortenden, halten nur schizoide Temperamente aus. Politik ist die Kunst des Möglichen, lautet der Trost. »Kein Theoretiker bekommt 80 Prozent Zustimmung«, tröstete sich Biedenkopf selbst.

Vor allem war der »Professor« nicht ausschließlich der Immerdenker und das Superhirn. Sein Image als Prototyp des zweckrationalen Denkers erfaßt nur die glänzende Oberfläche. Er selbst muß lange an eine Verständigungsmöglichkeit auf der allen gemeinsamen Ebene aufgeklärter Vernunft geglaubt haben. Vielleicht war er darin ein Kind seiner Zeit, des Noch-Glaubens an Fortschritt durch Rationalität. Überliefert ist aber schon aus der vorsächsischen Zeit seine enttäuschte Äußerung, es sei in der Politik viel weniger durch rationale Überlegungen zu machen, als er gedacht habe.

Er selbst lieferte dafür anschauliche Beispiele. Sie ziehen sich durch sein Leben und durch dieses Buch. Sie sollen aber nicht in dem Sinne mißverstanden werden, daß der emotional geleitete Mensch und Politiker der minderwertigere sei. Eine solche Beurteilung setzte Emotionalität mit Schwäche gleich. Im Gegenteil, die sogenannte emotionale Intelligenz ist ein kostbarer und heute fast verschütteter Schatz. Die Beispiele sollen aber gerade deshalb vor der Verabsolutierung von Handlungsweisen warnen, die letztlich der Kontrolle eines noch so scharfen Verstandes entzogen sind. Hieraus erwächst eben der Demokratie als einer aus der Summe vieler Irrationalitäten zusammengesetzten rationalen Angelegenheit Gefahr.

Die Rolle der Gefühle in der Politik hat auf warmherzige Weise der ehemalige »Sonntagsblatt«-Chefredakteur Rudolf Großkopff beschrieben. Das lesenswerte Buch »Der Zorn des Kanzlers« plädierte keinesfalls für Privilegien, räumte aber mit den verkrampften Anforderungen an eine mißverstandene »Political Correctness« auf. Was Wunder, wenn wir Götter erwarten und die Repräsentanten sich am Ende auch für diese Götter halten! Nein, Menschen sind sie, wenn auch durch ihre Machtfülle zugleich mit einer besonderen Verantwortung für sich selbst befrachtet. »Im Schnitt sind Politiker, zumindest in einer Massendemokratie westlichen Zuschnitts, so emotional und so rational, so eitel und so uneigennützig, so krank und so normal, so ehrlich und so unwahrhaftig wie die Bürger, aus deren Reihen sie kommen. Wer etwas anderes, nämlich eine moralische Elite erwartet, der hegt Illusionen und überfordert das politische Personal. Entscheidend ist nicht die Summe der Emotionen, sondern das Maß an Kontrolle und Selbstregulierung.«[109]

Großkopff zitierte den Psychologen Hans Jürgen Eysenck, der eine hervorragende Intelligenz als eher hinderlich für den politischen Aufstieg ansah. »Wer politisch Erfolg haben will, muß eher über bestimmte emotionale und massensuggestive als über intellektuelle Eigenschaften verfügen.«

Und er hatte auch ein Biedenkopf-Zitat parat: »Ich bin mit einem exzellenten kombinatorisch-analytischen Gehirn geschlagen.«[110]

Täglich um das darwinistische »Survival of the fittest« kämpfend, muß ein Politiker auch brutal gegen sich selbst sein. Das heißt auch, natürliche Emotionen in sich niederzuhalten.

Kurt Biedenkopf hat im Umgang mit den Sachsen ein wenig von seiner Emotionalität wiederentdeckt. Es bleibt Spekulation, ob er damit ein Stück zu sich selbst zurückgekehrt ist, einer professoralen Aura entfliehend, unter der er womöglich selbst leidet. Wer ihn angeschlagen in den beiden Jahren nach der Landtagswahl 1999 beobachtet hat, muß sogar zu dem Schluß gelangen, dieses Superhirn sei eigentlich viel mehr ein Bauchmensch als angenommen. Das reicht im Negativen vom dünnhäutigen Anschnauzen selbst hochgeschätzter Ministerkollegen bis zum unverändert spitzbübischen Grinsen, wenn ihm wieder einmal eine besonders schneidige Antwort auf eine vermeintliche Fangfrage gelungen war.

Warum können die Mächtigen sich nicht auch zu diesem Teil ihrer Persönlichkeit bekennen?

Das Ende vom Sachsen-Mythos

»Der Schwung ist weg aus Wirtschaft und Politik. Wir brauchen neuen Schwung!« Tosender Beifall. Nicht etwa auf einer Veranstaltung der Opposition, sondern auf der Leipziger Regionalkonferenz der sächsischen CDU im August 2001. Der Redner, der Sachsen in Schwung bringen möchte, ist einer der potenziellen Nachfolger Kurt Biedenkopfs: der langjährige Finanzminister Georg Milbradt, vom MP unlängst entlassen. In seiner Agenda, die auf jedem Stuhl ausliegt, finden sich einige Feststellungen von drastischer Klarheit. Die Nachwendezeit gehe zu Ende, Führungspersönlichkeiten, die sich überparteilich verstünden, zögen sich zurück. »Die Mobilisierungswirkung von Wiedervereinigung und Aufschwung läuft aus. Mehrheiten entstehen nicht mehr aus dem Gründungsmythos von 1990.«

Die unter dem Aspekt der Machtsicherung für die sächsische Union verfaßte Agenda Milbradts spiegelt viel von einer allgemeinen Stimmung im Osten wider. Allein schon die Tatsache, daß diese Stimmung um Sachsen keinen Bogen macht, gibt den in zehn Jahren aufgebauten Sachsen-Mythos der Lächerlichkeit preis. Nach einer Phase äußerlichen Fortschritts mit einer schnellen Teilmodernisierung der Infrastruktur und einer weitreichenden Sanierung der Bausubstanz ist Stagnation eingetreten. Angesichts der in Zahlen manifestierten Aussichtslosigkeit einer wirtschaftlichen Aufholjagd gegenüber dem Westen stellen Menschen verstärkt die Sinnfrage, so, wie Kurt Biedenkopf 1990 prophezeite. Sie entdecken restaurative Erscheinungen, die an die Zeit vor 1989 erinnern, sie resignieren vor der weitgehenden Übernahme westdeutscher Klischees, sie sind beunruhigt über einen globalen Turbo-Kapitalismus, der nach dem Zusammenbruch des sozialistischen Lagers eine soziale Errungenschaft nach der anderen beerdigt.

Menschen, die mit solcher Euphorie wie 1989 an einer Umgestaltung Anteil nahmen – und sei es nur hinter der Zimmergardine – müssen sich gegen das Eingeständnis dieser Ent-Täuschung sträuben. Wer mental so viel in Hoffnung investiert hat, würde sich damit selbst die Motivations- und Lebensbasis entziehen. Die Entbehrungen des Umbruchs dürfen nicht umsonst gewesen sein, und sie waren es in materieller Hinsicht auch nicht ganz, nimmt man einmal den Fuhrpark und die Wohnverhältnisse der mehrheitlichen Wendegewinner zum Maßstab. Aber die innere Leere wiegt schwerer, der fortschreitende Zerfall eben der von Biedenkopf stets beschworenen »kleinen Lebenskreise«, die fatale Wahl zwischen der totalen Diktatur der Arbeitswelt über alle Lebensbereiche oder der Ausgrenzung durch Nichterwerbstätigkeit. Und wer für ein Entgelt knapp über der Sozialhilfe einen Teich entschlammen und damit die Maschine wieder durch den Menschen ersetzen darf, von dem erwartet die Schlipsträgerklasse heute schon Dankbarkeit. Wenn Jugendliche ob der Sinnlosigkeit ihres Lebens spektakulär von der Göltzschtalbrücke im Vogtland stürzen, müssen Staatsanwaltschaft und Gazetten erst einmal einen Satanskult plakatieren. Nach den wirklichen Motiven fragen wenige. Und anstatt auf die Demoskopie hereinzufallen, genügte es, fünf Minuten aufmerksam die Gesichter in einem Kaufhaus zu studieren, Autofahrer an einer Straßenkreuzung zu beobachten oder Dialoge auf einem Schulhof zu verfolgen, um zu erfahren, in was für einem Land wir leben.

Alltagserfahrungen sind stärker als der »Sachsen-Mythos«, und Kurt Biedenkopf hat nicht der »Herr der Insel« bleiben können, wie die »Woche« einmal titelte. Sachsen hatte das Musterländle, eine Art Utopia oder Sonnenstaat, werden sollen, und es hat doch bloß bewiesen, wie eng die Spiel- und Gestaltungsräume der Landespolitik wirklich sind. Schuld daran sind für Biedenkopf die hemmende Rahmengesetzgebung des Bundes- oder EU-Vorschriften. Gegen beide hat er kräftig gewettert, nachlesbar beispielsweise in der Anti-Euro-Denkschrift vom März 1998. Mehr Freiheiten für die Regionen hat er eingeklagt nach der Devise »Wenn man uns nur ließe …«

Aber Sachsen steckt in einer »Sachsenklemme« neuzeitlicher Art, zappelnd zwischen DDR-Erbe, begrenzten Finanztransfers und den meist lästigen Rechts- und Sozialstaatsmaximen. Bei der Auflösung letzterer ist der Osten ganz im Biedenkopfschen Sinne tatsächlich Vorreiter geworden. Die Angst um den Arbeitsplatz macht außertariflich vieles an Selbstausbeutung möglich, woran man sich im Westen erst noch gewöhnen müssen wird. Vor allem aber haben nicht nur Helmut Kohl, sondern gerade auch sächsische CDU-Politiker die Illusion genährt, einige Grundgesetze von Markt, Wettbewerb und Kapitalwirtschaft wären mit der deutschen Vereinigung mindestens zeitweise außer Kraft gesetzt.

Es bleibt zu prüfen, wo tatsächliche Gestaltungsspielräume für das in seinem Tatendrang so gehemmte sächsische Genie bestanden haben. Und es muß gestattet sein, Kurt Biedenkopf an seinen eigenen Postulaten zu messen. Der gegenüber den anderen Parteien anfangs arrogant wirkende Satz »Meine Opposition ist die Wirklichkeit« hat heute einen ironischen Wahrheitscharakter gewonnen.

Biedenkopfs zentraler Irrtum, dessen greifbarster Ausdruck der »Sachsen-Mythos« war, bestand in der Annahme, Sachsen und ganz Ostdeutschland könnten so etwas wie einen »Dritten Weg« einschlagen und damit Deutschland und dem ganzen Abendland einen Ausweg aus ihrer als final diagnostizierten Situation vorleben. Biedenkopf sah Ostdeutschland nach dem Systemwechsel unfreiwillig an einem Punkt, an den der satte Westen früher oder später auch gelangen würde: Wirtschaftliches Wachstum, als einziger Kitt einer immer inkonsistenter werdenden Gesellschaft schon zur Ideologie erhoben, werde sich nicht oder nur noch um einen zu hohen Preis aufrecht erhalten lassen. Der eigentliche Test auf die Konsensfähigkeit der marktwirtschaftlichen Ordnung stehe noch aus. »Marktwirtschaftliche Ordnungen haben sich bisher noch nicht unter Bedingungen bewähren müssen, unter denen sie zwar Freiheit und Verantwortung, aber nicht zugleich materielle Expansivität, also materielles Wohlstandswachstum herbeigeführt haben.«[111] In den »Zeitsignalen« konstatierte Biedenkopf 1989 zwar ihre klare Überlegenheit über östliche Planwirtschaften, keineswegs aber sah er in ihnen die »endgültig richtige Wirtschaftsordnung«.[112] »Der marktliche Mechanismus selbst setzt keine Schranken«, schrieb er Weihnachten 1991 in einem Zeitungsbeitrag über die notwendige Wiederzusammenführung von Ethik und Politik. »So folgt dem Wachstum des Wissens das Wachstum des Könnens und diesem das Wachstum des ›Haben-Wollens‹.«[113]

Das ist treffend, wenn auch eher aus der Konsumentenperspektive formuliert. Es läßt außer acht, daß der Markt selbst auch immer blödsinnigere Bedürfnisse suggerieren muß, um sich und damit die Erzeuger und Vermarkter alles Möglichen zu rechtfertigen. Es ist schon längst nicht mehr erkennbar, wo noch ein Zuwachs an Lebensqualität bestehen soll, wenn Käufer von den Produzenten abhängig und zu Sklaven ihres Besitzstrebens geworden sind.

Biedenkopf aber richtete zumindest in seinen Schriften und Interviews den Appell an den freien, zum Konsumverzicht fähigen Menschen. An den hoffnungsvollen ostdeutschen, an den ohnehin vor allen anderen ausgezeichneten Sachsen. Etwa des Sinnes: Der Kollaps ist absehbar, wir müssen uns in einer ostdeutschen Aufholjagd nicht noch mit überhöhter Geschwindigkeit auf ihn zu bewegen.

Diese Aufholjagd hätte für einen zehnjährigen Angleichungsprozeß illusorische Wachstumsraten von mindestens 16 Prozent jährlich erfordert. »Selbst wenn es möglich wäre, über einen längeren Zeitraum einen derartig hohen Zuwachs des Bruttosozialprodukts zu erwirtschaften, müßte dies mit einer Konzentration aller politischen und gesellschaftlichen Kräfte auf dieses Ziel erkauft werden. Für andere wesentliche gesellschaftliche Aufgaben, für Kultur und Kunst, allgemeiner: für die immateriellen Werte des Lebens bleiben kaum Ressourcen und Energien übrig. Dies würde nicht nur eine Verarmung des politischen und gesellschaftlichen Lebens bedeuten.«[114] So stand es noch im November 1992 im Namensartikel einer Wirtschaftszeitschrift. Und es muß Kurt Biedenkopf bei allem Scheitern zugebilligt werden, daß er zumindest versucht hat, eine solche Balance in seiner sächsischen Regierungszeit zu wahren. Unter einem Premier Milbradt, der in seiner Zeit als Finanzminister Kultur nur als Standortfaktor einstufen konnte, sähe das sicher anders aus.

Biedenkopf stellte also in revolutionärer Weise die Frage nach der »Lebensqualität« neu, einer Qualität jenseits von Wohlstand und Ressourcenverbrauch. In »Einheit und Erneuerung« bezweifelte er beispielsweise den Sinn einer Investition von 10 bis 15 Milliarden Mark für eine Fahrzeithalbierung von Berlin nach Hamburg durch den »Transrapid«. Niemand frage sich mehr, ob das Geld nicht sinnvoller für Kultur auszugeben wäre und ob damit noch eine Verhältnismäßigkeit »zwischen den jeweiligen Teilbereichen unserer Gesellschaft« gewahrt bleibe.[115] Zu Ende gedacht, würde er damit die Verselbständigung wirtschaftlicher Expansion bezweifeln, wo sie sich vom Gemeinwohl abkoppelt – konkret etwa in der systematischen Staatsverarmung unter dem Druck des Standortwettbewerbes gegenüber rapide steigenden Unternehmensgewinnen. (Das wären, nebenbei bemerkt, übrigens pure PDS-Positionen.)

Spekulieren wir nicht über den Sozialrevolutionär und Kapitalismuskritiker Biedenkopf, sondern halten uns an das, was schwarz auf weiß von ihm zu lesen ist. Auf eine Pointe zugespitzt, ließe sich das so zusammenfassen: Die Ossis, zum langsamen Wirtschaftswachstum verurteilt, sollten sich auf den eigentlichen Lebenssinn konzentrieren. Den Rückstand als Chance begreifen! Lösungswort: »Identität« – siehe »Sachsen-Mythos«.

Die Wirklichkeit als Opposition

Vom sächsischen Kulturreservat und Ideenreich ist nicht viel geblieben. Der Biedenkopfsche Grundansatz starb im Tagespragmatismus und fiel der Menschennatur und ihren ewigen Regeln zum Opfer. Der Denker selbst hatte sie verinnerlicht und trat folglich nicht als Missionar, sondern als ein der eigenen Weitsicht widersprechender Populist auf. Er hat nie gesagt, wie eine Wirtschaft in einer sich vernünftig begrenzenden Gesellschaft aussehen solle. Flotte Sprüche wie »1993 boomt in Sachsen alles« weckten statt dessen genau jene Erwartungen, die er eigentlich zu dämpfen gedachte und von deren Nichterfüllbarkeit er nachweislich überzeugt war.[116] Auf dem CDU-Landesparteitag im Juni 1991 in Hoyerswerda verkündete er, daß in fünf Jahren in Sachsen Arbeitskräftemangel herrschen werde.

Als er am 6. März 1991 vor Vertretern des Deutschen Gewerkschaftsbundes in Düsseldorf redete, erwartete er schon für 1992 eine »nachhaltige Aufwärtsbewegung«. Für 1995 sehe er »keine wesentlichen Probleme mehr«.[117] Allerdings sei mit westdeutschen Einkommen auch keine ostdeutsche Erwerbsquote mehr zu finanzieren. Die 96 Prozent-Quote in der DDR werde auf 67 Prozent zurückgehen – der Rückzug aus dem Arbeitsmilieu würde vor allem zu Lasten der Frauen gehen. An dieser »EG-Tauglichkeit« führe kein Weg vorbei.

Im Herbst 1990 hatte sich Biedenkopf noch vehement dafür

ausgesprochen, die Lohnentwicklung im Osten wenigstens teilweise von der Produktivitätsentwicklung abzukoppeln. Löhne sollten also schneller steigen dürfen, um einen weiteren Exodus gen Westen zu verhindern und von dort Führungskräfte zu gewinnen. Man könne den Arbeitsmarkt nicht weiterhin teilen.

Hier revidierte er sich bald gründlich, erwarb sich aber beispielsweise als Schlichter im Metalltarifkonflikt 1993 Verdienste beim Finden von Kompromissen. Die trugen ihm im selben Jahr sogar den Hans-Böckler-Preis der Gewerkschaften ein. Diese Kompromisse zeigten das Lavieren Biedenkopfs zwischen eigenem Anspruch und der Wirklichkeit, die allmähliche Kapitulation vor den Widersprüchen in sich selbst.

So war er überzeugt, daß der Markt weiterhin eine »geplante Veranstaltung« sein müsse, und das ganz besonders im Osten. »Wenn wir über die Einführung der Marktwirtschaft im östlichen Teil Deutschlands sprechen, müssen wir erkennen, daß der Auftrag des Staates in dieser Übergangszeit – die eine ganze Reihe von Jahren erfordern wird – ein anderer sein muß als in einer hochentwickelten, ausgeformten sozialen Marktwirtschaft. Im Westen kann sich der Staat aus all diesen Aktivitäten zurückziehen, denn es gibt eine Fülle von privatwirtschaftlichen Alternativen. So lange es diese Alternativen hier nicht gibt, kann er sich nicht zurückziehen.«[118]

Im gleichen Interview in der »Zeit« forderte er 1991 gleiche Lebensbedingungen in Ost und West innerhalb der nächsten drei bis vier Jahre und warnte vor einer sonst zu erwartenden dauerhaften Subventionslandschaft.

Wo und wie aber griff der Freistaat aktiv und lenkend in die Wirtschaft ein? Sachsen scheute schon am Anfang unter höchst unsicheren Finanzverhältnissen nicht davor zurück, etwa die Porzellanmanufaktur Meißen oder das Staatsweingut in Radebeul zu übernehmen. Hinsichtlich der staatlichen Unternehmensbeteiligungen fiel auf, daß die Einnahmen die Verlustausgleichszahlungen bei weitem überwogen. Vor allem dank des Lotteriespiels nahm 1999 der Finanzminister 148 Millionen Mark ein und zahlte nur 26,7 Millionen Mark Stützungen aus. Von unrentablen Spielbanken trennte man sich hingegen konsequent.

Der ursprünglich aus linken Oppositionskreisen stammende Plan einer Industrieholding, die nicht privatisierte »Treuhandreste« auffangen sollte, scheiterte 1994 aber am Widerstand der CDU-Wirtschaftslobby.

Durch Unternehmensbeteiligungen über geringfügige Eigenkapitalbeihilfen hinaus hat der Freistaat den wirtschaftlichen Strukturwandel kaum abgefedert.

Was hat die Förderpolitik dazu beigetragen? Die Regierung Biedenkopf verfolgte in vergleichbarer Situation ein ähnliches Konzept wie die DDR: »Überholen ohne Einzuholen!« Oder wie es Wirtschaftsminister Kajo Schommer formulierte: »Wir wollen den Westen überspringen!« Man setzte auf Schlüsseltechnologien und Großunternehmen, die Biedenkopf vormals als nicht förderungswürdig bewertete. Um die Beihilfen für das VW-Werk in Zwickau-Mosel kämpfte Biedenkopf mit EU-Wettbewerbskommissar van Miert. Siemens und AMD bekamen für ihre Chipwerke bei Dresden jeweils 800 Millionen Mark Subventionen. Auch hier folgte Biedenkopf offenbar Adenauers Bonmot »Sie können mir doch nicht verbieten, jeden Tag klüger zu werden«.

Die Fördersumme entsprach je etwa 2,5 Prozent eines Jahreshaushaltes des Freistaates und nahezu den jährlichen Gesamtausgaben für Kultur. Obwohl klar war, daß es sich – ähnlich wie bei der angekündigten BMW-Ansiedlung in Leipzig – um äußerst kapitalintensive Investitionen mit relativ geringem Beschäftigungseffekt handelte. Eine unsichere Branchenzukunft kam hinzu. Noch vor der aktuellen Krise der Kommunikationsbranche und des sogenannten Neuen Marktes äußerte sich ein Dresdner Informatik-Professor einmal belustigt über den naiven Glauben an diese vermeintlich unendliche Wachstumsbranche und verglich sie mit dem Chemie-Boom zu Zeiten Walter Ulbrichts in der DDR.

Neueste Zukunftshoffnung ist die Biotechnologie, deren Forschungseinrichtungen in Sachsen vorrangig gefördert werden. Wegen ihrer Spitzentechnologie, und hier liegt wirklich ein Vorteil des Bauens auf der grünen sächsischen Wiese, haben die genannten Mikroelektronik-Unternehmen aber unbestritten bessere Wettbewerbschancen als andere, ältere Werke ihrer Konzerne.

Im eigentlich tragenden Mittelstand regte sich damals Unwillen wegen der Bevorzugung der Giganten. Wirtschaftsminister Schommer hielt dagegen, daß ja rein rechnerisch 90 Prozent der

Förderanträge aus klein- und mittelständischen Unternehmen kämen und in der Regel auch positiv beschieden würden. Schon ein Größenvergleich der sächsischen Eigenkapitalbeihilfen für den Mittelstand zeigte jedoch das Mißverhältnis. Der Sächsische Beteiligungsfonds wurde 1996 mit gerade einmal 35 Millionen Mark ausgestattet, der Mittelstandsfonds mit 15 Millionen. Alle Beteiligungen etwa über die Mittelständische Beteiligungsgesellschaft zusammen erreichte nicht einmal die Hälfte der Siemens-Zuschüsse. Jahrelang vermochte die Staatsregierung keine für die Adressaten handhabbare Übersicht über den Förderdschungel zu erstellen. Ausgerechnet die PDS-Landtagsabgeordneten Ingrid Mattern und Heiko Hilker kamen im Mai 2001 mit einer Datenbank im Internet dem Wirtschaftsministerium zuvor.

Als Hauptverdienste Kurt Biedenkopfs wurden neben der erfolgreichen Verhandlungsführung zu den beiden Solidarpakten vor allem seine guten persönliche Kontakte zur Großindustrie und daraus folgende Ansiedlungen genannt. Niemand wird sie aus Sachsen vertreiben wollen, aber die Frage nach dem Preis, den ein armes Land im Standortwettbewerb dafür zahlte und welche Rendite es dafür erwarten kann, wird nicht verstummen. Nicht von ungefähr wurde und wird die Frage nach zu erwartenden Steuereinnahmen für Kommunen und Land von Unternehmenssprechern geschickt in Richtung *Imagegewinn* und ähnlich Nebulöses abgedrängt. Tragend für eine künftige Wissensgesellschaft, von der Kurt Biedenkopf bevorzugt schwärmt, werden jedenfalls nicht die Riesen, sondern eine kleinteilige Unternehmensstruktur sein. Nicht wenige Mittelständler sind darum sauer wegen der oft herablassenden Art, mit der sie behandelt werden. Als beispielsweise in Dresden das größte ostdeutsche Buchhaus öffnete (auf Platz 5 in der Bundesrepublik insgesamt), hielt die Staatsregierung die Einlader nicht einmal einer standardisierten Absage für würdig.

Offenkundig verheerende Folgen hatte die Leuchtturmpolitik Kurt Biedenkopfs für das »flache Land« in Sachsen. Es war erklärte Strategie des »Landesvaters«, Landesentwicklung von den drei Oberzentren Dresden, Leipzig und Chemnitz her zu betreiben. Die Vaterfigur hat bewußt eine Verschärfung des Stadt-Land-Gefälles und eine Verödung ganzer Landstriche in Kauf genommen. In einem Gespräch prophezeite er, daß nur dichtbesiedelte Gebiete eine Chance haben würden und sich der Wegzug aus strukturschwachen Gebieten mangels Wirtschaftsentwicklung noch verstärken werde. Eine Denkungsart, die mit seiner elitären Weltsicht korrespondierte, obschon er in »Fortschritt in Freiheit« 1974 gegen eine Konzentration von Industrieansiedlungen in Ballungsgebieten polemisiert hatte.

Daß aus Leuchttürmen tatsächlich Lichterketten geworden seien, wie in der Regierungserklärung 1999 behauptet, ist für den Bürger nicht recht erkennbar. Die Folgen sind derzeit vor allem in Mittelsachsen, dem Vogtland und der Lausitz zu besichtigen. Junge Leute pfeifen auf das geliebte Sachsen und die kleinen Lebenskreise, wenn es um ihre Perspektive und Existenz geht. Sie folgen den Mobilitätsappellen und verlassen die Region. Zynischer als Hans Olaf Henkel, ehemaliger Sprecher des Bundesverbandes der Deutschen Industrie, konnte man es nicht formulieren. Er rate jedem Arbeitslosen in der Lausitz und anderswo, in den Raum München umzuziehen, sagte er Anfang August 2001.

Jugendliche, die bleiben, tendieren zu Glatze und Springerstiefeln. Die Oppositionsparteien sprechen von riesigen »Seniorenparks«. Selbst in den respektablen einstigen Mitgliedern des Lausitzer Sechsstädtebundes zwischen Kamenz und Görlitz an der Neiße beträgt der Altersdurchschnitt um die 50 Jahre.

Diese Probleme haben die anderen ostdeutschen Länder auch. Deshalb soll hier nur der von Biedenkopf und seinem Aufschwungspropheten Schommer verkündete Sachsen-Mythos auf den Prüfstand. Hartnäckig hält sich der Glauben an den sächsischen Musterknaben. Außer acht gelassen wird meist, daß auch oder gerade die nach 40 Jahren DDR vorgefundenen Voraussetzungen die beste Startposition im Osten erwarten ließen. Zur gewachsenen Dichte an Industrie, Kultur, Bildungs- und Forschungseinrichtungen kam tatsächlich ein Faktor hinzu, der mit Sachsen-Legenden aber wenig zu tun hat. Zehn Jahre nach seinem Amtsantritt anerkannte sogar Wirtschaftsminister Schommer: »Das damalige Schul- und Hochschulsystem, die Qualifizierung der Leute ist mit ein Grund, warum wir heute so positiv dastehen.«[118]

Wo liegen also die Verdienste der Biedenkopf-Administration um diesen vermeintlichen Vorsprung?

In der Regel wird zuerst die restriktive Finanzpolitik und ihre degressiv gestaltete Neuverschuldung genannt. Als Folge lasten auf jedem Sachsen nur 4.670 Mark Staatsschulden – so wenig wie in keinem anderen ostdeutschen Bundesland. Rund die Hälfte der Einnahmen kommt aus eigenen Steuern, und 27 Prozent der Ausgaben fließen in Investitionen, das ist ebenfalls Spitze im Osten. Damit sind die Erfolgszahlen aber schon genannt.

Fragt man nach den kommunalen Schulden, ergibt sich ein umgekehrtes Bild. Hier ist Sachsen Schlußlicht mit 5.517 Mark durchschnittlicher Pro-Kopf-Last, die gern unterschlagenen Schulden der kommunalen Eigenbetriebe eingerechnet. Der Freistaat saniere sich auf Kosten seiner Kommunen, lautet daher seit Jahren ein Vorwurf der Opposition.

Schon in der Regierungserklärung von Ministerpräsident Biedenkopf am Beginn der dritten Legislatur 1999 fiel auf, daß sich der Premier um unbequeme Daten herumdrückte und statt dessen blumige Ausweichzahlen präsentierte. Vom höchsten Exportwachstum im ostdeutschen Vergleich war die Rede, von einem um zwei Prozent gestiegenen Anteil an der ostdeutschen Industrieproduktion. Und für die frohe Kunde, Sachsen liege mit einer Arbeitsplatzdichte von 414 auf 1.000 Einwohner an vierter Stelle der deutschen Flächenländer, haben sich viele Arbeitslose gewiß bedankt.

Die Zahlen aus dem ifo-Institut für Wirtschaftsforschung vom Sommer 2001 sprachen hingegen eine eindeutige Sprache. Eine Sonderstellung Sachsens war nicht erkennbar, das gesamtwirtschaftliche Wachstum fast auf ein Prozent abgesunken, die Schere zum Westen öffnete sich weiter. Hinsichtlich der Erwartungen lag das Land genau im ostdeutschen Trend. Die turnusmäßige EMNID-Umfrage der Staatsregierung zum gleichen Zeitpunkt zeigte in der Bevölkerung ein noch nie dagewesenes Stimmungstief. 36 Prozent bezeichneten ihre Lage als schlecht.

Die offizielle Zahl der Arbeitslosen war in Sachsen bis 1997 kontinuierlich gestiegen und verharrt seither auf einem Niveau um 18,5 Prozent. Damit ist Sachsen ostdeutsches Mittelmaß.

Für einige Verwirrung sorgten Angaben zur Einkommensentwicklung. Das ifo-Institut und der Ministerpräsident sahen die Kaufkraft wegen der günstigeren Lebenshaltungskosten schon bei 90 Prozent West. Das durchschnittliche reale Haushaltnettoeinkommen lag angeblich mit 2.884 Mark bei etwa 82 Prozent West. Im Herbst 2001 hingegen recherchierte das MDR-Magazin

»Umschau«, daß die tatsächlich gezahlten Löhne nur bei 72 Prozent West lagen. Tendenz: weiter sinkend.

Realitätsnäher klang die statistische Angabe, nach der jeder Sachse im Monat durchschnittlich nicht mehr als 1.728 Mark aufs Gehaltskonto bekommt. Die Monatsverdienste im produzierenden Gewerbe waren im Jahre 2000 mit 2.412 Mark die niedrigsten in Deutschland überhaupt. Die kontinuierlich steigende Zahl von Sozialhilfeempfängern und neuerdings auch wieder der Bezieher von Wohngeld deutete außerdem auf eine wachsende soziale Spaltung in der Bevölkerung hin.

Eine Studie des Würzburger Nationalökonomen Norbert Berthold im Auftrag der Bertelsmann-Stiftung sah im Mai 2001 Sachsen beim sogenannten »Erfolgsindex« auf dem 12. Platz aller Bundesländer, knapp hinter Brandenburg und vor Thüringen. Dieser Index wird nach Kriterien wie Beschäftigungsquote, Einkommen und Sicherheit berechnet.

Noch schlechter schnitt der Freistaat beim »Aktivitätsindex« ab, der die Politik der Landesregierungen zur Verbesserung der Lebensverhältnisse beurteilte. Hier rangierte Sachsen fast gleichauf mit Mecklenburg-Vorpommern und Sachsen-Anhalt auf dem 13. Platz. Damit hatte Sachsen seit 1995 in dieser Wertung sogar an Boden verloren. Erwartungsgemäß führte die Staatsregierung das mäßige Abschneiden auf methodische Mängel der Studie zurück.

Nichts wird so heiß gegessen wie gedacht

Es gab aber auch noch andere Politikfelder, auf denen Sachsen brillieren und Kurt Biedenkopf seine Ideen zur materiellen Gewalt werden lassen wollte. Eng der Wirtschaft verwandt ist die ökologische Frage. Noch bevor die Grünen als politische Kraft erstarkten, fand sich das Umweltthema in seinem Buch »Fortschritt in Freiheit« von 1974. Im Tagebuch las man 16 Jahre später Erstaunliches über den Frust im Autobahnstau, den Zorn über das Zögern der Industrie beim »Grünen Punkt«, die Notwendigkeit einer ökologischen Marktwirtschaft. »Wir werden in Europa noch eine Blüte erleben: des Wohlstandes, der wissenschaftlichen Entwicklung, der Selbstverwirklichung. Es wird eine Zeit des Friedens sein, bis die Natur ihre Rechnung präsentiert. Dann wird es um die

Verteilung der Lasten gehen. Das wird den Frieden jäh beenden. Ein friedens- und wohlstandsverwöhntes Volk kann sich nicht begrenzen und nicht teilen, bis daß die Not es zwingt.«[120]

Kam Biedenkopfs CDU in Sachsen dem Frieden mit der Natur ein Stück näher? Die gröbsten Umweltverbrechen der DDR sind relativ kurzfristig korrigiert worden. Von nachhaltigem Wirtschaften aber konnte keine Rede sein. Die stellvertretende Grünen-Fraktionsvorsitzende Kornelia Müller nannte das 1992 im Landtag verabschiedete Naturschutzgesetz »das schlechteste Deutschlands«. »Wir lehnen dieses Gesetz ab, weil es neben dem im Osten bereits herrschenden Sozialdumping auch dem Öko-dumping den Weg bereitet.«

Kurzfristiges Denken herrschte vor. Investitionen und Arbeitsplätze hatten in fast allen Fällen Vorrang. Es genügte, wenn sich die CDU-Mittelstandsvereinigung »besorgt« über Umweltschutzauflagen zeigte. In großem Stil wurde die Mißachtung ökologischer Fragen deutlich bei der stadtnahen Führung der Autobahn A17 von Dresden nach Prag, dem extensiven Braunkohleabbau mit dem weiteren Sterben von Dörfern wie Heuersdorf oder dem massenhaften Gesteinsabbau nach dem für westdeutsche Buddler geschaffenen Sonderbergrecht Ost. Die Meldung der Flora-Fauna-Habitat-Gebiete (FFH) an die Europäische Union hatte Sachsen – in diesem Fall gemeinsam mit der Bundesregierung – regelrecht verschlafen oder verschlafen wollen. Mit einem Anteil der Schutzgebiete von nur 3,5 Prozent an der Landesfläche, überwiegend in Grenzregionen gelegen, nimmt der Freistaat mit Abstand den letzten Platz unter den neuen Bundesländern ein. Gleiches gilt für die 4,3 Prozent Vogelschutzgebiete. Strukturhilfen aus Brüssel stehen deshalb auf dem Spiel, mehr noch, Sachsen holte sich einen Rüffel des Europäischen Gerichtshofes.

Mit der Blockadehaltung gegenüber Kraft-Wärme-Kopplungen orientierte sich die Staatsregierung nach Meinung der Bündnisgrünen nur an den Interessen des Stromkonzerns VEAG. Die Mittel für erneuerbare Energien wurden in den Staatshaushalten der letzten Jahre dramatisch gekürzt. Biedenkopf persönlich hielt Windkraftanlagen für »ökonomisch und ökologisch sinnlos« und vertrieb damit jüngst einen dänischen Investor nach Brandenburg. Und die Ökosteuer wird aus Sachsen gebetsmühlenartig attackiert.

Ebenfalls zwischen Wirtschaft und Umwelt angesiedelt ist die Wasser- und Abwasserversorgung und das damit verbundene Reizthema der Kommunalabgaben. Wer würde sich nicht über ordentliches Trinkwasser und eine fachgerechte Abwasserklärung freuen? Mit starren Anschlußzwängen zur nachträglichen Rechtfertigung fehlgeplanter Großkläranlagen und dem dogmatischen Ausschluß dezentraler Anlagen ritt sich der Freistaat aber in ein anhaltendes Dilemma hinein. Ein Volksbegehren der Bürgerinitiative BISS erreichte immerhin 180.000 Unterschriften. Hier war man bislang nicht bereit, das in gutem Glauben von allen Fraktionen beschlossene Kommunalabgabengesetz der Wirklichkeit anzupassen. Und hier holte sich der Ministerpräsident die wohl schlimmste Blessur seiner Amtszeit, als er 1996 in Glauchau aus dem Bauch heraus eine Gebühren-Obergrenze von 8 Mark je Kubikmeter Wasser und Abwasser versprach und »Lügenkopf«-Rufe der aufgebrachten Menge erntete.

Favorit unter den angestrebten Biedenkopfschen Innovationsleistungen war der »schlanke Staat«, zu erreichen vor allem durch Privatisierung bislang hoheitlich bewältigter Aufgaben. Im Tagebuch bedauerte er wohlmeinend, aber ahnungslos das Leiden der DDR-Bürger unter der Staatsbürokratie und ihrem Behörden-Dienstag. Verglichen mit heutigen Verhältnissen war das allerdings harmlos. Selbst unter konservativen Wählern besteht inzwischen über nichts so viel Einigkeit wie über die Feststellung, daß Verbürokratisierung, Veramtlichung und Verrechtlichung inzwischen menschenverachtende Ausmaße angenommen haben. Die Sachsen erfahren die schon von Max Weber beschriebene moderne Form der Herrschaft durch Bürokratie. Über sie klagen nicht nur Unternehmer, denen der Freistaat mit einem Aufbaubeschleunigungsgesetz entgegenkommen wollte, sondern gerade auch Bürger in der bedauernswerten Rolle des Antragstellers. Der Papierkrieg potenziert sich, wenn sie als Ehrenamtler Vereinsgeschäfte zu führen haben. Weder an Effektivität noch an Einsatz der Mitarbeiter ist ein Fortschritt erkennbar. Auch der Journalist kann von Glück reden, wenn er »Freitag nach Eins« in einer beliebigen kommunalen oder freistaatlichen Behörde einen Ansprechpartner findet.

Noch deprimierendere Erfahrungen macht, wer Opfer eines Unfalls wurde oder andere zivilrechtliche Ansprüche geltend machen möchte. Inzwischen ist es Gemeingut geworden, daß dieser Rechtsstaat zu nichts weniger taugt als zur Schaffung dessen, was nach guter Erziehung und gesundem Menschenverstand Recht zu sein hätte. Statt dessen verdienen Advokaten wie einst Kurt Biedenkopf Millionenbeträge im Jahr mit Paragraphenexegese.

Ein inzwischen ausgeschiedener Beamter der Staatskanzlei meinte, jedem Kabarettisten sollten vor Erteilung seiner Auftrittslizenz zwei Pflichtjahre Realsatire in der sächsischen Verwaltung auferlegt werden. Danach erübrigten sich Kabarettvorstellungen eigentlich. Ein ehemaliger Ministeriumssprecher gehörte zu den Helfern der ersten Stunde, die ohne jeden finanziellen Anreiz für BAT-Ost-Entlohnung nach Dresden kamen. Der festgefahrenen westdeutschen Verhältnisse überdrüssig, suchte er das Gestaltungsabenteuer. »Wenn das hier auch alles Ritual wird, gehe ich noch weiter nach dem Osten«, meinte er damals halbernst.

Er ging Mitte der 90er Jahre, wenn auch nicht gleich nach Rußland.

Einer, der ebenfalls gegen Rituale »anscherzte«, resignierte etwa zur gleichen Zeit. Der bayerische Import Dr. Andreas Wrobel-Leipold belebte die Staatskanzlei mit originellen Ideen, erfand den fiktiven Verlegenheits-Staatssekretär Dr. Köstritz, das Landesamt für die bemannte Raumfahrt oder die Weihnachtsrichtlinien für Beamte. Öffentlichkeits-Referentin Gundula Sell wagte sogar unter Anspielung auf den höchsten Punkt des Hauses eine »Kronen-Zeitung«. Solche Lockerungsübungen sind längst Geschichte. Inzwischen herrscht angemessene Sterilität.

Den wieder eingezogenen Ungeist von Kriecherei und Selbstinszenierung in den neuen hierarchischen Strukturen führte ein Hochstapler auf spektakuläre Weise ad absurdum: Der Briefträger Gert Postel amtierte eineinhalb Jahre lang als Oberarzt für Psychiatrie im Landeskrankenhaus Zschadraß, bekam von Sozialminister Hans Geisler sogar einen Chefarztposten angeboten. »Die Blender blenden«, nannte Postel bei Vorstellung seiner in der Haft geschriebenen Erinnerungen als Motiv für sein Handeln. Die Köpenickiade funktionierte wie einst im Wilhelminischen Deutschland.

Mit solchen Auswüchsen der Administration hatte Kurt Biedenkopf aufräumen wollen. Etwa in Abwandlung des dem DDR-

Bürger noch geläufigen Spruches, die Freiheitlich-Demokratische Ordnung sei eine Ordnung zur Überwindung von Schwierigkeiten, die es ohne die Freiheitlich-Demokratische Ordnung nicht geben würde. Beide sächsischen Finanzminister, Georg Milbradt und sein Nachfolger Thomas de Maizière, klagten über einen im Westvergleich zu hohen Personalbestand in der öffentlichen Verwaltung. Aber der Freistaat leistet sich – entgegen Biedenkopfs ursprünglicher Absicht – drei Regierungspräsidien als Mittelbehörden. Und Landwirtschaftsminister Rolf Jähnichen hat unter den Augen des Ministerpräsidenten ein riesiges System nachgeordneter Behörden aufgebaut, das nur als »postsozialistisch« bezeichnet werden kann. Erst jetzt sollen im Zuge der sich dahinschleppenden Funktionalreform Aufgaben nach und nach den Kommunen übertragen und einige der Umweltfachämter, Forstämter und Ämter für Landwirtschaft zusammengelegt werden.

Bis heute ist die Landesregierung dem im Verfassungsartikel 83 erteilten Auftrag nicht nachgekommen, mit einem Landesorganisationsgesetz Zielstrukturen und Zuständigkeiten festzulegen. Besitzstände erweisen sich eben auch im jungen Sachsen als hartnäckig. Das machte das jahrelange Gezerre um die Kreis- und Gebietsreform deutlich, wobei sich die Regierung durch unsensibles Vorgehen wiederum vor dem Landesverfassungsgericht Beulen holte.

Ging es um Einfluß und Versorgungsfälle, fanden sich auch im Machtzentrum genügend Mittel zur Stellenvermehrung. So nach der Wahl 1994, als die Stelle des ins Kultusministerium gewechselten Hans Werner Wagner gleich zwei neuen Abteilungsleitern aus westdeutscher CDU-Gefolgschaft einen Posten verschaffte.

Ein Jahr später ereignete sich wieder eine wundersame Stellenvermehrung auf höchster Ebene, als der überflüssige Staatssekretärsposten des zum Minister aufgestiegenen Staatskanzleichefs Günter Meyer doch wieder besetzt wurde.

Noch vor der Landtagswahl 1994 hatte Ministerpräsident Biedenkopf bei mehreren Unternehmensberatern ein Gutachten über die Effizienz der Ministeriumsstrukturen in Auftrag gegeben. Andersen, Berger und Kienbaum kassierten damals zwei Millionen Mark, um letztlich der Staatskanzlei wie dem »Vorstand eines Konzerns« mehr Machtfülle und Durchgriff zu empfehlen. Ein

Schelm, wer Arges dabei denkt! Die ebenfalls empfohlene Auflösung der Landespolizeipräsidien oder der Abteilung Staatshochbau im Finanzministerium ist bis heute nicht erfolgt.

Meisterstück der Staatsverschlankung aber sollte das Privatisierungskonzept werden. Nach zwei Jahren Arbeit gebar 1995 die dafür eingesetzte Kommission einen 170seitigen Papierriesen von zwergenhafter Substanz. Von den vorgeschlagenen fünf Einrichtungen wurden schließlich lediglich zwei Materialprüfungsanstalten und Teile des Eichamtes privatisiert. Die Katastervermessung kam später hinzu, ebenso zahlreiche kleinere Dienstleistungen der Ministerien und nachgeordneten Einrichtungen wie Küche, Reinigungs- oder Wachdienst. In den Kommunen hatte es bekanntlich eine Privatisierungswelle gegeben, deren Effekt vor allem in der Abkopplung der Gehälter vom Öffentlichen Dienst bestehen sollte.

1996 wurde es um das Thema Privatisierung in der Staatsregierung still. Wegen der kniffligen Personalübergangsprobleme und der meist fortbestehenden Zahlungsverpflichtungen des Freistaates liegt bis heute kein Bericht über die tatsächlichen Spareffekte dieses Vorzeigeprojektes vor. Privatisierungsdebakel hat es beispielsweise im Abwasserbereich oder beim hoch angesehenen Dresdner Herzzentrum gegeben. Inzwischen ist in einigen Kreisen der entgegengesetzte Trend erkennbar, beispielsweise die Abfallentsorgung wieder kommunalen Gesellschaften zu übertragen.

Auch unter den drei privatisierten ehemaligen Landesmusikschulen erwiesen sich die beiden kommunalen Eigenbetriebe in Leipzig und Zwickau stabiler als die Dresdner Vereinsform.

Zumindest aus der Sicht des Sozialministeriums waren die Privatisierungen von Krankenhäusern ein Erfolg, um schnell einen West-Standard zu erreichen. Skandale wie etwa in Sebnitz blieben aber auch hier nicht aus. Beim Verkauf des Kreiskrankenhauses büßte der Landkreis durch Manipulationen und Fälschungen mehr als fünf Millionen Mark ein.

Querdenken? Quod licet jovi, non licet bovi!

Bundesweit Schule machen wollte Sachsen auch mit der Schule. Das aus der DDR übernommene Abitur nach 12 Jahren sorgte bundesweit für Aufsehen und fand im Saarland oder Baden-Württemberg inzwischen Nachahmer. Der damit angestrebte Zeitgewinn erwies sich aber als Fata Morgana. Wenn man in Sachsen ein reichliches Jahr früher das Studium abschließt als im Bundesdurchschnitt, liegt das ausschließlich an der ebenfalls aus DDR-Zeiten gewohnten Einhaltung der Regelstudienzeiten. Das Eintrittsalter der Studienanfänger ist nicht niedriger als anderswo, der Zeitvorsprung bis dahin bereits aufgezehrt, zumal man auch in Sachsen komplikationslos ein Wiederholungsjahr in der Sekundarstufe II einschieben kann.

In Leistungsvergleichen schneiden sächsische Abiturienten nicht schlechter ab als anderen, im Gegenteil. Die Eliteförderung im Freistaat funktioniert vor allem auf naturwissenschaftlichem Gebiet. Dafür sorgt bereits eine Auslese für das Gymnasium nach der vierten Klasse. In die Breite darf man freilich nicht schauen. Zweigliedrig sollte das Schulsystem angelegt sein, durch die Einrichtung von Hauptschulgängen an der Mittelschule ist es de facto doch dreigliedrig. Manche sagen mit Blick auf den wachsenden und problematischen Förderschulbereich, es sei bereits viergliedrig.

Methodisch erwies sich das hochgelobte sächsische Schulsystem als ausgesprochen konservativ. Schulversuche wurden nur sehr restriktiv genehmigt, freie Schulen haben mit der zweijährigen Warte- und Vorfinanzierungsfrist hohe Hürden zu nehmen. Das Klima zwischen Lehrerschaft und Schulverwaltung ist gespannt. Beide pflegen trotz gegenseitiger Schuldzuweisungen gemeinsam den alten hierarchischen Ungeist weiter. Nichts war gerade in Sachen Schule so sehr verpönt wie Querdenken. In seinem Buch »Die Bildungsfeinde« rechnete der 1992 nach Sachsen gewechselte schwäbische Studienrat Gottfried Böhme mit der Borniertheit der Schuladministration ab. Als ausgesprochen steif erwies sich besonders Kultusminister Matthias Rößler bei der Schulnetzplanung, weil ihm das Lob des Finanzministers stets wichtiger war als die Schule im Dorf. So gesehen ist die CDU sogar noch stolz darauf, pro Schüler am wenigsten in der ganzen Bundesrepublik auszugeben. Außer Schließungen hat das Ministerium kein Konzept, wie dem Schülerrückgang bei Erhalt der Standorte begegnet werden kann. Elterninitiativen, die um eine Schule kämpfen, fühlen sich längst ebenso gegängelt wie zu DDR-Zeiten. Überregional Aufsehen erregte der Kampf der Sorben um die

Mittelschule Crostwitz im Sommer 2001. Die starre Haltung der Staatsregierung ramponierte das Ansehen der CDU bei dieser erz-katholischen und konservativen slawischen Minderheit deutlich.

Er wolle die besten Hochschulen in Sachsen, wiederholte Mini-sterpräsident Biedenkopf in einem Zeitungsinterview des Som-mers 2001 noch einmal. Nun hat Sachsen zwar in seinen Hoch-schulgesetzen mit allen aus der 68er Ära herrührenden Vorstellungen einer möglichst demokratisch verfaßten Gruppen-universität aufgeräumt. Wenn man so will: ein später Triumph des ehemaligen Bochumer Hochschulrektors Biedenkopf, der aber auch der wachsenden politischen Indifferenz der Studenten geschuldet war.

Andererseits liegen die Universitäten des Landes in Rankings sehr weit vorn und bieten attraktive Bedingungen. Die ihnen zuge-standene Autonomie mündete in den Großversuch von Global-haushalten und ist tatsächlich eine Pionierleistung. Die aktuelle Haushaltsperre hat diesen Bemühungen allerdings den Boden ent-zogen. Sie veranlaßte Studenten zu ironischen »Subbotniks« und Spendenaufrufen für Kerzen und warme Kleidung.

Ein von Finanzminister Milbradt im Sommer 2000 verkün-deter Abbau von mehr als zehn Prozent der Hochschulstellen sorgte für Aufruhr. Am jahrelangen und von Biedenkopf nie end-gültig geschlichteten Streit zwischen Wissenschafts- und Finanz-ministerium zeigte sich die Absurdität des »Sachsen-Mythos« auf besonders exemplarische Weise. Wenn es ums Geld geht, sind westdeutsche Verhältnisse Maßstab, und seien sie noch so frag-würdig. Höhere Hochschulausgaben oder ein dichterer Perso-nalbestand seien vor den Geberländern im West-Ost-Ausgleich nicht zu rechtfertigen, hatte Milbradt jahrelang betont. Und wenn, dann sollte gelten: »Sachsens Hochschulen den Sachsen«. Damit verstieg er sich zu einem längst überwunden geglaubten Provin-zialismus.

So kann Querdenken auf Sächsisch also auch verstanden wer-den.

Auf kulturellem Gebiet demonstrierte es Kurt Biedenkopf, als er 1994 persönlich eine vom amerikanischen Künstler und Architekten Frank Stella zu gestaltende Dresdner Kunsthalle ver-hinderte. »Das paßt da nicht hin!« Die Mäzene Erika und Rolf Hoffmann aus Köln und ein Dresdner Förderverein wollten in der Nähe des weltberühmten Zwingers ein futuristisches Gegenstück errichten. »Napfkuchen« hatte der Volksmund die Entwürfe des Hauses getauft, in dem die in Dresden weitgehend vermißte Gegenwartskunst gezeigt werden sollte. Mit der Verweigerung eines notwendigen Grundstückstausches verhinderte der Freistaat das Projekt.

Dafür errichtete der Vordenker einmal mehr seine bekannten Luftschlösser, als er den Aufbau einer gewaltigen Kulturstiftung vorschlug. Mit ihr sollten die im Jahr 1990 heftig geäußerten Wünsche nach einem eigenen Kulturministerium für den Kulturstaat Sachsen zufriedengestellt werden. Heraus kam schließlich eine Abteilung Kunst im Wissenschaftsministerium und eine Kulturstiftung, kaum in der Größe einer Maus, nachdem das Land lange den Lippen des kreißenden Berges gelauscht hatte. Sie wurde erst durch den Austritt Sachsens aus der ostdeutschen Stiftung Kulturfonds und der Übernahme des dort ausgelösten Stiftungsanteils von 30 Milionen Mark einigermaßen arbeitsfähig. Heute müht sie sich nach Kräften um die in Sachsen weit zurückgebliebene Förderung zeitgenössischer Kunst und der freien Szene.

Aber auch beim Herkömmlichen zehrte Sachsen vorwiegend von seinem Ruf und seiner kulturellen Substanz. Das 1993 verabschiedete Kulturraumgesetz war eine wirklich innovative Leistung, mit Dr. Matthias Theodor Vogt allerdings von einem »Import« aus Bayreuth erbracht. Kulturelle Zweckverbände in Gestalt der Kulturräume sorgten für eine ausgeglichene Lastenverteilung und sollten das Überleben regional bedeutender Einrichtungen sichern. Tarif- und Kostensteigerungen und der Egoismus der »Lokalfürsten« aber haben dieses Gesetz nach und nach ausgehöhlt, so daß auch Sachsen vom Theater- und Orchestersterben nicht verschont geblieben ist. Eine inhaltlich innovative Wirkung hatte das ganz auf Bewahrung ausgerichtete Kulturraumgesetz ohnehin nicht entfalten können.

Es blieb beim näheren Hinsehen nicht viel übrig vom Vorzeigeland Sachsen und dem Biedenkopfschen Impetus. Selbst in der Familienpolitik nicht, wo der Freistaat mit seinem zusätzlichen Landeserziehungsgeld bundesweit führend war. Auch diese Leistung wurde mittlerweile eingeschränkt.

Konterkariert wurden familienfreundliche Signale durch die Kindertagesstättenproblematik und eine stockkonservative Frauenpolitik in Sachsen. Der versuchte Spagat der gesamten CDU zwischen Familienidyll und Globalisierung führte auch in Sachsen nur zu mühevollen Verrenkungen. Nach wie vor predigt die Union Feuer und Wasser – Mut zur Familie mit Kindern und zugleich ein Höchstmaß an Flexibilität, Mobilität und Opferbereitschaft für den immer schärferen Wettbewerb.

Erinnerlich ist die Debatte um das Ladenschlußgesetz auf einem der früheren CDU-Landesparteitage. Leicht verstört erhob sich damals ein einfaches Parteimitglied und sagte mit entwaffnender Naivität: »Aber dann haben die Leute ja noch weniger Zeit für die Familien.«

Nicht minder naiv mußte es wirken, wenn Biedenkopf auf dem »Schicksalsparteitag« der Sachsen-Union am 15. September 2001 leidenschaftlich und völlig zu Recht den Mobilitätswahn unserer Tage attackierte. Maßhalten müsse man, der Beruf dürfe Familienbande nicht zerreißen. Lehnte sich auch ein Biedenkopf wie der Zauberlehrling gegen die Geister auf, die er gerufen hatte? Ahnte sogar er, daß Politik längst dem Diktat einer ökonomischen Megamaschine folgt?

Solche warmherzigen Lebenskreis-Appelle kosteten ihn nichts, kommentierte prompt ein Delegierter, weil sie seit Jahren absolut folgenlos blieben.

»In Sachsen ist Querdenken nicht erlaubt«, resignierte auch der Dozent eines Fortbildungswerkes, der mit seinen Ideen im Interesse Langzeitarbeitsloser nach Brandenburg zu Ex-Sozialministerin Regine Hildebrandt ausgewichen war. Ideen, die auf existenzsichernde Einkommen gerichtet waren und nicht auf ein bißchen Margarine zum Trockenbrot wie das zynische »TAURIS«-Modellprojekt des sächsischen Wirtschaftsministeriums. Hier dürfen Langzeitarbeitslose bis zu 14 Stunden in der Woche für rund drei Mark Stundenlohn gemeinnützige Arbeiten ausführen. Und wer sich noch in Lohn und Brot befand, dessen Stimmung stieg durch die vielfache Erfahrung des »Mehr Arbeit für weniger Geld« auch nicht gerade.

Wo sich die Regierung Biedenkopf unbedingt querköpfig zu profilieren gedachte, holte sie sich beim Landesverfassungsgericht so viele Abfuhren wie keine andere Landesregierung. Die Opposition war mit ihren oft von SPD und PDS gemeinsam eingebrachten Klagen weitgehend erfolgreich. Unter den Gesetzes-

vorhaben seien nur das Polizeigesetz, Teile der Kreis- und Gebietsreform, das Privatrundfunkgesetz, das Personalvertretungsgesetz
und das über die vom Braunkohleabbau bedrohte Gemeinde Heuersdorf genannt.

Gescheitert war außerdem der Versuch, die PDS von der Parlamentarischen Kontrollkommission des Verfassungsschutzes
fernzuhalten, die versuchte Behinderung von Volksanträgen und
Volksentscheiden oder die erste Abgeordnetenanklage wegen
früherer IM-Tätigkeit auf der Basis des in Deutschland einmaligen Verfassungsartikels 118. Auch für verlorene Kündigungspro-
zesse gegen Lehrer und Hochschullehrer mußte der Freistaat einige Millionen hinlegen.

Es geht nicht darum, die unbestrittenen Fortschritte vor allem
in der Infrastruktur, beim Warenangebot und bei den Wohnverhältnissen kleinzureden. Aber allein der wochenlange Jubel um
die BMW-Ansiedlung in Leipzig und die Bewerbung von mehr
als 2.000 Arbeitssuchenden schon am ersten Tag zeigten, wie es
wirklich aussah. Wer Arbeit sucht, den interessiert nur dies, für
den ist geistiger Muff, Langeweile und Sterilität, die unter der Ägi-
de des Großen Allesbessermachers eingezogen sind, unwichtiger.
Den Umfragen nach messen immer noch rund zwei Drittel der
Sachsen Kurt Biedenkopf weder an seinen Ansprüchen und Irr-
tümern noch quittieren sie seine Herrschaftsallüren. Unterschrif-
tensammlungen Hunderttausender und selbst die schon fast ein-
jährige permanente Regierungskrise beließen die CDU und damit
Kurt Biedenkopf im Sommer 2001 immer noch bei 46 Prozent der
Wählergunst. Erst allmählich setzt ein Begreifen ein.

Den deutlichsten Dämpfer bekam der »Sachsen-Mythos«
schon zu Beginn der 90er Jahre. Auch sächsische Eltern hielten
ihre Heimat nicht für das Gelobte Land, in das Kinder zu setzen
wären. Die Geburtenzahl halbierte sich, die Scheidungsrate
schnellte auf eine neue Rekordhöhe.

Die demographische Entwicklung gibt inzwischen Anlaß zu
ernster Sorge und bedroht zunehmend Verwaltungs- und Finan-
zierungsstrukturen. Denn der Geburtenrückgang wird begleitet
von bedrückender Abwanderung. Die Einwohnerzahl Sachsens,
die im Jahr 1990 noch knapp 4,9 Millionen betrug, ist um fast eine
halbe Million geschrumpft. Betroffen sind vor allem die ländli-
chen Räume, während dank der Leuchtturmpolitik und der Ein-

gemeindungen die Großstädte ihre Einwohnerzahlen in etwa halten konnten. Der Zwischenbericht einer interministeriellen Arbeitsgruppe der Staatskanzlei drückte sich auffällig um konkrete Absolutzahlen, verweist auf Mobilität und beachtliche Zuzüge und bemüht zur Erklärung gar die bereits in den 6oer Jahren registrierten Wanderungsverluste.

2001 kam auch das von der Staatsregierung beauftragte EMNID-Meinungsforschungsinstitut nicht um ein Stimmungsbild der Ernüchterung herum. Nur noch 39 Prozent der Sachsen glaubten, das Land stünde besser als andere Ostländer da, deutlich weniger als im Jahre 2000. Aufschlußreich war, daß auch nur 46 Prozent meinten, es gehe ihnen besser als anderen osteuropäischen Staaten. EMNID hat natürlich die passende Interpretation parat: Der allgemeine Konjunkturabschwung des Sommers 2001 hätte sofort auf die Stimmungslage gewirkt.

Von intensiven Beitrittsbemühungen einzelner Randgemeinden oder ganzer Nachbarkreise zum *Land der Verheißung* wie noch 1990 ist auch nichts bekannt. Statt dessen fiel die beginnende Ernüchterung unübersehbar mit der Demontage des Regierungschefs zusammen. Mühsam versuchten Berufsoptimisten wie Kultus- und Sportminister Matthias Rößler der von seinem Kollegen Milbradt eingangs diagnostizierten Mißstimmung wieder aufzuhelfen. Das größenwahnsinnige Vorhaben einer Bewerbung um die Ausrichtung der Olympischen Spiele 2012 ist nichts weiter als die Fortsetzung des »Sachsen-Mythos« und erinnert fatal an frühere Parteitagsaufgebote und Jahrestagskampagnen der SED.

Sich dagegen aufzulehnen käme dennoch einem Hochverrat gleich. Denn in Sachsen gilt das lateinische »Quod licet jovi, non licet bovi« fort – was dem Jupiter erlaubt ist, ist noch längst keinem Ochsen gestattet. Auch dann nicht, wenn selbst ein Ochse bemerken sollte, daß Quer*denken* einfacher ist als Quer*handeln*.

Oder sollte es sich bei Kurt Biedenkopf doch nur um einen »gut getarnten querdenkenden Konformisten« handeln, wie Rivale Kohl einmal geringschätzig bemerkte?

Das müßte für mehrere Rücktritte reichen

»Das Kurt-Syndrom«, »Der wirkliche Herr B.«, »So verjubelt die Staatskanzlei elf Millionen«, »Der Edel-Hausmeister von König Kurt«, »Regierung im Zwielicht: Amigos bedient oder Investition gerettet?«, »Beziehungen schaden nur dem, der keine hat«, »Suche nach dem Chaos in der Staatsregierung« ... Es handelt sich durchweg nicht um Schlagzeilen aus dem Krisenjahr 2001, sondern um mindestens fünf Jahre zurückliegende Themen, Affären und Skandale, die anderswo zumindest eine Regierungskrise, wenn nicht Rücktritte ausgelöst hätten. Untersuchungsausschüsse des Landtages nahmen sich ihrer an und brachten in der Regel nicht mehr hervor als die Minderheitenvoten der Oppositionsparteien SPD und PDS im Abschlußbericht. Presseberichte schienen am nächsten Tag vergessen. Die Öffentlichkeit war dem Anschein nach für Günstlingswirtschaft und Privilegien nicht zu sensibilisieren.

Mag sein, daß viele der Einheimischen sich die Dimensionen solcher Verschiebebahnhöfe noch nicht vorstellen konnten.

Die heiklen Vorgänge fielen in eine Übergangszeit, in der öffentliche Mittel zur Sanierung der Infrastruktur knapp und die Verwaltung wenig eingespielt war. Dem stand eine Goldgräberstimmung unter westlichen Investoren gegenüber, denen der Gang nach dem Osten noch durch sagenhafte Abschreibungskonditionen zu Lasten der öffentlichen Einnahmen versüßt wurde. Ministerpräsident Biedenkopf hatte einen wesentlichen Teil seiner Aufgabe in Sachsen als das Ausspielen alter Bekanntschaften und Werbung neuer Investoren begriffen, ohne die in der Tat kein Aufbau zu machen gewesen wäre.

Die Fragwürdigkeit setzte dort ein, wo unter Ausnutzung dieser Bedarfslage Anleger Monopolstellungen erhielten oder sich Sondervorteile verschaffen konnten.

Sofern Kurt Biedenkopf in solche Geschäfte verstrickt war, offenbarte er stets seine einseitige Unternehmerperspektive. Jeder Arbeitsplatz eine Kulturtat, Investoren galten als die Heilsbringer, die selbstlos ihr Vermögen in den Osten trugen. Dankbarkeit wurde zu einer politischen Kategorie, auch zu einer finanziellen, weil man diesen edlen Gestalten so weit wie möglich entgegenkommen mußte. »Wir brauchten die Leute, nicht umgekehrt. Deshalb mußten wir kooperativ sein«, sagte Biedenkopf am 26. Februar 2001 vor dem Paunsdorf- Untersuchungsausschuß. In diesem Ausschuß geht es um Begünstigung eines Freundes zu Lasten des Freistaates bei der Anmietung eines Behördencenters.

Man kann Kurt Biedenkopf nicht einmal vorsätzliche Amigo-Wirtschaft unterstellen. Die Dinge wurzeln in seinem Weltbild, er hält sie für selbstverständlich. Genau deshalb muß ihnen gründlich nachgegangen werden.

Der Überzeugungstäter bemerkte sogar die Vorlagen nicht mehr, die er selbst lieferte.

Sein Unternehmerfreund Heinz Barth, Zentralfigur im besagten Untersuchungsausschuß, hatte 1990 großzügig 250.000 Mark für die Leipziger Universitätsbibliothek gestiftet.

Die Summe wurde umgewidmet für eine Gastprofessur, die schließlich der gemeinsame Freund Meinhard Miegel vom Institut für Wirtschaft und Gesellschaft erhielt.

Das erste Millionendebakel, mit dem sich ab 1994 ein Untersuchungsausschuß des Landtages befaßte, hatte ein guter westfälischer Vertrauter von Kurt Biedenkopf eingefädelt: Hermann Kroll-Schlüter, Staatssekretär im sächsischen Landwirtschaftsministerium und 1997 wegen eines plötzlich pflegebedürftigen Vaters zurückgetreten. Zu dieser Zeit beendete zufällig auch der Untersuchungsausschuß zur Molkereiwirtschaft in Sachsen seine Arbeit.

Kroll-Schlüter entsprach in seinem Auftreten ganz den ostdeutschen Klischeevorstellungen eines eitlen Parvenüs »von drüben«. Unter der angestrebten »Schaffung wettbewerbsfähiger Molkereistrukturen« verstanden er und das Landwirtschaftsministerium offenbar die Liquidierung der ehemals 73 einheimischen Betriebe. Die 200 Millionen Mark Fördermittel des sogenannten Sektorplanes gingen mit Ausnahme zweier sächsischer Unternehmen an westdeutsche Großkonzerne. Darunter fast 72 Millionen an die Südmilch AG, die sich mit dem ehemaligen »Kombinat Milchwirtschaft Dresden« nur sechs Tage nach der Währungsunion zur »Sachsenmilch AG« vereinigt hatte. Das Engagement der Südmilch hatte Kanzler Kohl persönlich angeregt. Vorstandsvorsitzender und Steuerhinterzieher Wolfgang

Weber, später nach Paraguay geflohen, sicherte ihm im Juli 1991 die Errichtung eines großen Werkes in Sachsen zu. Der Bauauftrag in Höhe von 110 Millionen Mark ging ebenfalls an einen Liebling der sächsischen Staatsregierung, den Heidelberger Bauunternehmer Roland Ernst. Bei ihm stiegen die Baukosten auf 262 Millionen Mark. Vor seiner Verurteilung erfreute er sich mit dem Bau des Herzzentrums Dresden übrigens eines weiteren lukrativen Auftrages.

Südmilch, schon 1991 angeschlagen, ging am 23. Juli 1993 in Konkurs und zog die Sachsenmilch und eine halbfertige, völlig überdimensionierte Molkerei mit hinein. Beim späteren Stuttgarter Südmilch-Prozeß sprach die Staatsanwaltschaft rückblickend von einem Scheingeschäft, mit dem die Sachsenmilch samt Fördergeldern »leergemolken« werden sollte. Fördermittel futsch? Der bauernschlaue bayerische Yoghurt-König Theobald Müller witterte das Invest-Schnäppchen, das er für lächerliche 16,5 Millionen Mark auch bekam und noch einmal 91 Millionen Mark Fördermittel dazu. Die Dankbarkeit dafür und seine neue Monopolstellung in Sachsen veranlaßten ihn, die Großmolkerei Leppersdorf gleich in der Dresdner Kreuzkirche einsegnen zu lassen! Ministerpräsident Biedenkopf offenbarte in diesem Fall tatsächlich seine vielgerühmte und vielbezweifelte Lernfähigkeit. »Das passiert uns mit Sicherheit nicht noch einmal«, ließ er im Gespräch verlauten.

Dafür passierten andere Sachen, und wieder mit Kroll-Schlüter. Im mittelsächsischen Raum war der Abwasser-Zweckverband Beilrode-Arzberg wie so viele andere auch in finanzielle Nöte geraten. Für die Versorgung von 8.000 Bürgern wollte er 160 Millionen Mark verbauen, eine durchaus ostübliche Gigantomanie jener Zeit. Einen Besuch des Staatssekretärs in der Nähe nutzten Bürgermeister 1992 zu einem Hilferuf. Zufällig hatte Hermann Kroll-Schlüter einen guten Freund dabei, den Ex-Bundestagsabgeordneten Hans Werner Schmöle, einen in Pfändungen und Bußgeldzahlungen erfahrenen Mann, auf dessen Konto schon mehrere Konkurse gingen. Beide hatten noch mehr neusächsische Freunde, Regierungssprecher Michael Sagurna zum Beispiel, der Mitarbeiter in Schmöles Bonner Abgeordnetenbüro war. Oder Staatskanzleichef Günter Meyer, der mit Schmöle und Kroll-Schlüter im Landesvorstand der CDU Westfalen-Lippe saß. Oder

Ministerpräsident Kurt Biedenkopf, der damals Landesvorsitzender war. Schmöle aber arbeitete nun für die Investment- Immobilienfondsgesellschaft VIA mit Sitz in Dortmund. Unter rechtswidriger Umgehung einer Ausschreibung und unter Regie der sächsischen Staatskanzlei wurde der notleidende Zweckverband an die VIA verkauft. Zwei Jahre dauerte das Verfahren, während weiter Fördermittel flossen. Auch Fördermittel für die CDU in Form einer Geldspende der VIA von 25.000 Mark. Ein gefälliges Gutachten bescheinigte dem Fondsmodell eine höhere Wirtschaftlichkeit. 1996 erklärte allerdings der Landesrechnungshof das Modell für untauglich.

Das Beteiligungsangebot der VIA, mit dem sie rund 50 Millionen Mark von 400 Anlegern einwerben konnte, sagte eigentlich alles über die Absichten Schmöles. »Infolge der neuen Gesetze, die den ›Aufbau Ost‹ beschleunigen, eröffnen sich für Anleger in den neuen Ländern einmalige Möglichkeiten – Chancen von historischer Dimension.« Gemeint sind Chancen zum Geldverdienen auf Staatskosten – 75 Prozent Verlustzuweisung im ersten Jahr, drastische Steuereinsparungen. So fiel Hilfe für die armen Brüder und Schwestern im Osten leichter. Die Regierung Biedenkopf aber litt in dieser Phase ganz besonders unter Privatisierungswahn. »Einer der engagiertesten Befürworter einer Kooperation zwischen öffentlicher Hand und Privatwirtschaft ist der Ministerpräsident des Freistaates Sachsen, Prof. Dr. Kurt H. Biedenkopf«, schrieb die VIA.

Der MP wischte erwartungsgemäß Bedenken seines Finanzministers Milbradt beiseite. Vor dem Landtag empörte er sich im Dezember 1995 gegen alle Diffamierungen einer angeblichen »Westfalen-Connection« und verwahrte sich gegen Undank, wenn er schon seine Beziehungen zum Wohle des Freistaates spielen lasse.

Die Opposition reagierte erste spät mit einem Untersuchungsausschuß, als das Desaster bereits seinen Lauf genommen hatte. Der Zweckverband nämlich wirtschaftete schlimmer als zuvor – bei Kostendeckung hätte der Bürger bald 35 Mark für den Kubikmeter Abwasser bezahlen müssen. Die Staatsregierung setzte Anfang 1996 einen Zwangsverwalter ein. Herr Bruno Hailer heilte indessen nichts, sondern kassierte für drei erfolglose Jahre lediglich eine Dreiviertelmillion Mark Gehalt.[121]

Zu allem Überfluß stellte sich noch heraus, daß der Kaufvertrag vom damaligen Zweckverbandschef Friedhelm Kuschel rechtswidrig abgeschlossen war.

Eine Bürgerinitiative konnte mittlerweile halbwegs verträgliche Gebühren von 12,80 Mark für Wasser und Abwasser erkämpfen.

Den Freistaat kostete das Experiment zunächst 26 Millionen Mark Konsolidierungsbeihilfen. Die VIA wagte bislang nicht, vom Zweckverband verweigerte Fondsentgelte einzuklagen. Der Vertrag sieht einen Zwangsrückkauf durch den Verband nach 20 Jahren Laufzeit im Jahr 2014 vor.

Die abschreckende Wirkung der ostelbischen Fondslösung veranlaßte jedenfalls Finanzminister Milbradt, derartigen Experimenten künftig einen Riegel vorzuschieben.

»Mer kenne uns, mer helfe uns«

Nicht jede Krawattennadel mit Kapitalvermehrungswünschen kannte Kurt Biedenkopf persönlich, und auch ein Biedenkopf war noch nicht allen begegnet. Hier fiel auf, wieviel Wert er auf die »kleinen Lebenskreise« legte. Wen er privat kannte, der hatte alles von ihm zu erwarten – wen nicht, dem begegnete er mit großer Skepsis.

Im Tagebuch findet sich fast eine ganze Seite über einen gewissen Herrn Ziegenbalg aus Baden-Württemberg, der ihm gleichermaßen vom früheren sächsischen CDU-Landesvorsitzenden Klaus Reichenbach wie von Ministerpräsident Lothar Späth aus Stuttgart empfohlen worden war. Biedenkopf goß – zurecht – Spott über die hochfliegenden Baupläne dieses »unzuverlässigen Mannes« aus, die sich in und um Dresden auf 1,5 Milliarden Mark belaufen sollten.[122] Etwa die gleiche Summe verbaute später sein Freund Heinz Barth im Leipziger Raum, darunter im schlagzeilenträchtigen Paunsdorf-Center. Und kaum war Nobody Ziegenbalg aus dem Zimmer, tauchte Unternehmerfreund Max Schlereth auf, dessen Projekte Biedenkopf selbstverständlich mit Oberbürgermeister Herbert Wagner besprechen wollte.

Schlereth war Aufsichtsratsvorsitzender der Deutsche Realbesitz AG (DERAG) in München und stellte beispielsweise sei-

ne Yacht »Iman« in Monte Carlo gern den Biedenkopfs zur
Verfügung. Am Nordrand von Dresden und in einer Vorortge-
meinde hatte Schlereth ehrgeizige Pläne. Er setzte große Hoffnungen auf das Gewerbegebiet Rähnitz, in das übrigens auch die
Stadt kräftig investiert hatte. Dennoch bauten Siemens und AMD
ihre Chipfabriken schließlich in der Nachbarschaft und nicht bei
ihm.

Wegen »sittenwidriger« Kaufverträge klagten 1992 einige Ver-
käufer, woraufhin Biedenkopf sogleich bei der Hamburger Rechts-
anwaltskammer intervenierte und sich gegen den vermeintlichen
Druck auf die Regierung wegen deren Unterstützung des Investors verwahrte.

Auf wackligen Füßen stand auch Schlereths Projekt von 250
Eigenheimen im nahegelegenen Gönnsdorf. Landeshauptstadt
und Regierungspräsidium erhoben aus raumordnerischen und
strukturellen Gründen Einwände. Schlereth schrieb an Freund
Biedenkopf.

Der wahrte zwar nach außen hin Neutralität. Auffällig aber
blieb der Sinneswandel von Innenminister Klaus Hardraht zugunsten des Investors, als er während des Schlichtungsgespräches zu
einem längeren Telefonat »mit Unbekannt« gerufen wurde. Biedenkopf hatte zuvor Freund Schlereth brieflich versichert,
Hardraht um eine »angemessene Lösung« des Problems zu bit-
ten. Laut »Spiegel« bedankte sich Schlereth mit drei diskreten,
nicht ausweispflichtigen Spenden zu je 20.000 Mark an die sächsische CDU.

1996 nahm sich das gleiche Nachrichtenmagazin der Chemnitzer »Germania«-Werkzeugmaschinenfabrik an. Die ging gerade in Konkurs, obgleich die Treuhand sie für eine Mark an den
Inder Rajesh Shah verscherbelt, 100 Millionen Mark draufgelegt
und 68 Millionen Mark Schulden erlassen hatte. Der »Investor«
holte sich Kurt Biedenkopfs Bruder Gerhard in den Aufsichtsrat
und machte ihn später zu seinem Sonderbeauftragten für das Werk.
Unter dessen Führung aber ging es rapide bergab. Das Nachrichtenmagazin warf Landesvater Kurt indirekt vor, die dubiosen
Geschäftspraktiken seines Bruders gedeckt und Entlassungen nach
außen verteidigt zu haben. Mindestens zweieinhalb Millionen
Mark seien in dunkle Kanäle geflossen, Gerhard Biedenkopf habe
fragwürdige Sonderberatungshonorare erhalten. Erst nach dessen

Abgang und einer zweiten Privatisierung konnte das Werk dank der in Sachsen einmaligen Beteiligung von 10.000 Mark je Mitarbeiter gerettet werden.

Regelmäßiges Journalistenfutter lieferte ein Skandal, dessen Anfänge Jahre zurücklagen und dessen abschließende Klärung mit etwas Geschick von der CDU-Landtagsfraktion noch bis weit in die Pensionierung Kurt Biedenkopfs verschoben werden kann. Wieder verrät sein Tagebuch einiges.

Freund und Bauunternehmer Heinz Barth aus Köln weilte am 31. Januar 1990 in Leipzig, in der Stadt, die er 1952 verlassen hatte. Beim Treff habe er mit Blick auf eine Karte in der Hotelhalle von einer mindestens zehnjährigen Tätigkeit in Leipzig gesprochen, schrieb Biedenkopf. Eine solche Begegnung wiederholte sich am 27. März, wobei sich Heinz Barth »köstlich darüber amüsiert« habe, daß er im Bett des SED-Wirtschaftssekretärs Günter Mittag in der Suite des »Merkur« schlief. Anschließend ging es gemeinsam mit dem Ehepaar Berghofer im nagelneuen Learjet von Barth nach »Übersee«, also an den bayerischen Chiemsee. Am 6. September, da war Biedenkopf schon sicherer Ministerpräsidenten-Kandidat, kam die Katze allmählich aus dem Sack. Unter »Leipziger Initiativen« verstanden die beiden Freunde Großprojekte im Wert von 1,5 Milliarden Mark, die angeblich 8.000 Arbeitsplätze bringen würden. »Ich erwarte, daß die Voraussetzungen für die Durchführung dieser Bauvorhaben schnell geschaffen werden. Das Gleiche wollen wir in Dresden, in Zwickau und in Chemnitz machen. So können wir für die Städte ganz konkrete Projekte anbieten und zeigen, wie man das Land wieder aufbaut.«[123]

Gottlob blieben Barths Aktivitäten vorwiegend auf Leipzig beschränkt, sonst gäbe es vielleicht drei oder vier Untersuchungsausschüsse im Landtag. Die Staatskanzlei sah sich jedenfalls außerstande, eine Kleine Anfrage zu beantworten, die alle Standorte seiner Investitionsvorhaben erfahren wollte. In Sachsen wußte lange niemand, daß es ähnlichen Wirbel um Barth auch schon in Köln gegeben und der bekannte Enthüller Günter Wallraff ihm die Titel »selbstherrlicher Patriarch, Waffensammler und Großspekulant« verliehen hatte.

Gegenstand des im April 2000 auf Betreiben der PDS eingesetzten Untersuchungsausschusses waren im übrigen nicht die

Bauvorhaben Barths, sondern die Konditionen, zu denen der Freistaat ein von ihm errichtetes Behördencenter anmietete.

Inwieweit sich Kurt Biedenkopf in die Grundstückskäufe und Genehmigungsverfahren eingeschaltet hatte, konnte auch der Ausschuß bislang nicht klären. Denn über den Verkauf von ursprünglich dem Freistaat gehörenden Geländestücken im Leipziger Vorort Paunsdorf waren weder im Finanzministerium noch in der Staatskanzlei Akten auffindbar. Und Barth weigerte sich, seine Korrespondenz mit dem Freund auf dem sächsischen Thron herauszugeben.

Die PDS-Landtagsfraktion zitierte dennoch aus einem Dankschreiben Barths vom Dezember 1990, wonach sich die Stadtverwaltung Leipzig »sicher auf sanften Druck von Deiner Seite aus« sehr für ihn eingesetzt habe. Bemerkenswert ist jedenfalls der Quadratmeterpreis von nur 47 Mark, der für das verkehrsgünstig gelegene Gelände von Barths Finanztreuhandgesellschaft verlangt wurde.

Der Wohltäter Sachsens errichtete jedenfalls für 750 Millionen Mark das Paunsdorf-Center, eines jener trost- und ideenlosen Gewerbe- und Einkaufsghettos, für die demagogisch immer wieder der Begriff »Park« verwendet wird. Auch das in Rede stehende Behördencenter innerhalb dieses »Parks« ist solch ein Bau von zweckrationaler Häßlichkeit. Er war ursprünglich gar nicht geplant, kam aber dem für diese Zeit typischen Unterbringungsbedarf der neuen Freistaatsbehörden entgegen. Das Leipziger Liegenschaftsamt bezifferte diesen Bedarf damals auf 17.000 Quadratmeter. Nun stehen in solchen Fällen gewöhnlich die drei Optionen – Bauen, Kaufen oder Mieten – zur Wahl. Eine Kombination von Kaufen und Mieten bot das von Biedenkopf favorisierte »Investorenmodell«, das über die akute Finanzschwäche des Freistaates hinweghalf und zugleich die Anlageinteressen einiger guter Freunde bediente. Dabei wurde ein privat errichtetes Objekt langfristig und unter Vereinbarung eines späteren Ankaufs angemietet.

Der Landesrechnungshof untersuchte 1996 solche Modelle und brachte mit seinen Beanstandungen zu Paunsdorf jene Geschichte ins Rollen, der erst vier Jahre später auf den Grund gegangen werden sollte. 23 solcher Objekte hatte das Finanzministerium zu dieser Zeit laufen. Der Rechnungshof stellte fest, daß die für die Privatwirtschaft relevante steuerliche Abzugsfähigkeit bei öffentlichen Verwaltungsbauten nicht gegeben ist. Die Wirtschaftlichkeit eines solchen Modells mit langfristiger Mietbelastung gegenüber einem eigenen Bau erschien ihm deshalb um so fragwürdiger. Bei den besonders heiklen Objekten wie Paunsdorf vermißte der Rechnungshof außerdem Wirtschaftlichkeitsuntersuchungen, Kostenvergleiche und Ausschreibungen, deren Unterlassung im Jahr 1993 nicht mehr zu rechtfertigen gewesen sei. Viel zu spät sei außerdem der warnende Sachverstand des Staatshochbauamtes eingeschaltet worden.

Offenbar aber ging es gar nicht darum, die kostengünstigste Variante für den Freistaat zu ermitteln. Im Jahr 2001 steckte der Untersuchungsausschuß noch mitten in seiner Arbeit, aber die bis dato bestätigten Fakten sprachen Klartext. Für den Sächsischen Rechnungshof, das Polizeipräsidium und weitere Leipziger Polizeidienststellen, das Leipziger Staatsarchiv, Hochbauamt, Grundbuchamt und Institut für Länderkunde mietete der Freistaat 1993 das gesamte Behördencenter – 18.000 Quadratmeter über dem ursprünglichen Bedarf, weshalb weitere Mieter benötigt wurden.

Der Ministerpräsident selbst, der sich auffällig um Details bis hinunter zu gestohlenen Klosettbecken kümmerte, listete in einem Brief an den Finanzminister die unterzubringenden Behörden auf. Vor dem Ausschuß gestand er ein, sie seien »nicht besonders willig« umgezogen, weil sie günstigere Plätze im Stadtzentrum aufgeben mußten. Daß der Freistaat wegen langfristiger Verträge für einige der geräumten Gebäude weiter Miete zahlen mußte, erwähnte er nicht. 1996 monierte der Rechnungshof in Paunsdorf immer noch 4.700 Quadratmeter ungenutzte Fläche, für die sinnlos Miete entrichtet werde. Knapp 24 Mark je Meter.

Gestritten wurde, ob die Miete damals marktüblich gewesen sei. Müßig zu streiten, meinte Biedenkopf. Es habe damals angesichts der Bedarfslage praktisch keinen Vermietermarkt gegeben. »Entweder wir kriegen es für 23 Mark oder gar nicht!«

Dieser Mietzins aber wurde einheitlich für die gesamte Gebäudefläche von etwa 53.000 Quadratmetern erhoben, Treppenhäuser und Hundezwinger inclusive. Und er wurde Freund Barth auf 25 Jahre garantiert – ein garantiert unübliches Schnäppchen. Eine Kaufoption wurde dem Freistaat erst nach zehn Jahren eingeräumt. Das 15fache der Jahresmiete, also etwa 237 Millionen Mark, wären dafür fällig.

352 Millionen Mark Schaden für den Freistaat hatte die PDS wegen dieser Konditionen insgesamt errechnet. Darunter waren auch sogenannte nutzerspezifische Einbauten für 33 Millionen Mark, mit denen das Gebäude erst seiner eigentlichen Bestimmung genügte.

Der Ende August 2001 vernommene ehemalige Leiter des Leipziger Liegenschaftsamtes Norbert Steiner bezifferte den Gesamtschaden für ähnliche Fälle in Sachsen auf 260 bis 300 Millionen Mark.

Nach der Kritik des Rechnungshofes wurden 1997 mit dem widerwilligen Heinz Barth einige kosmetische Verbesserungen für Paunsdorf nachverhandelt. Die Opposition gab sich mit zwei Kleinen Anfragen zufrieden, die Presse unterließ es, scharf nachzuwaschen. Bis zum Jahr 2000 wuchs Gras über die Geschichte.

Ihre Wiederentdeckung fiel augenscheinlich mit dem CDU-Spendenskandal um Ex-Kanzler Helmut Kohl zusammen. Eine weitere Ironie der unendlichen Geschichte eines seltsam verketteten, obschon in verschiedene Richtungen tretenden Tandems.

Die PDS erinnerte sich zu Beginn des Jahres 2000, daß damals noch einige Fragen offen geblieben waren. Darunter die spannende, ob der Ministerpräsident nicht seinem Amigo Heinz Barth zu hübscher Rendite seiner Investitionen verholfen und zum Dank ein paar kleinere Spenden für die sächsische Union erhalten habe. Was bislang nur als Gerücht kursierte, erhärtete sich im Verlauf der Zeugenvernehmungen immer mehr: Die Vertragsbedingungen wurden praktisch von der Staatskanzlei diktiert, die formal handelnden Liegenschaftsbehörden hatten de facto keinen Spielraum.

Kurt Biedenkopf legte, obschon politisch angeschlagen, am 26. Februar 2001 einen cleveren Sechsstundenauftritt vor dem Untersuchungsausschuß hin. Sein Engagement in der Sache sei selbstverständlich, er habe nichts zu verbergen und würde wieder so verfahren. Alle Vorwürfe einer Begünstigung seien »beleidigend«. Nur einmal rutscht ihm eine verräterische Äußerung heraus, als er nach einer privaten Beteiligung der Biedenkopfs an der Barth-Gesellschaft gefragt wurde: »Zu meinem Bedauern nein, sonst wären wir reiche Leute.«

Der von ihm gerade geschaßte Finanzminister Georg Milbradt fiel einen Tag später seinem langjährigen Chef nicht rachsüchtig in den Rücken, sondern beließ es bei Andeutungen, die freilich jeder, der ihn kannte, zu interpretieren wußte.

Barth habe die Angewohnheit gehabt, sich mit jeder Kleinigkeit direkt an den Ministerpräsidenten zu wenden. Als Gesprächspartner habe er überhaupt nur Chargen vom Staatssekretär an aufwärts akzeptiert. Da pflegten er und Biedenkopf »unterschiedliche Kulturen«, wenn dieser sich jeden Einzelfall selbst auf den Tisch holte, er hingegen Arbeit dezentralisierte. Die Mietkonditionen seien aus heutiger Sicht »nicht gerade vorteilhaft«, auch wenn man damals keine andere Wahl gehabt hätte. Seine grundsätzliche Skepsis gegenüber Investorenmodellen brachte Milbradt allerdings erst jetzt zum Ausdruck.

Der Abwehrblock der CDU im Untersuchungsausschuß stand auch nicht sehr souverän und wurde nach Milbradts Entlassung als Minister durch den Rücktritt ihres Obmannes Horst Rasch erschüttert. Offiziell begründete er diesen stillen Protest gegen Biedenkopf nicht. Nicht wenige CDU-Abgeordnete hielten die Vorgänge ohnehin für untersuchungswürdig.

Entlastungsversuche fielen durch zwei Zeugenaussagen im Sommer 2001 weitgehend in sich zusammen. Ministerialdirigent Michael Muster, im Finanzministerium lange für die Liegenschaften zuständig, bekam für seine erste Vernehmung so offenkundig einen Maulkorb verpaßt, daß er zweimal geladen werden mußte. Muster war formell Barths Verhandlungspartner, handelte aber offenbar nicht im eigenen Ermessen. In seiner Vernehmung hatte Biedenkopf versucht, die Verantwortung für die Mietabschlüsse dem Finanzministerium zuzuschieben. Außerdem bestritt er, sich nach dem Abschluß der ebenfalls von ihm vorgegebenen Grundkonditionen weiter eingemischt zu haben. Er habe sich lediglich »laufend erkundigt« und »wichtige Hinweise des Investors weitergegeben«.

Muster kippte dieses Gebäude bei seiner zweiten Vernehmung in einiger Verlegenheit. Biedenkopf habe ihn – an Finanzminister Milbradt vorbei – zu raschen Vertragsabschlüssen gedrängt und noch im Oktober 1993 in die Staatskanzlei einbestellt, um weitere Mieter für das Behördenzentrum ausfindig zu machen.

Bei Kontakten spielte übrigens der bereits erwähnte persönliche Referent Wolf-Eberhard Kuhl die Rolle des königlichen Boten. Den argumentativen Knock-Out verpaßte Ende August ein jovialer, unbekümmerter Bajuware – der 1994 suspendierte ehemalige Leiter des Leipziger Liegenschaftsamtes Norbert Steiner. Auch ihm war zuvor mit Strafanzeige aus Regierungskreisen gedroht worden, falls er etwas zu Frau Biedenkopf aussage. Außerdem berichtete er von einem Einbruch in das Büro seines Anwalts.

Steiner sprach deutlich davon, daß Biedenkopf in der Paunsdorf-Sache die Fäden in der Hand gehalten habe. »Da gab's nichts mehr zu verhandeln.« Die Verträge fielen klar zum Nachteil des Freistaates aus. Höhepunkt seiner Aussage war die Schilderung zweier Telefonate, die sein Vorgesetzter Michael Muster in seinem Beisein zunächst mit Barth und anschließend mit Ingrid Biedenkopf geführt habe. Dem »Grüß Gott, Frau Biedenkopf« folgte am 10. November 1993 eine Art Vollzugsmeldung, daß alles wunschgemäß in Ordnung gehe.

Kurt Biedenkopf hatte zuvor energisch jede Verwicklung seiner Frau bestritten und behauptet, sie verstehe (obschon diplomierte Handelskauffrau) nichts von Investitionen.

Steiner erklärte dazu, er habe den Eindruck gehabt, seine Versetzung in den Ruhestand 1994 habe auch etwas mit seiner Widerborstigkeit zu tun und gehe möglicherweise auf die Landesmutter zurück. Das angestammte CSU-Mitglied rundete seine Aussage mit dem Kommentar, so etwas wäre nicht einmal »dem Strauß in Bayern passiert«.

Der Mehrheitsfraktion blieb nichts anderes mehr übrig, als Steiners etwas krachledrene Aussagen als unglaubwürdige »Räuberpistole« zu diskreditieren.

Unter Bezug auf den nun im Raum stehenden Vorwurf einer Falschaussage Biedenkopfs wies SPD-Obmann Karl Nolle darauf hin, dieser habe getrost und lächelnd lügen können, weil er nicht als Zeuge, sondern als Betroffener vor dem Ausschuß gehört wurde.

Unbewiesen blieben die Vorwürfe des Magazins »Focus«, Barth habe nach eigenen Aussagen mehrfach Gelder in kleinen Tranchen für »Freund Biedi« und dessen CDU-Wahlkampf gespendet. Berichtet wurde von einem Spenden-Dinner in Köln im März 1999.

Vor dem Untersuchungsausschuß erntete Kurt Biedenkopf einen Lacher, als er lediglich von einer 50 Mark-Spende sprach und weitere Erkenntlichkeiten Barths verneinte.

Schwerer wog die Einstellung von Vorermittlungen durch die Leipziger Staatsanwaltschaft im Juni 1998. Sie war nach der Kritik des Rechnungshofes tätig geworden und hatte begonnen, die Vorgänge um die Gebäude am Erich-Weinert-Platz und in Paunsdorf zu prüfen. Das blieb der Staatsregierung natürlich nicht verborgen, zumal Akten aus dem Finanzministerium angefordert werden mußten. Staatssekretär Karl-Heinz Carl verweigerte im August 1997 auch prompt die Herausgabe brisanten Materials. Im November bat Generalstaatsanwalt Jörg Schwalm die Leipziger, »nochmals eindringlich zu prüfen, ob der Vorgang abgeschlossen werden kann«.[124] Zugleich sollte ihm fortlaufend von Ermittlungen berichtet werden.

Der Anfangsverdacht der Untreue aber bestand fort und hätte zur Einleitung eines Ermittlungsverfahrens ausreichen müssen. Generalstaatsanwalt Schwalm aber, schon mehrfach in den Verdacht geraten, verlängerter Arm von Justizminister Steffen Heitmann zu sein, berichtete diesem am 14. Mai 1998 von der Liquidation des Verfahrens: »Ich habe die Staatsanwaltschaft gebeten, zeitnah mit abschließender Verfügung von der Einleitung eines Ermittlungsverfahrens abzusehen.«[125]

Staatsanwältin Dr. Laube in Leipzig gehorchte, sehr zur Verwunderung des Landeskriminalamtes. Ihre Begründung las sich stellenweise wie ein Schelmenstück, wie ein Appell an den wachen Leser zwischen den Zeilen. Alle in Rede stehenden kritischen Punkte wurden bestätigt und minutiös dokumentiert. Auch der Eingriff Kurt Biedenkopfs vom 1. Juli 1993, wobei er die Vertragskonditionen nannte, die dem vom Investor übersandten Vertragsentwurf entsprachen. Auch der fragwürdige Misch-Mietpreis: »Wäre nur die Hauptnutzfläche zu zahlen, könnten jährlich ca. 4 Millionen DM eingespart werden.« Dann bekam die Staatsanwältin in auffälliger Weise die Kurve und begründete, warum dennoch kein Vorsatz zur Veruntreuung bestanden habe. Falsche Entscheidungen entschuldigte sie abschließend mit den Provisorien des damaligen Verwaltungs- und Behördenaufbaus.

Eine mögliche Wiederaufnahme des Verfahrens parallel zur Einsetzung des Untersuchungsausschusses im Frühjahr 2000 verhinderte der Generalstaatsanwalt. Mit dem deshalb im Raum stehenden Vorwurf der Strafvereitelung im Amt hat sich der Ausschuß noch nicht befaßt.

Die bisherigen Vernehmungen erhellen zugleich einen Teil der Funktionsweise des »Systems Biedenkopf«. Wenn dieser behauptet, er habe die Bedingungen des Herrn Barth nur »zur Information« handschriftlich auf einem Aktenblatt notiert, kann man ihm formal nicht widersprechen. Die Frage, ob die beauftragten vertragschließenden Beamten des Finanzministeriums die Möglichkeit gehabt hätten, wirklich zu verhandeln und auch zu anderen Konditionen abzuschließen, ist aber rein theoretischer Natur. Eine solche Notiz wurde als Weisung empfunden, der Investor diktierte über den Regierungschef seine Bedingungen.

Gerade der Zeuge Steiner veranschaulichte außerdem den bereits in Nordrhein-Westfalen kolportierten Biedenkopfschen Zug der Illoyalität. Aus Nibelungentreue gegenüber seinen Unternehmerfreunden ließ er subalterne Beamte gern im Regen stehen. »Biedenkopf steht nie hinter einem. Wenn die Sache herauskommt, schlagen sie uns«, zitierte Steiner seinen Vorgesetzten Michael Muster. In seiner Mietaffäre meinte der Ministerpräsident selbst einmal rechtfertigend und mit Stolz das Prinzip verkünden zu müssen, in den ihn persönlich betreffenden Angelegenheiten nie selbst zu entscheiden.

Paunsdorf ist kein Einzelfall. Die PDS scheiterte bislang mit dem Ansinnen, den Gegenstand des Untersuchungsausschusses auf das Behördenzentrum in Grimma, etwa 20 km vor Leipzig gelegen, zu erweitern. Auch hier warf sich nach bislang vorliegenden Informationen der Investor klagend an die Landesmutterbrust. Ingrid Biedenkopf stauchte Finanzstaatssekretär Carl zusammen, woraufhin auch hier Mietverträge zu höchst ungünstigen Konditionen abgeschlossen wurden.

Kurt Biedenkopf hat die Werbung von Investoren zu Recht stets als eine seiner Hauptaufgaben im Amt des Ministerpräsidenten angesehen. Fragt man Bürger nach seinen zählbaren Verdiensten, wird diese Aktivität meist zuerst genannt. In mehreren Fällen hat er aber auch eingeräumt, daß diese Ansiedlungen einen Preis haben. Nicht nur einen politischen wie im Fall Paunsdorf, sondern zumeist einen in Mark und Pfennig abrechenbaren. Der Freistaat hat Milliarden als Köder für Standortentscheidungen locker gemacht.

Eine Gesamtbilanz der damit letztlich erzielten »Rendite« wagt derzeit niemand. Was zählt, ist in der Krise der Arbeitsgesellschaft ohnehin nur die »Arbeitsplatzrendite«. Da ist ein (vermeintlich) zukunftsfähiger Arbeitsplatz eben nicht mehr unter einer Million Mark Kapitaleinsatz zu haben. Wie weit man alten Freunden auf Kosten des Steuerzahlers entgegenkommen darf, um ihnen den bitteren Gang nach Osten zu versüßen, steht auf einem ganz anderen Blatt. Die Paunsdorf-Geschichte trägt jedenfalls alle Züge einer handfesten Amigo-Affäre. Das passende Zitat hierzu stammt wiederum von Kurt Biedenkopf: »Es ist unstreitig, daß der Staat gesamtpolitische und gesamtwirtschaftliche Ziele gegenüber wirtschaftlichen Sonderinteressen durchzusetzen hat.«[126]

My home is my money box

Nicht nur Gottes Mühlen mahlen langsam, sondern manchmal auch die der Opposition und der »Vierten Gewalt«. Das zeigte schon die Paunsdorf-Aufarbeitung. Auch das Wettrennen des Frühjahrs 2001 um den inoffiziellen Titel des Oberhofvorhangwegziehers kam mindestens fünf Jahre zu spät. Ein regelrechter Enthüllungssport um die aufregendste Home-Story des Königspaares setzte ein. Plötzlich entdeckten vor allem Boulevardblätter und Abgeordnete, was mit wenig Aufmerksamkeit spätestens seit 1994 bekannt war: Die Biedenkopfs wohnten unverschämt günstig im Gästehaus der Staatsregierung und genossen auch sonst eine Reihe von Annehmlichkeiten auf Steuerzahlerkosten.

Schuld an der leidigen Geschichte war wieder einmal Finanzminister Milbradt. Er hätte 1993 nur zustimmen müssen, dann hätten die Biedenkopfs in die unweit und ebenfalls in Oberloschwitz gelegene standesgemäße Villa Hermann-Prell-Straße 6 umziehen können.

2,1 Millionen Mark waren bereits in den Haushaltentwurf für den Umbau der Villa eingestellt worden, die unter dem früheren SED-Bezirkschef Hans Modrow als Herberge für Gäste aus aller Welt diente. Ein wunderbar am Hang gelegenes Haus unter Bäumen, von dessen Terrasse der Blick weit über die Elbaue schweifen kann. Drinnen Ledertapeten, Meißner Porzellan-Dekor, Kellerbar. Dem Landesvater soll das Haus spontan gefallen haben, von Ingrids vermutlichem Entzücken ist leider nichts berichtet.

Der Umbau aber sollte den Steuerzahler insgesamt 3,2 Millionen Mark kosten, 400.000 Mark für Wunschmöbel wären

noch hinzu gekommen. Nein, sagte damals der sparsame Finanz-
minister und verdammte damit das Königspaar, weiterhin im
Gästehaus zu wohnen. (Heute wird die verweigerte Villa vom
ifo-Institut für Wirtschaftsforschung genutzt, dessen Dresdner
Niederlassung sich ebenfalls reichlicher Transfusionen aus dem
Wirtschaftsministerium erfreute.)

Ein Jahr später tauchte das Gerücht auf, die in der Nähe
gelegene Villa des ehemaligen Tabakfabrikanten Hugo Zietz,
Erbauer der Yenidze-Tabakmoschee an der Elbe, könnte die Biedenkopfs für die zeitweilige Abwesenheit vom Chiemsee ent-
schädigen. Das Finanzministerium prüfte, aber die Villa war im
Stadtbesitz und wurde seit 1986 vom renommierten Dresdner
Zentrum für zeitgenössische Musik unter Prof. Udo Zimmermann genutzt. (Im Jahr 2001 wurde die Villa allerdings doch verkauft, weil die Stadt für eine Galerie Geld brauchte. Und, wie man
hörte, unter Wert.)

Zwei weitere Objekte waren im Gespräch, aber das Finanzministerium schlug im Dezember 1994 dem Ministerpräsidenten
vor, wegen der günstigsten Kosten bis auf weiteres seine Dienst-
wohnung im Gästehaus Schevenstraße 1 zu belassen, das bis zum
Herbst 1989 Gästehaus der Bezirksverwaltung des MfS gewesen
war. Am 20. Dezember 1994 stimmte Biedenkopf in einem hand-
schriftlichen Vermerk zu, war also über seine Mietverhältnisse
informiert.

Zu jener Zeit lief allerdings noch ein Revisionsverfahren beim
Bundesgerichtshof um die Eigentumsrechte am Grundstück. Die
Erbengemeinschaft Reichelt focht die Enteignung zu DDR-Zeiten an. Würden sie gegen die Treuhandanstalt obsiegen, so solle
auch mit den Alteigentümern ein Mietvertrag angestrebt werden,
ergänzte Biedenkopf seinen Vermerk.

Das Gästehaus, in dem die Biedenkopfs bis zum Sommer 2001
wohnten, ist nach Beschaffenheit nicht unbedingt eine Sozial-
wohnung, stellte sich aber schon 1994 als eine solche heraus. Da
nämlich rügte der Rechnungshof erstmals öffentlich die Mietkonditionen. Um diese Zeit waren gerade etwas ruhigere Zustände im Haus eingekehrt. In den ersten Jahren diente es, wie bekannt,
vielen heimatvertriebenen Neusachsen in der Landesregierung als
Interims-Schlafstätte. Bis zu 30 Minister, Staatssekretäre und Spit-
zenbeamte nächtigten in der sogenannten Regierungs-Wohnge-

meinschaft. Über das Regime, das die »Landesmutter« hier führte, ist in dem ihr gewidmeten Kapitel schon berichtet worden.

Bis 1997 wurden die Biedenkopfs wie Gäste des Freistaates untergebracht. Kostenlos, denn laut Ministergesetz stand Kurt Biedenkopf eine Amtswohnung zu. Dafür verzichtete er auf etwa 1.200 Mark Ortszulage und versteuerte den geldwerten Vorteil des Gratis-Quartiers mit insgesamt 64.000 Mark in diesen sechs Jahren. Andere Vorteile genossen die Biedenkopfs wie nebenbei noch bis zum Sommer 2001. Das sechsköpfige Personal von Koch bis Putzfrau, das anfangs der Bewirtschaftung des gesamten Komplexes diente, stand nach dem Auszug der meisten Regierungsmitglieder fast nur noch ihnen allein zur Verfügung. Und der Mutter Ingrids und ihren Kindern aus erster Ehe, die zeitweise ebenfalls gratis im Gästehaus wohnten. 300.000 Mark jährlich versteckten sich für diesen Service in einem Haushalttitel der Staatskanzlei. Weniger privilegiert waren offenbar andere Minister wie Heinz Eggert oder Kajo Schommer, denen Mietbeträge vom Ministergehalt abgezogen wurden.

1997 wurde nach einer Änderung des Bundesbesoldungsgesetzes und damit auch des sächsischen Ministergesetzes per 1. Juli die Amtswohnung in ein Mietverhältnis umgewandelt.

Das Land trat weiterhin als Mieter gegenüber der Treuhand-Liegenschaftsgesellschaft auf – eine groteske Situation, vermietete damit doch der Freistaat quasi an sich selbst. Auf die Mietkonditionen nahm Kurt Biedenkopf, wie er glaubwürdig versicherte, nie Einfluß. Er hatte sich aber, und dahin gingen die Vorwürfe, auch nie dafür interessiert – oder die offenkundigen Vorteile als selbstverständlich angesehen.

Seine Bestürzung vor der CDU-Landtagsfraktion am 4. April 2001 mag echt gewesen sein, nachdem Zeitungen die Kleinen Anfragen der SPD-»Kampfwalze« Karl Nolle zu den Wohnverhältnissen des Regenten öffentlich gemacht hatten. Nolle, ein 56jähriger Druckereibesitzer, hatte sich mehr Juso-Mentalität bewahrt als sein damaliger Kampfgefährte und heutiger Bundeskanzler Gerhard Schröder. Mit Bestürzung und Wut reagierte bei gleicher Gelegenheit allerdings auch ein anderer, inzwischen einfacher CDU-Abgeordneter: Biedenkopf hatte seinen kurz zuvor gefeuerten Finanzminister Milbradt indirekt der Urheberschaft dieser Kampagne verdächtigt.

Anfang April war bekanntgeworden, daß die Biedenkopfs den lächerlichen Sozialwohnungstarif von 8,15 Mark Kaltmiete für die noble Elbhanglage zahlten, alles in allem 1.857 Mark für 155 Quadratmeter. Einen Monat später kam es noch dicker, als der Rechnungshof-Prüfbericht von 1994 ausgegraben wurde. Der hatte schon damals von einer »hotelähnlichen Unterbringung« gesprochen und kostendeckende Mieten für den gesamten Service errechnet. Im Jahre 1993 hätten demnach schon 92 Mark Miete je Quadratmeter verlangt werden müssen. Grundsätzlich handele es sich um nicht mietpreisgebundenen Wohnraum, stellte der Rechnungshof außerdem fest. Zahlen der Staatskanzlei für das Jahr 2000 belegten den Preis für die sächsische Hofhaltung eindrucksvoll. Gesamtausgaben für Miete, Betriebskosten und Personal von rund 650.000 Mark standen Mieteinnahmen von lächerlichen 27.770 Mark gegenüber.

Der Ministerpräsident rechtfertigte sich später, auf die Rechnungshofkritik habe ja niemand reagiert, weshalb er von ordnungsgemäßen Wohnverhältnissen ausgehen mußte. Das war eine Spitze gegen das zuständige Finanzministerium.

Der Rechnungshof hatte aber auch darauf hingewiesen, daß schon 1991 ein Schreiben des Ministeriums mit einer neuen Mietberechnung ohne Echo in der Staatskanzlei geblieben war. Ebenso erging es einem Hinweis 1994. Zu allem Überfluß wurde auch noch bekannt, daß Ingrid Biedenkopf 1992 eine Mieterhöhung verhindert haben soll. Auch die zugesagte Miete für den vorübergehenden Aufenthalt von Tochter Petra und Schwiegersohn Andreas Waldow war nie eingegangen. Dafür erhielten zwei Mitarbeiterinnen von Waldows »zur Überbrückung eines Personalausfalls« Reinigungsfirma »Wisser« – ebenfalls auf Steuerzahlerkosten – Beschäftigung im Gästehaus.

In den Redaktionsstuben und besonders im Büro des SPD-Abgeordneten Karl Nolle wurde unterdessen scharf nachgeladen. Waidwund geschossen, sollte der stolze Hirsch auch zur Strecke gebracht werden. Nolle wurde dabei nach eigenem Bekunden eifrig von Untergrundkämpfern aus der Staatskanzlei mit Informationen versorgt. Ebenso vom Fußvolk aus dem Finanzministerium, dessen abgewatschten Chef Milbradt nicht nur Biedenkopf als Drahtzieher der Kampagne vermutete. Und besonders die »Bild«-Zeitung, die vor Jahresfrist noch süßlich um die Biedenkopfs herumzwitscherte, betrieb nun Erbsenzählerei und zündete all die Minen, die rund um die Staatskanzlei im Boden zu rosten schienen: die Enkelkindertransporte mit dem Dienstwagen, die Einkaufsfahrten mit den tütentragenden Bodyguards, die im Ernstfall keine Hand für die Waffe frei hätten, private Hubschrauberflüge, angebliche Flugaffären und natürlich der Törn auf Freund Schlereths Luxusjacht. Biedenkopf selbst hatte vor dem Paunsdorf-Untersuchungsausschuß eine Vorlage gegeben, als er beiläufig die ihm als Landtagsabgeordneten zustehende Mitarbeiterin erwähnte. Er habe sie dem Büro seiner Gattin in der Staatskanzlei zur Verfügung gestellt.

Vieles schillerte im Scheinwerferlicht, das bis dahin im Verborgenen blühte. Eindeutig nachweisbar ist zum Beispiel der ebenfalls seit 1994 bekannte Umstand, daß auch das frühere Ries'sche Anwesen am Chiemsee an 365 Tagen im Jahr von einem sächsischen Polizisten bewacht wird. Angeblich die billigste Lösung, weil auch für dieses Haus Sicherheitsstufe 1 gilt. Der Beamte wurde auch dann nicht überflüssig, als man im August 1994 einen offenbar nicht so vertrauenerweckenden Zaun samt Videoüberwachung um die Datsche zog. 400.000 Mark legte der Freistaat dafür hin. Das Ferienhaus gilt der Staatskanzlei als sächsisches Camp David. Hier wurden – angeblich – Investitionen zum Wohle Sachsens angebahnt, hier kamen immer mal wieder höchst bedeutende Gäste, für die dann auch gleich der Staatskoch aus der Dresdner Schevenstraße das Abendessen bereitete.

Und weil man als Fahnder eine einmal eingebrockte Suppe auslöffelt, bis die Archive oder das Langzeitgedächtnis nichts mehr hergeben, kamen im Frühjahr 2001 auch andere kolportierte oder belegbare Merkwürdigkeiten bei Hofe wieder an die Oberfläche. Etwa daß bei Pressebällen und Wohltätigkeitsessen die Hauptgewinne seltsamerweise meist in der Familie oder bei nahen Angestellten blieben. Oder bei der Büroleiterin des Dresdner CDU-Oberbürgermeisters. Wieviel Champagner bei Hoffesten floß. Und wie der Ministerpräsident doppelt so viel reiste wie der Durchschnitt seiner MP-Kollegen in anderen Bundesländern. Hatte nicht der Freistaat auch 50.000 Mark zu seiner Feier des 70. Geburtstages zugeschossen? Und bekam er nicht dort eine Uhr aus Glashütte im Wert von 139.000 Mark geschenkt, die er laut Ministergesetz gar nicht hätte annehmen dürfen?

Die Staatskanzlei versuchte wochenlang, ihren König durch das Rücken einiger Figuren aus dem Schach zu ziehen. Je nach Position erntete sie dafür Kopfschütteln, Gelächter oder ätzende Kommentare. Für die Konfusion in dieser Angelegenheit sprach, daß erst eine Arbeitsgruppe in dreiwöchiger Recherche die Verhältnisse klären sollte. Der Hof ermittelte sozusagen gegen sich selbst, während der zu Entlastende in eben jener Zeit verreiste und die Interessen Sachsens in den Vereinigten Staaten von Amerika wahrnahm.

Der erste Bericht von Staatskanzleichef Georg Brüggen am 2. Mai 2001 stellte dank freundlicher Gutachter sogar überhöhte Mieten wegen zuviel berechneter Quadratmeter und vergessener Mietsenkungen der Treuhand-Liegenschaftsgesellschaft fest. Während der sieben Vermessungen im Lauf der Jahre war das Haus stetig geschrumpft. Außerdem befand sich die Haustechnik noch auf übelstem Ost-Standard, hieß es. (Anfang der 90er allerdings war die Boulevardpresse nicht müde geworden, die gediegene Ausstattung und das allerfeinste Westniveau zu loben.) Für die Gutachten zahlte die Staatskanzlei übrigens rund 78.000 Mark.

Ein dosiertes »mea culpa« wegen mangelhafter Trennung des Dienstlichen vom Privaten fehlte auch nicht und sollte die jagende Meute beruhigen.

Das Gegenteil trat ein. PDS-Landeschef Peter Porsch trieb seine Nachzahlungsforderungen bis auf die Höhe von 1,2 Millionen Mark und verlangte eine Auflösung des »Hotels Ingrid«. SPD-Mann Nolle veröffentlichte Umfragen, die eine sinkende Gunst in der Bevölkerung signalisieren sollten.

Schließlich errechnete am 30. Mai das Finanzministerium abschließend einen Nachzahlungsbetrag von 120.240 Mark. Während der Rechnungshof nach einer erneuten Prüfung pro Jahr rund 100.000 Mark und der Steuerzahlerbund insgesamt eine halbe Million Nachzahlungen erwarteten, verschlug eine Dreistigkeit Biedenkopfs seinen Jägern zunächst die Sprache: Für die vom sächsischen Polizisten genutzte Einliegerwohnung im Ferienhaus, also für die Wacht am Chiemsee, verlangte er 110.000 Mark Gegenleistung vom Staat.

Am Ende zahlte der Ministerpräsident aber doch den vom Finanzministerium genannten Betrag und suchte sich gleich darauf ein neues Domizil zwischen Weinbergen und Karl Mays

»Villa Bärenfett« im benachbarten Radebeul. Ein angebotener neuer Mietvertrag wurde nicht mehr wirksam und das Gästehaus aufgelöst. Während Kurt Biedenkopf nun einen Schlußstrich zog, waren die Nachwehen der Angelegenheit für Wadenbeißer Nolle oder Datenschützer Giesen auch im September 2001 nicht ausgestanden.

Warum hat niemand schon früher gebohrt?

In einer funktionierenden Demokratie hätten diese Affären hinlänglich für einen Rücktritt gereicht. Darüber muß man nicht einmal spekulieren, sondern nur die vergleichbaren Fälle in jüngster Zeit erinnern. Der niedersächsische Ministerpräsident Glogowski ließ sich Hochzeit und Urlaubsreise sponsorn und mußte gehen. Nordrhein-Westfalens Finanzminister Schleußer flog zuviel auf Kosten der Landesbank. In Sachsen-Anhalt stolperte Landwirtschaftsminister Rehahn über angeblich mißbrauchte Fördermittel für seinen Bauernhof, in Brandenburg sein Kollege Zimmermann in gleicher Sache, hier war es eine Bäckerei. Für Lothar Späths Abgang als Regierungschef in Baden-Württemberg reichte ein Segeltörn. In Bayern gingen die Amigos Max Streibl und Gerold Tandler ...

Nur ein Erdbeben könnte die Stellung Kurt Biedenkopfs in Sachsen erschüttern, hieß es über fast ein Jahrzehnt. Und: Nur Biedenkopf könne Biedenkopf stürzen – ein Bonmot, das sowohl auf Kurt als auch auf Ingrid zu beziehen war. Nun hatte die Erde zumindest am Dresdner Elbufer gebebt und der Thron mit ihr, aber dessen ungeachtet schien Biedenkopf vorerst unerschütterlich. Wieder stützten sich Herrscher und Volk gegenseitig. Noch immer erfuhr der Regent 64 Prozent Zustimmung in der Bevölkerung, auch wenn niemand eine spontane Solidaritätskundgebung Hunderttausender vor der Staatskanzlei gesehen hatte. Noch immer vermittelte Biedenkopf den Sachsen das Gefühl, sie vor allem kompetent nach außen zu vertreten. Führerlos fielen sie ins Leere, eine personelle Alternative ähnlichen Formats war nicht in Sicht.

Sein fehlendes Unrechtsbewußtsein traf sich mit dem fehlenden Rechtsbewußtsein im Volk. Ein Zustand, der einer Demokratie wenig dienlich ist. »Weite Teile der Bevölkerung hätten es

Kurt Biedenkopf unter Umständen nicht einmal übel genommen, wenn er mit ihren Steuergeldern die ganze Staatskanzlei hätte vergolden lassen«, schrieb Autor Peter Köpf zwei Jahre vor dem Eklat um das Gästehaus.[127] Er spielt damit auf die vergoldete Dachkrone der Staatskanzlei an.

Im April 2001 unterstellte ein Dresdner Leserbriefschreiber kleingeistigen West-»Bürokratenseelen« und westgesteuerten Medien die Auslösung der respektlosen Kampagne gegen den geliebten Fürsten. »Was interessiert es mich, ob der Polizeihubschrauber einmal mehr oder weniger aufsteigt, ob die Miete ausreichend ist usw. usw. Ich wäre dafür, daß Biedenkopfs in Anerkennung ihrer Leistungen mietfrei wohnen und von mir aus den ganzen Tag unentgeltlich fliegen und reisen können.«[128]

So wurde Dankbarkeit eben doch zu einer politischen Kategorie, die Biedenkopf nutzte und stabilisierte. Denn die Vorwürfe gegen ihn und seine Frau, soweit sie aus Sorge um eine junge Demokratie berechtigt sind, laufen ins Leere, wenn die Bürger selbst in Privilegierte und Nichtprivilegierte unterscheiden. Leistung im Dienst des Staates erscheint ihnen nicht mehr selbstverständlich, sondern als eine mit der Gewährung aller Freiheiten verbundene Sonderleistung. Es sind Privilegien, die man sich selbst in gleichem Umfang genehmigen würde, hätte man nur die Begabung und manchmal auch die Skrupellosigkeit für den Aufstieg in die Sphäre der Unberührbaren. So zeichnen sich nicht nur die Großkopfeten fleißig untereinander aus und dekorieren sich gegenseitig, um die Kaste hoch und rein zu halten, sondern dürfen sich auch einer verehrungssüchtigen Anhängerschaft gewiß sein. Staatskanzleichef Georg Brüggen kann man geradezu wörtlich nehmen, wenn er in einem Interview in bezug auf den MP antwortete: »Die Menschen im Lande wollen kein Hauen und Stechen, sie wollen Führung, und die haben sie ihm hoch angerechnet.«[129]

Es sind allerdings nur wenige, die von einer Mehrheit der Bevölkerung faktisch außerhalb des Staates gestellt werden. Schon knapp unterhalb der Ebene solcher Ikonen und erst recht bei der Beurteilung der Legislative beginnt der Neid. Neid auf vermeintliche Nichtstuer, auf die eigentlich von ihnen gewählten Repräsentanten, deren Funktion die meisten Wähler nicht realisieren. Jede Zeitung, die das Diätenthema für Abgeordnete anschneidet, findet gierige Leser. Nach deren Meinung werden in den »Quatsch-buden« unsere Steuergelder verschleudert, während eine auf höchster Ebene in den Sand gesetzte Investition zweifelsfrei dem Wohle des Landes dient.

In Sachsen ist das fragmentierte demokratische Bewußtsein besonders dürftig ausgeprägt und deshalb pars pro toto besonders gut zu studieren ist. Eigene Leistung wird durch Projektion auf den Herrscher abgewertet und erfährt erst durch dessen Wiederlob ihre eigentliche Bestätigung. Der König kann unmöglich nackt sein, sonst fühlte man sich mit ihm entblößt. Wenn es überhaupt etwas zu verzeihen gibt, verzeiht man im Interesse des Landes alles. Erklärungsversuche, warum sowohl die Presse als auch der kontrollierende Landtag und nicht weniger die Regierungspartei CDU zehn Jahre lang so zahm blieben, sind derzeit noch ganz rar. Vermutungen unter den wenigen intellektuellen Kritikern gehen dahin, daß es einen unausgesprochenen Konsens gab, den Standort zu schonen. Fast alle erlagen dem »Sachsen-Mythos«. Mit dem Standortwettbewerb ließ sich jede Erpressung, jedes zugedrückte Auge rechtfertigen.

Biedenkopf selbst tat dies beispielsweise kurz vor Einsetzung des Paunsdorf-Untersuchungsausschusses. »Wenn jetzt die Sozialisten hier im Landtag jede für Sachsen mit großen Mühen gewonnene Investition dem Verdacht aussetzen, man habe diese nur deswegen gefördert, um Spenden zu bekommen, dann beschädigt das erfolgreiche politische Arbeit. Dieses Gerede schreckt nur potenzielle Investoren ab. Wenn wir uns nicht mehr verständigen können über das, was wir gemeinsam wollen, dann haben wir es nicht besser verdient. Dann dürfen wir uns auch nicht wundern, daß sich tüchtige Frauen und Männer von einem politischen Engagement fern halten.«[130] Kurz: Der gute Zweck heiligt alle Mittel. Und politisches Engagement muß durch Privilegien stimuliert werden.

In die gleiche Kerbe schlug ein Jahr später das Magazin »Focus«: »Soll jetzt wirklich alles aufs Spiel gesetzt werden, weil kameralistische Bagatellen für überzogene Korruptionsvorwürfe herhalten müssen?«[131]

Wer Biedenkopf beschädigt, beschädigt Sachsen.

Es gibt kein Recht und keinen Staat, der über ihm und den wirtschaftlichen Interessen stehen darf.

Auch das hat zehn Jahre lang funktioniert. Erst ein für die eigene Partei zunehmend unberechenbarer Ministerpräsident in seiner letzten Amtsperiode und ein – zugegeben leicht hyperaktiver – SPD-Mann Nolle veränderten die Statik. Und außerdem gehörte es zum Ehrgeiz der »Vierten Gewalt«, der Medien, mitbestimmen zu wollen, wann jemand zu bleiben oder zu gehen hat und demzufolge abzuschießen ist. Nicht zu vergessen: Ein dialektischer Journalismus brauchte Biedenkopf lange als Kohl-Gegenspieler und konnte gar kein Interesse haben, ihn zu demontieren.

Biedenkopf thront noch immer. Die CDU-Landtagsfraktion hatte nach den Attacken auf ihn noch einmal zu bemerkenswerter Solidarität gefunden und den Schild, auf den sie König Kurt einst hob, zu einer Abwehrschlacht aufgestellt.

Indirekte Unterstützung kam manchmal auch aus Lagern, wo man sie nie vermuten würde. PDS-Finanzexperte Ronald Weckesser, zugleich Vorsitzender des Haushaltausschusses im Landtag, dämpfte zum Beispiel gemeinsam mit der Wohnungsexpertin und Bundestagsabgeordneten Christine Ostrowski (PDS) die Hysterie. Eine nüchterne (und im Vergleich zu den Staatskanzlei-Gutachten sehr viel preiswertere) »Analytische Lesehilfe« zum Gästehaus wog die verschiedenen Varianten ab.

Und ausgerechnet die linke Berliner Tageszeitung »junge Welt« verwies darauf, daß die Fakten längst bekannt sein müßten und erst der »am Boden liegende König« den Angriff ohne Angst vor Gegenwehr ermöglicht hätte. Es folgte bissiger Spott auf die Medienhatz: »Das ist die Qualität dessen, was man hierorts für einen Skandal hält. In der veröffentlichten Meinung werden nicht einmal mehr Mindeststandards wenigstens an den Unterhaltungswert gelegt ... Da vergessen sie ihre karge Kinderstube, da degradieren die sonst so staats- und freistaatstragenden Medien den bürgerlichen Rechtsstaat zum Furz. Da kennen sie keine Unschuldsvermutung mehr, da verzerren sich ihre Züge zur Kenntlichkeit.«[132]

Es gilt als sicher, daß die Staatskanzlei das Blatt auch nicht mit einer einzigen Kleinanzeige bestochen hat, damit es solches veröffentlichte.

So sehr diese Meinung auch Marginalien seiner Hofhaltung gegen die Gesamtpolitik der Ära Biedenkopf abwog, so standen doch die Affären symptomatisch für eben diese Politik. Der in Dresden sehr gefragte Politikwissenschaftler Prof. Werner Patzelt, selbst CDU-Mitglied, mag mit dem Zitat aus einem namentlich gezeichneten Zeitungsbeitrag als Zeuge dienen: »Die Hofhaltung im Gästehaus, die vorgeworfene Vermengung von Amtsautorität und Privatinteressen (staatliche Anmietung von Bauobjekten aus Freundeshand), die in der Verfassung nicht vorgesehene Machtstellung der Ehefrau: Das alles sind keine Bagatellen.«[133]

Lahme Ente statt Goldener Reiter

»Der König ist gestürzt!« Wie ein Lauffeuer verbreitete sich bei Hofe die Nachricht. Nicht etwa die von einem Putsch oder einer Revolution – nein, die von einem körperlichen Sturze des Regenten beim Spaziergang. Der eigentliche Zündstoff dieser Mitteilung lag im Ablauf der Begebenheit selbst. Noch ehe der über eine Wurzel oder einen Pilz strauchelnde Monarch zu Boden gehen konnte, lag er in den Armen des hinzugehechteten Bodyguards.

Weitgehend unversehrt, aber in welch peinlicher Lage! Den Boden unter den Füßen verloren, verletzbar und hilflos einem Subalternen ausgeliefert! Nur eine Sekunde hatte es gedauert, in die Senkrechte zu kommen und die Hierarchie wieder herzustellen. Aber die Folgen des »Fehltritts« schienen unabsehbar. Vermutlich hatte der gesamte Hof nur darauf gelauert, den König in einer schwachen Sekunde zu erleben. Plötzlich hatten alle wie Hagen einst bei Siegfried die lindenblattgroße Stelle erkannt, auf die es zuzustoßen galt.

Es ging bergab mit ihm, obschon er sich an die Macht klammerte. Niemanden sah er als Nachfolger geeignet, und so vereinsamte er zusehends. Das war doppelt furchtbar, denn nun sollte er auch noch lernen, mit sich selbst auszukommen. Gegen Ende mißtraute er jedem und führte Interviews nur noch mit sich selbst. Aus seinem Palais vertrieben und auf Wohnungssuche, traf er einen ebenfalls heimatlosen weisen Alten, der Opfer seines Systems geworden war. Beide aber fanden trotz gleicher Situation keine gemeinsame Sprache …

So etwa könnte auf dem Programmzettel die Kurzfassung eines Theaterstücks mit dem Arbeitstitel »Der Sturz« zu lesen sein, das ein durchaus renommierter sächsischer Autor und Regisseur schon fast vollendet hat. Wenn nicht am Hoftheater zu Dresden, so vielleicht in Berlin könnte es 2002 auf die Bühne kommen.

Jenem »Sturz« liegt eine authentische Begebenheit aus der Dresdner Heide zugrunde. Der reale Bodyguard war nur nicht so flink wie angenommen, die Armschiene des Landesvaters ist noch in Erinnerung. Wie andere auffällige Begebenheiten auch, die der Kenner des Dresdner Regierungsviertels bei diesem Theaterstück assoziiert. Bis hin zu jenem mehr als neunzigjährigen Alten – Professor, Retter zahlloser Denkmale der Stadt und Dresdner Ehrenbürger und dennoch von einem skrupellosen zugereisten CDU-Aufsteiger von Vertreibung aus seinem Grundstück an den Elbweinbergen bedroht. Staatstheater im reinsten Wortsinn würde die Zuschauer also erwarten.

Eine andere, von vielen Kameras tatsächlich gefilmte Szene kann als Stunde des größten Triumphes jenes kleinen Königs und seines beginnenden Abstiegs zugleich angesehen werden. Es war der Abend des 19. September 1999 im Sächsischen Landtag, dem Wahlzentrum der dritten Nachwende-Landtagswahlen. Wieder hatte die CDU mit 56,9 Prozent der abgegebenen Zweitstimmen die absolute Mehrheit erreicht. Hinter ihr rückte die PDS mit 22,2 Prozent und mehr als doppelt so vielen Stimmen wie die SPD zur zweitstärksten Kraft in Sachsen auf. Als Kurt Biedenkopf erschien und das Podium betrat, mußte er länger als eine Minute die Ovationen abwarten, ehe er sprechen konnte. Vielleicht hatte man ihn seit dem Herbst 1990 nicht mehr so überwältigt und gerührt gesehen. Jeder glaubte ihm in diesem Moment, daß er eine dritte Bestätigung in dieser Höhe nicht erwartet habe. Und im Hochgefühl des Vertrauensbeweises versprach er sogar einen »behutsamen Umgang« mit der erneuten absoluten Mehrheit und tröstete die sozialdemokratischen Wahlverlierer.

Die Freude war um so verständlicher, erinnert man die ursprüngliche Lebensplanung Biedenkopfs. 1990, kaum nach Sachsen gerufen, hatte er eine Amtszeit von etwa fünf Jahren ins Auge gefaßt, um sich mit 65 Jahren als Rentner auf das Schriftstellerdasein zurückziehen zu können. 1994 kandidierte er mit dem zweifelhaften Vorbehalt wieder, nur eine CDU-Alleinregierung führen zu wollen. Und 1999 ließ er sich erst nach einigem Zögern zu einer erneuten Spitzenkandidatur überreden. So sagte er jedenfalls, als ob nicht auch mindestens eine Spur Eitelkeit im Spiel gewesen wäre. Zugleich erklärte er definitiv, nunmehr seine letzte Amtszeit anzutreten.

Nein, das sei kein Fehler gewesen, wiederholt er auch im Jahr 2001. Er würde sich wieder so verhalten. Da blitzte tatsächlich etwas von jenem Leitsatz der »Wahrheit und Klarheit« auf, an den

Kurt Biedenkopf sich zumindest gern gehalten hätte. Denn auch ihm mußte klar sein, daß mit dieser Ankündigung nun die Spekulationen und die lange Zeit hypothetisch ausgetragenen Positionskämpfe um seine Nachfolge konkrete Formen annehmen würden. Sie bargen, wie sich auch tatsächlich zeigte, zugleich das Risiko eines allmählichen Verfalls der eigenen Allmachtsposition.

Mit dem langen Verbleib im Amt hatte der Vordenker ohnehin schon seine Theorien durch die eigene Praxis widerlegt. In einem Beitrag in der »Woche« plädierte er 1993 für häufigere Führungswechsel in der Politik, wo sich Positionen und Besitzstände oft stärker verfestigten als in Wirtschaft und Gesellschaft. »Unsere demokratischen Institutionen verlieren ihre Beweglichkeit und damit ihre innovative Kraft, wenn es keine Mechanismen gibt, die in regelmäßigen Abständen ihre personelle Erneuerung sichern.«[134]

Wer auch nur einmal am Tag Nachrichten hörte, mußte hier die Nachtigall trapsen hören. Das ging klar gegen Helmut Kohl, der sich damals erneut um die Kanzlerschaft bewarb. Biedenkopfs Widerstand gegen Kohls Serienkandidatur gipfelte 1998 in der offenen Warnung vor einer Niederlage. Biedenkopf erhielt Recht.

Nun wurde er aber selbst an seinem Anspruch gemessen. An Sätzen, wie er sie beispielsweise wenig später der »Leipziger Volkszeitung« sagte: »Die Amtsinhaber können die eigenen Fehler erfahrungsgemäß nur schwer abstellen, denn sie haben Angst, ihr Gesicht oder das Vertrauen ihrer Anhänger zu verlieren. Aus zwei Gründen bin ich für begrenzte Amtszeiten: Erstens ist es nur wenigen Menschen geschenkt, viele Jahre kreativ zu sein. Zweitens bilden sich bei der Befristung um die Amtsträger herum keine auf Dauer angelegten Seilschaften, sondern jeder muß überlegen, wo er in Zukunft wirkt. Das führt zu einer Objektivierung der Politik. Eine periodisch nötige Änderung der Konstellation beschert der Politik eine größere Flexibilität.«[135]

Goldene Worte eines wahren Demokraten! Einmal mehr erwies sich aber die Wirklichkeit als Opposition. Solche Sätze sind Kurt Biedenkopf nie vorgehalten worden, aber schon seit Mitte der 90er Jahre schossen Spekulationen über seine Demission ins Kraut. Die »Leipziger Volkszeitung« wollte im März 1995 Amtsmüdigkeit bemerkt haben, holte sich aber offizielle Dementis ab. Auf diese Weise ging es jahrelang weiter. Die Personalie schien entgegen den im vorigen Kapitel zitierten Argumenten wichtiger als manche Sachfrage und vor allem wichtiger als harter, investigativer Journalismus. Die Verleger schienen vom überwiegenden Interesse der Untertanen am Hofklatsch überzeugt. Kaffeesatzleserei herrschte vor, wenn es um Namen ging. Vermeintliche oder tatsächliche Positionskämpfe zwischen Finanzminister Georg Milbradt, Kultusminister Matthias Rößler, Ex-Innenminister Heinz Eggert oder dem Aufsteiger und gegenwärtigen Finanzminister Thomas de Maizière wurden eifrig kolportiert.

Der Ministerpräsident lächelte über den Klatsch, wimmelte jede Frage ab, tat aber selbst überhaupt nichts dafür, etwa einen Kronprinzen zu küren. In den Augen der interessierten Presse und offenbar auch einer Parteimehrheit hieß der schon lange Milbradt. Daß Biedenkopf gerade ihn nicht wollte, offenbarte sich erst viel später.

Zuvor aber zeigten sich schon bald nach Beginn der dritten Legislatur erste Verfallserscheinungen beim Regierungschef selbst. Die Kabinettsklausur Ende Juni 2000 zum Haushaltentwurf für die Jahre 2001/02 überraschte viele. Zwar waren die Verhandlungen zum Solidarpakt II und damit zur künftigen Finanzausstattung Sachsens noch offen. Einen derart rigiden Sparkurs wie im neuen Haushaltentwurf aber hatten viele nicht erwartet, auch die CDU-Landtagsfraktion nicht. Offenbar hatte sich Finanzminister Milbradt auf der ganzen Linie durchgesetzt. Diesmal hatte der Ministerpräsident nicht, wie in vielen Jahren zuvor schon fast zum Ritual geworden, den »lieben Georg« reden lassen und sich schließlich mit einem »Basta« vor die heiligen Kühe Bildung, Soziales und Kultur gestellt. Die wurden nun gleich reihenweise geschlachtet, darunter das populäre Landeserziehungsgeld. Sozialminister Hans Geisler und Wissenschafts- und Kunstminister Hans Joachim Meyer verweigerten dem Entwurf ihre Zustimmung. Ein bislang unerhörter Vorgang.

Kopfschütteln und Stirnrunzeln löste bald darauf im September 2000 das Verhalten des Ministerpräsidenten in der Affäre Heitmann aus. Dem 1994 bundesweit als Favorit Helmut Kohls für das Bundespräsidentenamt bekanntgewordenen sächsischen Justizminister Steffen Heitmann war die Weitergabe von Verfahrensinformationen an einen Parteifreund vorgeworfen worden. Hintergrund bildete ein CDU-interner Krach zwischen dem von Biedenkopf einst hoch gelobten ehemaligen Görlitzer Oberbürgermeister Matthias Lechner und seinem Finanzbürgermeister Rainer Neumer. Lechner sah sich durch eine Intrige aus dem Amt gekippt, mit der wiederum persönliche Bereicherung Neumers und seiner Anhänger gedeckt werden sollte. Auch eine klassische Ost-West-Story. Lechner klagte, empörte sich gegen den »Filz« und gefährdete damit den Görlitzer Parteifrieden. Im Sommer 2000 kochte der Skandal richtig hoch, als Lechner gemeinsam mit dem Datenschutzbeauftragten Thomas Giesen Vorwürfe gegen den Justizminister erhob. Heitmann habe sich nicht nur laufend über das Verfahren berichten lassen, sondern auch Informationen an den Görlitzer CDU-Kreisvorsitzenden Volker Bandmann weitergegeben, lautete der Vorwurf. Möglicherweise ging auch die mysteriöse Anweisung von Generalstaatsanwalt Jörg Schwalm zur Einstellung des Verfahrens auf dessen enge Verbindung zu Heitmann zurück.

Weniger eng hingegen waren die Kontakte des Ministers zur Richterschaft, deren massive Kritik an seiner Aufforderung, schneller zu arbeiten und »nicht so genau hinzusehen«, bei dieser Gelegenheit mit öffentlich wurde. Die Rechtspolitik sei wegen der vielen Einmischungsversuche Heitmanns »aus dem Ruder gelaufen«, schrieben beispielsweise die Verwaltungsrichter.

Der Regierungschef deckte den »besten Justizminister, den sich Sachsen wünschen konnte« nicht nur. Als Heitmann am 12. September 2000 doch den Rücktrittsforderungen nachgab, verstieg sich der Jurist Biedenkopf zu Anwürfen gegen die überwiegend westdeutsche Richterschaft. Sie sei wohl durch den ihr vorgesetzten ostdeutschen angeblichen »Schmalspurjuristen« Heitmann irritiert gewesen. Populistisch schürte der MP Ost-West-Ressentiments, als er den Richtern vorwarf, die Bürger hier verstünden viele Entscheidungen nicht. In die gleiche Kerbe schlug er mit persönlichen Angriffen gegen den aufsässigen Datenschützer. Er habe noch nicht einmal seinen Lebensmittelpunkt in Sachsen, zündelte Biedenkopf, der sein Haus am Chiemsee als sächsische Exklave in Bayern ausgab.

Solche Attacken waren im Zusammenhang zu sehen mit Biedenkopfs Bestrebungen zur Vereinfachung des Rechtssystems. Etwa nach der von ihm viel zitierten Devise, Fortschritt sei der Weg vom Primitiven über das Komplizierte zum Einfachen. Dann standen eben die Advokaten aus den westlichen Bundesländern für den Paragraphendschungel und die Verteidigung von Besitzständen. Heitmanns Lieblingsschlagwort vom »verfetteten Rechtsstaat« zielte in die gleiche Richtung. Mit dem Aufbaubeschleunigungsgesetz hatte Sachsen bereits Landeskompetenz zu nutzen versucht und beispielsweise im Baurecht einfachere Vorschriften erlassen. Eine begrüßenswerte Absicht – gäbe es nicht auch eine Kehrseite. Naturschutz oder Entwicklungsplanung waren so leichter auszuhebeln, und hinsichtlich der inneren Sicherheit bedeuteten Versuche wie etwa die Polizeigesetznovelle schlichtweg mehr Überwachungsstaat. Der Konflikt mit dem höchst wachsamen Datenschützer war vorprogrammiert.

»Biedenkopfs Kraft läßt nach«, titelte im Oktober 2000 die »Leipziger Volkszeitung«. Drei Wochen nach dem Heitmann-Rücktritt fiel es dem Landeskorrespondenten Sven Siebert nicht schwer, dafür Indizien zu sammeln. Zunehmende Gereiztheit und Dünnhäutigkeit beobachteten Biedenkopfs Umgebung und die Landtagsfraktion. Er machte Fehler, die man früher nicht für möglich gehalten hätte. In den Haushaltberatungen des Herbstes 2000 zeigte die Fraktion wachsendes Selbstbewußtsein und korrigierte einige soziale und bildungspolitische Grausamkeiten.

Sven Siebert löste am 25. Januar 2001 mit einem Gesprächszitat die bislang größten Turbulenzen im scheinbar fest zementierten System Biedenkopf aus. Auf der CDU-Fraktionsklausur in Leipzig hatte sich der Biedenkopf-Vertraute und langjährige Landesparteichef Fritz Hähle mit nur zwei Stimmen Vorsprung als Fraktionsvorsitzender im Landtag behaupten können. Erst nervöse Agitation des Ministerpräsidenten hinter den Kulissen sicherte ihm dieses Fotofinish. Das war ein erstes Indiz dafür, wie ängstlich Biedenkopf um die Stabilität des von ihm gesteuerten Personariums besorgt war. Hierzu gehörte auch die als »Lex Rößler« bekannt gewordene Weigerung, Kultusminister Rößler eine Kandidatur zum Fraktionsvorsitz zu gestatten, mit dem dieser 1994 schon einmal geliebäugelt hatte. Dann müsse er zuvor sein Ministeramt abgeben, war ihm erklärt worden.

Hinter den beiden Gegenkandidaturen vermutete der Regierungschef wohl – nicht ganz zu Unrecht – Finanzminister Georg Milbradt. »Hähle muß weg«, stellte er daraufhin vor der Fraktion den Finanzminister mit einem Zitat aus einem vertraulichen Gespräch bloß. Ein Schock: Das war nicht nur ein Bauern-, sondern mindestens ein Turmopfer des schwarzen Königs! Ein Fraktionsmitglied: »Früher drohte der Alte immer mit seinem Rücktritt. Heute hat er ein Blutbad angerichtet.«[136]

Nicht genug, die »Leipziger Volkszeitung« setzte noch eine Gesprächsnotiz ihres Korrespondenten hinzu. Milbradt sei ein »hochbegabter Fachmann, aber ein miserabler Politiker«, zitierte das Blatt Biedenkopf.

Der MP kündigt überdies in Leipzig erstmals an, sein Amt ein Jahr vor der nächsten Landtagswahl zur Verfügung stellen zu wollen.

Nach diesem Eklat herrschte einige Tage Rätselraten über das Schicksal Milbradts, der seinerseits wie ein Grab schwieg. Die Presse orakelte erstmals in auffälliger Geschlossenheit über das »Verfallsdatum« des kleinen Königs. »Eine Intrige gegen sich selbst«, »Jetzt rächt sich, daß Biedenkopf sein Haus nicht bestellte«, »Schachzug erweist sich als Bumerang« und »Das Messer im Rücken« lauteten markante Schlagzeilen. Für viele Kommentatoren drängten sich Vergleiche zur Machtpolitik Kohls auf, deren Opfer Biedenkopf einst geworden war.

Milbradt, der frühere Stadtkämmerer und Professor in Münster genoß, so zeigte sich, auch überregional als Finanzpolitiker hohes Ansehen. Die Parteibasis begann zu rumoren, Blitzumfragen ergaben plötzlich Höchstnoten für Milbradts Arbeit und forderten zum Verbleib im Amt auf. Am 30. Januar folgte dann Biedenkopf erwartungsgemäß der politischen Logik und entließ Milbradt. »Ich mußte klarstellen, wie weit man eben nicht gehen kann!«

Der Bruch im so perfekt scheinenden Erfolgstandem verblüffte sogar die heftigsten Kritiker im Oppositionslager. Für aufmerksame Beobachter kam er weniger überraschend. Die Trennung markierte nicht nur den sichtbaren Ausgangspunkt für Biedenkopfs Abstieg und die heftige Auseinandersetzung um das Verfahren seiner Nachfolge. Sie war auch die Konsequenz aus Divergenzen, die lange nicht nach außen gedrungen waren.

Ein erster Virus hatte sich bereits vor der Landtagswahl 1994 in das Vertrauensverhältnis zwischen den Duzfreunden Kurt und Georg eingeschlichen. Biedenkopf wollte, wie bereits beschrieben, nur mit einer erneuten absoluten Mandatsmehrheit der CDU im Rücken weiterhin Regierungschef bleiben. Milbradt hingegen soll konspirativ mit SPD-Landeschef Karl-Heinz Kunckel über eine Große Koalition verhandelt haben, falls die CDU ihr Wahlziel verfehlte. Auch wenn solche Gerüchte nie bestätigt wurden, so blieb doch etwas davon zurück.

Der eigentliche Grund für das Zerwürfnis aber wurzelte in unterschiedlichen politischen Vorstellungen, so sehr Milbradt nach seiner Entlassung aus taktischen Gründen auch den inhaltlichen Konsens mit Biedenkopf betonte. Von Anfang an hatte Milbradt versucht, seiner Meinung nach konsumtive Ausgabenbereiche wie Schule und Hochschule, Kultur und Sozialausgaben auf Westniveau herunterzufahren. Während Investitionen und Wirtschaftssubventionen tabu blieben, sah er in der Verringerung der Zahl der Landesbediensteten das größte Sparpotential. Diese Vorstellungen trug er insbesondere bei haushaltrelevanten Kabinettsberatungen in gewohnt rüdem und ultimativem Stil vor.

Was davon durchsickerte, bekräftigte der Hauptleidtragende seiner Politik, Wissenschaftsminister Hans Joachim Meyer, in einem spektakulären Zeitungsartikel auf dem Höhepunkt der CDU-internen Nachfolgediskussion. Milbradt habe das Kabinett stets mit »worst case«-Szenarien unter Druck gesetzt. »Hätte er sich durchgesetzt, so wäre Sachsen heute gesichtslos und die CDU hätte nicht nach 1990 zwei weitere Wahlen gewonnen.«[137] Meyer bezeichnet dieses Vorgehen als »System Milbradt«, während der Ministerpräsident seine schützende Hand über diese gleichfalls tragenden Säulen der Gesellschaft gehalten habe.

Das Schlüsselereignis für den offenen Bruch zwischen beiden datierte nicht nur der Wissenschaftsminister auf die Haushaltklausur Juni 2000 in Görlitz. Dort hatte sich, wie schon erwähnt, der ohnehin als kulturlos verschriene Milbradt mit tiefen Einschnitten in die Hochschul- und Sozialausgaben durchgesetzt.

Für einen vor der Öffentlichkeit verborgenen Kabinettskrach sorgte kurz vor Weihnachten 2000, also vier Wochen vor der Entlassung Milbradts, eine überplanmäßige Ausgabe von 363 Millionen Mark. In seiner gewohnt überfallartigen Manier habe der Finanzminister die Vorlage, zu der es angeblich keine Alternative gab, auf den Tisch geknallt, berichtete ein Augenzeuge. Es ging um Anteile der Landesbank Baden-Württemberg an der 1995 gegründeten Sächsischen Aufbaubank, einem Förderinstitut. Um schnell liquide zu werden, war damals der Gesellschafter aus Baden-Württemberg erwünscht. Die Konditionen des Vertrages waren aber offenbar so ungünstig gefaßt, daß Sachsen eine Rückkaufverpflichtung dieser Anteile einging, sobald sie dem Freistaat angedient werden würden. Diese Absicht hatte die Landesbank erstmals 1999 geäußert und nach mehrfacher Verlängerung der Optionsfrist schließlich am 15. Dezember 2000 bindend ausgeübt. Sachsen mußte zahlen, sehr zum Verdruß der von empfindlichen Ressortkürzungen betroffenen Minister. Ein Vorgang, der den Menschen im Land nicht zu erklären sei, sagte später Landwirtschaftsminister Steffen Flath bei seiner Kandidaturrede zum Parteivorsitzenden.

Bei der Setzung von Haushaltprioriäten hatte Kurt Biedenkopf auf honorable Weise also etwas von jenen immateriellen Bindekräften zu retten versucht, die er in seinen Büchern immer wieder beschworen hatte. Wissenschafts- und Kunstminister Meyer sprach in seinem kämpferischen Artikel von einem programmatischen Konflikt. »Es geht um die Perspektive Sachsens.«

Diese Frage der künftigen Richtung hatten viele Delegierte des CDU-Sonderparteitages am 15. September 2001 offenbar überhaupt noch nicht realisiert, als sie den Autokraten Biedenkopf abwatschten und mit Georg Milbradt einen neuen starken Mann zum Landesvorsitzenden wählten.

»Manche werden sich noch wundern«, hieß es bei einigen wenigen Delegierten, für die Biedenkopf und dessen Lager das kleinere Übel darstellten und die die Partei vom Regen in die Traufe gekommen sahen.

Der sächsische Regierungsunterstützungsverein

Emanzipieren wollte sich die »Sächsische Union«, wie sie sich pseudo-selbstbewußt gern nennt, auf diesem Parteitag im September 2001. Sie hatte es also nötig, ließ sich mit wenig Intelligenz schlußfolgern. War das jene Partei, der Kurt Biedenkopf ein Jahr zuvor in einem Gespräch noch »Top-Form« bescheinigte?

Biedenkopf besaß zu dieser Partei stets ein ambivalentes Verhältnis. »Für mich war eine Partei nie eine Heimat, sondern eine Organisation mit dem Ziel, Menschen handlungsfähig zu machen, die im gleichen Sinn politisch auf das Gemeinwesen einwirken wollen und auf seine Gestaltung. Ich habe aber nie eine tiefe sentimentale oder emotionale Bindung zur Partei gehabt.«[138]

Ohne Partei aber keine politische Karriere! War sie also nur Mittel zum Zweck? Erst 1965, also mit 35 Jahren und kurz nach seinem Ruf an die Ruhr-Universität Bochum, trat Kurt Biedenkopf der CDU bei. Von Helmut Kohl 1973 zum Generalsekretär bestellt, brachte seine vierjährige Amtszeit der Union einen kräftigen Mitgliederzuwachs und eine programmatische Aktualisierung unter Einbeziehung der »Neuen sozialen Frage«. Wieviel Herzblut er an diese Aufgabe verschwendete, darf zumindest angesichts seiner Gehaltsforderungen angefragt werden. Bloß für ein »Gott vergelt's!« nahm der vom Henkel-Vorstandsposten verwöhnte Biedenkopf den neuen Job jedenfalls nicht an. Helmut Kohl ließ wegen seiner Forderungen die Gehälter der Spitzenfunktionäre fortan verdeckt über die Steuerberatungsfirma Weyrauch & Krapp überweisen. Der Name Weyrauch ist seit der Aufdeckung der CDU-Schwarzgeldaffären bundesweit hinlänglich bekannt.

Für jegliches Engagement von Kurt Biedenkopf galt: Die Partei, das Land, die Welt sind nur so lange »seine« Welt, sein Sachsen, seine CDU, so lange er sie gestalten konnte. Nach dem Abschied aus diversen Parteifunktionen blieb stets nur der eingeschnappte Trotzkopf. Aus diesem Gestus heraus notierte er 1990 Köstlichkeiten ins Tagebuch, die eigentlich an die Wandzeitung der CDU-Fraktionsetage im Sächsischen Landtag gehörten.

An der Bundestagsfraktion unter Alfred Dregger, der er selbst angehörte, ließ er kein gutes Haar: »Die Fraktion … hat jede politische Bedeutung eingebüßt. Wir sind ein Unterstützungsverein der Regierung, mehr nicht. Wer sich der Regierung nicht uneingeschränkt anschließt, gilt als illoyal. (…) Dreggers ganzer Stolz ist es, daß es in der Fraktion nur einstimmige Beschlüsse gibt. Besser kann man die Bedeutungslosigkeit eines großen Entscheidungsgremiums kaum demonstrieren.«[139]

Ein halbes Jahr später stand Biedenkopf selbst auf der anderen, der Regierungsseite.

Gegenüber der politischen Konkurrenz, insbesondere der SPD, genoß die CDU den Vorzug vorhandener intakter Parteistrukturen. Ein handhabbarer Apparat mit damals noch 32.000 Mitgliedern stand Biedenkopf in Sachsen zur Verfügung. Ein homogenes Erscheinungsbild lieferte die Landespartei allerdings nicht. Wie in keinem anderen ostdeutschen Bundesland drängten die Newcomer, die 1990 eingetretenen Überzeugungs-Unionisten, auf die bestimmenden Positionen. Der Einfachheit halber wurden sie als die »Reformer« etikettiert, obgleich sich ihre Politik eher als jene »konservative Revolution« herausstellte, die Hugo von Hofmannsthal 1927 in seiner Rede »Das Schrifttum als geistiger Raum der Nation« erträumt hatte.

Biedenkopf mußte zwischen den »Reformern« und den »Blockis« der Alt-CDU lavieren und entzog sich dem Konflikt durch Flucht nach oben. Genaugenommen: Er wurde entzogen, als ihm im Herbst 1991 als einziger Integrationsfigur zwischen beiden Flügeln der Parteivorsitz in Sachsen angetragen wurde. Nur Helmut Kohl hätte ebenfalls eine solche Figur sein können, glühende Verehrer hatte er in beiden Lagern. Verehrung oder schlichte Dankbarkeit genoß er auch bei jenen, die ihren Einfluß über die Wende hinweg retten konnten. Erneut zeigte sich eine der pikanten Parallelen zwischen Kohl und Biedenkopf. »Der Landesvater als Partei-Patriarch« lautete eine Schlagzeile aus dem Dezember 1991, die ebenso gut auf Kohl passen konnte.

Schon vor seiner Wahl zum Landesvorsitzenden am 7. Dezember 1991 im erzgebirgischen Annaberg hatte Biedenkopf von der »uneingeschränkt besten Lösung« gesprochen. Er wolle zur Integration und zum Ideenhaushalt der Partei beitragen. Beides hatte die desolate und im Flügelstreit paralysierte CDU auch dringend nötig. Nur die unantastbare Figur Biedenkopfs konnte den Burgfrieden sichern. Allerdings: Mit nur 80,3 Prozent der Stimmen erwies sich diese Figur schon damals überraschend schwächer als allgemein erwartet.

Um zehn Prozent besser schnitt der zweite Mann ab, den Biedenkopf als seinen Vize installierte: Dr. Fritz Hähle, Ingenieur, CDU-Erneuerer wie die meisten der gewählten Vorstandsmitglieder, Waffendienstverweigerer in der DDR, heimatverbunden bis hausbacken, integer, ehrlich, ohne karrieristischen Ehrgeiz, dafür seinen beiden Herren (Gott und Biedenkopf) und der Partei treu ergeben – ein Bilderbuch-Ossi. Während Biedenkopf das Namensetikett hergab, sollte Hähle als treuem Vasallen die eigentliche Stabilisierungsfunktion der Säule Partei im System Biedenkopf obliegen.

Noch etwas forscher als sonst konnte Biedenkopf eine Woche später zum Bundesparteitag der CDU in Dresden auftrumpfen, nachdem es zuvor Gerüchte gab, das Adenauer-Haus in Bonn wolle ihn als Landesvorsitzenden unbedingt verhindern.

Für seine Landespartei aber begann in Annaberg ein beinahe zehnjähriger Dornröschenschlaf. 1993 kam noch einmal so etwas wie eine ernsthafte Programmdiskussion auf, unter anderem durch so gegensätzliche Plattformen wie den »Gesprächskreis 2000« und das »Deutschland-Forum«. Doch zum Wahlkampf 1994 waren die Reihen wieder fest geschlossen, alles auf den Mann an der Spitze fixiert. Niemand schöpfte Argwohn, wenn Biedenkopf in bewährter Manier die »Weisheit der Leute« bei Entscheidungen lobte und damit wirksamer als mit jeder Polemik Aufsässigkeit unterdrückte. Mit der breiten Zustimmung in der Bevölkerung war die Rolle der Partei als Biedenkopf-Unterstützungsverein entbehrlich geworden. Später, in der Krise des Jahres 2001, sollte Biedenkopf wiederholt betonen, sein Mandat leite sich nicht von der Partei, sondern mittelbar von der Bevölkerung her. Und mit dem friedlichen Entschlafen des Blockflöten-Reformer-Streits erübrigte sich Mitte der 90er Jahre auch die ungeliebte Schlichtungsaufgabe als Parteivorsitzender.

Ausgangs des Sommers 1995 überraschte Kurt Biedenkopf den Landesvorstand mit der Ankündigung, auf dem bevorstehenden Parteitag in Hoyerswerda nicht mehr für den Parteivorsitz kandidieren zu wollen. Fritz Hähle, seit 1994 auch Chef der Landtagsfraktion, wurde erwartungsgemäß zum Landesvorsitzenden gewählt und hielt ihm nun in doppelter Hinsicht den Rücken frei. Die Landes-CDU wurde in der Presse nur zu Parteitagen wahrgenommen, die Politik machten Biedenkopf und ein bißchen die Fraktion. »Das Kabinett ist die Partei«, sagte ein Minister selbstironisch.

Erst 1997 drohte richtiger Krach, als der Quertreiber die erneute Kanzlerkandidatur Helmut Kohls als ein »besonderes Risiko« ablehnte. Die Wirklichkeit gab ihm ein Jahr später in diesem Falle recht, aber die Landespartei erwies sich zu solch strategischer Weitsicht unfähig. In dieser Personalie wurden die Kohl-Fans sowohl unter den Altmitgliedern als auch bei den Reformern munter und murrten hörbar gegen den Querkopf.

Vor der Landtagswahl 1999 aber war wieder alles klar und

ruhig. Ein Biedenkopf dient sich nicht an als Landesparteichef, als Bundesvorsitzender der CDU oder gar als Bundespräsident, er läßt sich rufen. So auch zur dritten Kandidatur als Ministerpräsident, den nur noch in der Höhe fraglichen Sieg praktisch in der Tasche. Schon zuvor hatte er aber den Wunsch durchblicken lassen, auch beim Wechsel zum Jahr 2000 noch die Neujahrsansprache an die Sachsen halten zu wollen. Er werde am Wahlabend zufrieden auf seinen goldenen Politikerherbst zurückblicken, prophezeite die »Frankfurter Rundschau«, und daran denken, »daß ihm eigentlich nichts Großartigeres widerfahren konnte als diese netten kleinen Sachsen, wo ihn alle einfach machen lassen, was er will«.[140]

So kam es auch, und mit der Erklärung, noch einmal für volle fünf Jahre im Amt zu bleiben, schien auch die Nachfolgefrage noch lange nicht auf der Tagesordnung zu stehen. Doch die Unruhe in der Partei war längst da. Während Biedenkopf in einem Strategiepapier mit dem Zustand der Bundespartei nach der Wahlniederlage Helmut Kohls abrechnete, schien er den der sächsischen Union überhaupt nicht wahrzunehmen. Zur Kabinettsbildung 1999 schrieb sogar die FAZ: »Biedenkopf kann mit wenigen Schachzügen ihm viel versprechende Mitarbeiter in Position bringen und mißliebige beiseite schieben. Wer sich jetzt zurück hält, verpaßt möglicherweise endgültig die Gelegenheit, sich als Biedenkopfs dereinstiger Nachfolger zu empfehlen.«[141] Sätze, die fatal an Kohls Personalpolitik erinnern. Doch anders als »der Dicke« machte »der Professor« überhaupt keine Anstalten, auch nur einen Namen zu nennen. Im Gegenteil, das Bonmot »Wer sich zuerst bewegt, wird erschossen«, wurde zum geflügelten Wort zwischen Staatskanzlei und Landtag. Auf Flügeln schien auch Biedenkopf zu schweben. Umfragen sahen in ihm bald den beliebtesten Politiker Deutschlands. Während seine CDU im Spendensumpf versank, erklärte er stolz: »Sie können davon ausgehen, daß es keine wichtige Entscheidung im Bundesvorstand gibt, zu der ich nicht mindestens gehört werde.«

»Umzingelt von Bewunderern«, titelte die »Süddeutsche Zeitung« noch im Februar 2001.

Da war gerade einer erschossen worden, weil er sich bewegt hatte und nicht zu den Bewunderern zählte. Finanzminister Georg Milbradt wurde nachgesagt, er habe schon vor Jahresfrist angekündigt, sich »das alles noch ein Jahr anzusehen« und dann zu handeln. Auslöser war damals ein sehr unglücklicher Parteitagsauftritt des Vorsitzenden Fritz Hähle. Als Milbradt im Januar 2001 handelte und bei den Fraktionsvorstandswahlen Gegenkandidaten zu Hähle ins Spiel brachte, entließ ihn Biedenkopf als Finanzminister. Die schon erwähnten inhaltlichen Differenzen mochten ein Übriges getan haben.

Formal hatte der Premier stets die Partei und die Fraktion als zuständig für seine Nachfolge erklärt. Die Kandidatenkür solle ein »offener Prozeß« sein, in dem es nicht von vornherein einen Favoriten geben sollte. Biedenkopf gebrauchte das Bild von Ruderern, unter denen sich jemand mit einem Außenbordmotor einen Vorteil verschaffen wollte. Der Motorisierte war natürlich Milbradt. Nur mühsam konnte Biedenkopf diese scheindemokratische Argumentation aufrecht erhalten. Denn in der Partei hatte längst der von ihm geforderte »offene Prozeß« eingesetzt, und Milbradt war auf dem besten Wege, auch ohne Außenbordmotor zum Favoriten gekürt zu werden. Nur vordergründig ging es Biedenkopf um eine Basisentscheidung, wie die Monate nach Milbradts Hinauswurf zeigten. Er wollte sehr wohl Herr des Verfahrens bleiben, dessen Nahziel einzig lauten konnte, Milbradt zu verhindern. Und seinem Wunschnachfolger den väterlichen Segen mitzugeben.

Der Dornröschenschlaf der sächsischen CDU endete in diesem Moment nicht mit einem Kuß, sondern mit einer Detonation. Die Verunsicherung der mittlerweile auf 16.000 Beitragszahler halbierten Mitgliederschar ob der wachsenden Unberechenbarkeit »des Alten« brach jäh durch. Damit war genau die Nachfolgediskussion coram publico angestoßen, die Biedenkopf zu diesem Zeitpunkt eigentlich verhindern wollte.

Vier Tage nach Milbradts Hinauswurf unterlag Biedenkopf zunächst im fünfköpfigen Präsidium in der Frage einer künftigen Mitwirkung der Parteibasis bei Personalentscheidungen. Das Zünglein an der Waage bildete ausgerechnet die erst 1999 berufene Gleichstellungsministerin Christine Weber.

Unmittelbar darauf beauftragte der Landesvorstand ein prominentes Fünfergremium mit der Ausarbeitung eines Nachfolge-Fahrplanes und einer Machterhaltungsstrategie für die Landtagswahlen 2004. Selbstverständlich war auch Ex-»Pfarrer

Gnadenlos«, Ex-Minister, Ex-CDU-Bundesvorständler und Neu-Talkmaster Heinz Eggert dabei und hatte, wie stets, einen flotten Spruch parat: »Wir sind doch keine Monarchie, wo der König oder die Königin den Nachfolger bestimmt!«

Auch die Kreisvorsitzenden rührten sich, trafen sich zu einer Konferenz und wollten gehört werden.

Milbradt hingegen verlor in den nun folgenden Monaten zwar manches Kilo, wie er scherzend behauptete, aber nicht den Kopf und vor allem kein böses Wort. Bauernschlau und mit bäuerlichen Manieren unterstützte er verbal die Politik seines ehemaligen Chefs voll und ganz. Kreide habe er gefressen, spotteten die einen, die anderen sahen seine Aktivitäten im Kommunalwahlkampf mit Genugtuung. Er hatte Zeit als einfacher Abgeordneter und nutzte sie. 20.000 Kilometer legte er in einem halben Jahr mit dem kleinen Audi A3 quer durch die sächsische Parteibasis zurück.

Die spaltete sich zunehmend in den eher Biedenkopf-nahen Harmonieflügel und in die Milbradtschen Bataillone. Parteichef Fritz Hähle gehörte erwartungsgemäß zu den Erstgenannten und beschimpfte die anderen als »Hinterzimmerzirkel«.

Erste Rufe nach seinem Rücktritt wurden daraufhin laut und hatten mit Hähles angekündigtem Amtsverzicht bald Erfolg. Sogar der Landtag befaßte sich am 9. Februar 2001 mit der Krise in der sächsischen CDU.

Auch Biedenkopf stieg plötzlich herab und betrieb Kontaktpflege. Oder anders: Er ließ heraufsteigen ins Gästehaus hoch über Dresden und lud beispielsweise den Fraktionsvorstand zu Ingrids Nudeln ein. Einen Teilerfolg erzielte er, als er im Landesvorstand verhindern konnte, daß der von ihm selbst für das Jahr 2003 angekündigte Rücktritt festgeschrieben werde. Schlucken mußte er hingegen, daß am 15. September 2001, zwei Monate früher als vorgesehen, ein Sonderparteitag den Nachfolger für den resignierenden CDU-Landesvorsitzenden Fritz Hähle wählen würde. Geschickt setzte er jedoch auf eine bereits bei der Kabinettsbildung 1999 sichtbare Verjüngungsstrategie, nach der auch die Nachfolge mit einem Generationswechsel verbunden sein sollte. So kam es zu teils kabarettreifen Auftritten der sogenannten »U 50-Jugendbrigade« im Kommunalwahlkampf Mai/Juni 2001, also des Sextetts der Kabinetts-Yuppies mit höheren Ambitionen.

Milbradt aber zählte schon 56 Jahre.

Bis zum Ende des Kommunalwahlkampfes hatte sich die Union einen Maulkorb in der Kandidatenkür für den Landesvorsitz verordnet, der als Schlüsselposition für die Nachfolge im Ministerpräsidentenamt angesehen wurde. Aber auch dieses Stillhalteabkommen ersparte ihr keineswegs herbe Niederlagen in Großstädten und Landkreisen. Vor allem der Verlust des Oberbürgermeisterpostens in der Landeshauptstadt wog schwer.

In jene Zeit fiel ein offensichtlich nur halbernst gemeinter und im Verfassungsnebel tappender Versuch der PDS-Landtagsfraktion, Biedenkopf das Mißtrauen auszusprechen. Kein konstruktives Mißtrauensvotum, denn die PDS scheute die Präsentation eines alternativen Kandidaten und scheiterte bereits mit dem Versuch, den ehemaligen Leipziger Oberbürgermeister Hinrich Lehmann-Grube (SPD) dafür ins Gespräch zu bringen. Die Sondersitzung des Landtages diente so lediglich einer Abrechnung mit dem »System Biedenkopf«. SPD und PDS pinkelten sich zum Gaudi der CDU dabei gegenseitig ans Bein, während das Objekt der Rücktrittsbegierde grienend auf der Regierungsbank seine Postmappe studierte und nicht ein einziges Mal das Wort ergriff. Das besorgten die Bauern des Königs in der CDU-Fraktion, und zu mancher Erstaunen kratzte sich sogar der Renegat Heinz Eggert durch eifriges Zwischenrufen wieder bei seinem Monarchen ein. Die CDU rückte in diesem Moment wieder etwas enger zusammen. Unterdessen häuften sich wegen des verpaßten geordneten Rückzuges nicht nur die Biedenkopf-Kohl-Vergleiche.

Arnold Vaatz sah früher schon in Biedenkopf einen sächsischen Boris Jelzin.

Der Lästerung der Krone setzte Volker Schimpff die Krone auf. Der hat eine Vorliebe für schwarz-rot-goldene Hosenträger, bezeichnete die Presse schon mal als »geistige KZ-Wächter« und wollte 1997, zum 300. Jahrestag der polnischen Königskrönung von August dem Starken, den Landtag zu einer Sondersitzung nach Warschau scheuchen. In diesem Manne sehen einige so etwas wie den sächsische Haider, einen Mann, der ihnen immer am Rande des Wahns erscheint. Dennoch war er jahrelang stellvertretender CDU-Landesvorsitzender, im Landtag ist er Vorsitzender des Verfassungs- und Rechtsausschusses. Schimpff verglich Biedenkopf mit Tito, der sich 1974 auch alle zeitliche Begrenzung seiner Ämter von der KP aufheben ließ.

Die sächsische Union schwankte zwischen der Angst, ihr bisheriges Zugpferd über Nacht zu verlieren, und dem Mut, einen Thronfolger eigener Wahl zu küren. Harmonie sollte möglichst herrschen wie bisher, der »Neue« im Konsens gefunden werden. Der von der Basis wegen des schlechten Krisenmanagements kritisierte Landesvorstand aber rang sich am 16. Juni zu einem Beschluß durch, der Biedenkopf das Nachfolgeverfahren praktisch aus der Hand nahm und auch Kampfkandidaturen zuließ. Vier Tage später hatte der Ministerpräsident in einem Journalistengespräch schon wieder Oberwasser. Der Mann, der gern Heraklit und seine These vom Streit als dem Vater aller Dinge zitierte, hatte in dem »erstaunlichen Verselbständigungsprozeß« der Partei plötzlich eine starke Substanz des Zusammenhalts entdeckt. Sie werde die Konflikte aushalten und am Ende souveräner als zuvor dastehen. Anders als beispielsweise zu seiner Zeit in Westfalen-Lippe sei man den Streit nur noch nicht gewohnt.

Das war ein Biedenkopf, der scheinbar nicht mehr als Betroffener dastand, sondern in die vertraute Rolle des väterlichen Pädagogen seiner halberwachsenen Parteilümmel schlüpfte.

Als am 8. Juli Parteichef Fritz Hähle endgültig seinen Verzicht auf eine erneute Kandidatur erklärte, begann die Interviewschlacht erneut. Hähle favorisierte nämlich bei seinem Abschied Landwirtschafts- und Umweltminister Steffen Flath, der ihm vier Jahre als Generalsekretär gedient hatte, als Nachfolger. Biedenkopf konnte nun kaum anders, als sich für Flath auszusprechen, und der wiederum mußte am 10. August, halb zum Jagen getragen, seine Gegenkandidatur zu Milbradt erklären. Im Abstand von eineinhalb Stunden luden beide »Unionsfreunde« und ehemaligen Kabinettskollegen zu getrennten Pressekonferenzen.

Milbradt legte gleich eine Agenda vor, die geschickt an das wiedererwachte Selbstbewußtsein der Partei appellierte und zugleich mit Biedenkopfs Selbstherrschaft abrechnete. Spitzen steckten schon in simplen Feststellungen wie: »Im Jahr 2004 wird Kurt Biedenkopf aus eigener Entscheidung nicht wieder als Spitzenkandidat zur Wahl stehen und die Union repräsentieren, ja nahezu ersetzen.« Weiter ging es damit, daß die Partei gegenüber der Fraktion und der Staatskanzlei »vielfach auf eine reine Zustimmungsrolle reduziert war, da alle wesentlichen Entscheidungen nicht in und aus der Partei heraus gefallen sind. (...) Die Partei muß nun zum erwachsenen selbständigen und gleichberechtigten Partner der Politik werden.«

Solchen starken Sprüchen setzt Kontrahent Flath auf den drei Regionalkonferenzen in Zwickau, Bautzen und Leipzig meist nur Harmonieappelle und Wandertagsvorschläge entgegen. Die Staatskanzlei und besonders ihr Chef Georg Brüggen erwiesen ihm überdies einen Bärendienst, als sie zu offensichtliche Milbradt-Anhänger entweder mit Posten zu ködern oder einzuschüchtern versuchten.

Milbradt selbst hat das Gerücht nie bestätigt, daß er mit einem sicheren Bundestagsmandat 2002 von Dresden weggelobt werden sollte.

Auf dem »Schicksalsparteitag« am 15. September 2001 hielt Kurt Biedenkopf noch einmal eine glänzende Rede oder Abschiedsvorlesung, in der er seine sämtlichen Bücher referierte und die Weltlage nach den Terrorangriffen auf die Vereinigten Staaten analysierte. Der Name seines Favoriten Steffen Flath fiel nicht ein einziges Mal, und doch konnte seine Rede nur als ein Vermächtnis verstanden werden, das er dem gleichgesinnten, wenn auch viel blasseren Kandidaten mitzugeben trachtete. Mit 131 zu 96 Stimmen setzte sich dennoch Milbradt durch. Seine Unterstützer fand er vor allem bei den Machtbewußten, bei der Wirtschaftslobby wie der Mittelstandsvereinigung oder den glattgekämmten Schnellaufsteigern von der Jungen Union.

Die Sehnsucht nach dem Starken Mann hatte dominiert. Milbradt steht zwar für eine andere Politik, ist aber auch nur ein anderer Biedenkopf: ein scharfer Analytiker, kämpferisch und von einer imperativen Dominanz. Vertikal strukturiert, ganz anders als der horizontal orientierte Flath, der wie ein Epigone aus jener Zeit wirkt, als die CDU noch die Partei der sozialen Marktwirtschaft war. Hinter Milbradt kann sich die Partei versammeln und sich wieder zur Ruhe begeben.

Der neue Führer hatte geschickt die Wechselstimmung zur Durchsetzung seiner Linie genutzt. »Wir werden ihn genau kontrollieren, ob er die Partei nur als Steigbügel benutzt hat oder sie wirklich emanzipieren will«, sagte der vogtländische Kreisvorsitzende Fredo Georgi.

Für welche Politik Milbradt in praxi steht, haben die meisten CDU-Mitglieder wahrscheinlich noch nicht begriffen. In Milbradts Agenda dreht sich alles um Wirtschaft, so als könnte das kleine Land hier Entscheidendes bewirken. Auch ein Biedenkopf zitierte unentwegt Rathenaus »Die Wirtschaft ist unser Schicksal«, und dennoch war für ihn beispielsweise Kultur mehr als ein Zentraltheater und einige Trachtengruppen.

Noch etwas zeigte sich in den Monaten des sächsischen CDU-Schleudertraumas: Statt der alten, immer verwischteren Fronten zwischen »Blockis« und »Reformern« holen längst überholt geglaubte Ost-West Ressentiments die Partei wieder ein. Der Satz »Nach wie vor halten uns viele geborene Kapitalisten für unfähig, höhere Funktionen in Staat und Partei auszuüben« sagt eigentlich schon alles. Er stammt aus einer Presseerklärung dreier Kreisverbände im Vogtland und im Erzgebirge, also aus der »Fan-Kurve« von Steffen Flath, der seit 1983 CDU-Mitglied ist.

Bei den drei Regionalkonferenzen fiel auf, daß die eloquenteren und sattelfesten Redner in ihrer Mehrzahl hörbar nicht aus Sachsen stammten. Sie waren, und das überraschte kaum, durchweg Milbradt-Anhänger. Der wiederum wurde nicht müde zu betonen, daß er nach elf Jahren total »sachsifiziert« sei und nicht nur Anwalt oder Fürsprecher – wieder so ein Pikser gegen Biedenkopfs Wortgebrauch Anfang der 90er.

Besonders augenfällig wurde die schleichende Regieübernahme durch Westimporte in der Landeshauptstadt. »Die spielen uns systematisch an die Wand«, sagte eine Bundestagsabgeordnete. »Die« sind Anwälte, Unternehmer und der Geldadel, die vor allem eigene Interessen über die Partei verfolgen.

Daß man von Westdeutschen, die uns angeblich eine Epoche voraus gewesen sein sollen, nicht eben demokratische Prinzipien in ihrer strahlenden Reinheit erlernen kann, illustrierten wiederum die jüngsten Vorgänge an der Dresdner Stadtspitze. Im zweiten Wahlgang der Kommunalwahlen hatte sich hier sensationell der FDP-Mann Ingolf Roßberg als Kandidat einer Bürgerinitiative gegen Amtsinhaber Herbert Wagner von der CDU durchgesetzt. Bei den bald darauf im August anstehenden Dezernentenwahlen schlug die CDU/DSU/FDP-Koalition im Stadtrat zurück. Sie drückte alle ihre Kandidaten durch, ohne Rücksicht auf die Gemeindeordnung, die auch bei den Dezernenten einen Parteienproporz vorschreibt.

Das war ein Handeln ganz im hegemonialen Geist der eigentlichen SED-Nachfolgerin CDU, wie die selbst oft so gescholtenen demokratischen Sozialisten konterten.

Sogar die bürgerliche Leserschaft etwa der »Dresdner Neuesten Nachrichten« machte sich wegen »Wählerbetrugs« empört Luft. »Ob dies zum Wohle der Stadt geschieht, scheint schon längst egal zu sein« und »Warum wird von der ›allmächtigen‹ CDU nicht endlich akzeptiert, daß ein neuer Oberbürgermeister an der Spitze der Stadt steht?« lauteten einige Sätze.

Und die nach Dresden zurückgekehrte Greta Wehner, Frau des legendären Altkommunisten und späteren SPD-Fraktionsvorsitzenden im Bundestag Herbert Wehner, hielt die sogenannte Wahl »für eine Karikatur dessen, was Politik zu sein hat«.[142]

Vom »tollsten Politiker« zum »kleineren Übel«

Er habe Milbradt entlassen müssen, weil er sonst als die in Amerika sprichwörtliche politische »lame duck« dagestanden hätte, erklärte Kurt Biedenkopf im Januar 2001. Ein Dreivierteljahr später war genau das eingetreten, was er verhindern wollte. Auf dem Parteitag in Glauchau behandelte ihn die sächsische Union schon wie den künftigen Ehrenvorsitzenden. Als »Sonntagsrede« wischte ein Delegierter Biedenkopfs großartigen Höhenflug beiseite, der nichts koste, weil er »seit Jahren folgenlos bleibt«. Doch die »lahme Ente« schwamm weiter oben und hatte sogar wieder ein Stück offenes Wasser gewonnen. »Wenn es Intrigen gibt, gehe ich«, war schon vor elf Jahren von Kurt Biedenkopf zu vernehmen.

Es hatte sie gegeben – und er war nicht gegangen. Nach der seit 1987 in Nordrhein-Westfalen sicherlich schmerzhaftesten Niederlage seiner Laufbahn kämpfte Biedenkopf in Glauchau einige Minuten sichtlich um Fassung. Sicherster Indikator für seinen Seelenzustand war Frau Ingrid. Hinderte selbst ihre Rheuma-Erkrankung sie sonst nicht, durch die Reihen zu flattern und zu schnattern und den Saal zu dirigieren, so saß sie an diesem Sonnabend auffallend still in der Sachsenlandhalle neben ihrem »tollen« Gatten. Wenig später beim Fernsehinterview hatte der sein spitzbübisches Lächeln schon wiedergefunden. Es gelte jetzt, den Generationswechsel »gemeinsam mit Georg Milbradt« zu gestalten, und »warten wir erst einmal die Bundestagswahl 2002 ab«.

Spätestens jetzt mußte jedem klar sein, daß er nur noch im Amt bliebe, um Milbradt wenn schon nicht als Parteichef, so doch als Ministerpräsident zu verhindern. Auch der soll auf einem Sonderparteitag bestimmt werden, wenn der Regent endgültig die Krone absetzt. Die groteske Situation war da, daß Biedenkopf seiner eigenen Partei ein ähnlich schlechtes Bundestagswahlergebnis wie 1998 wünschen muß, das Milbradt beschädigen und Zweifel an seiner Führungsqualität streuen würde.

Den Zeitpunkt hatte er längst verpaßt, von dem es heißt: »Wenn es am schönsten ist, soll man gehen!« Die Verehrung der Untertanen ist kein nachwachsender Rohstoff. Stolze 64 Prozent waren es immer noch, Tendenz aber stetig sinkend. Sein Abstieg trägt Züge der König-Lear-Geschichte bei Shakespeare. Tragisch einerseits, andererseits »verbrannte Erde« hinterlassend, wie diejenigen schon vergleichen, die Biedenkopf bereits in Nordrhein-Westfalen erlebt haben.

Nicht nur die Boulevardpresse, sogar der Deutsche Gewerkschaftsbund startete per Internet eine Umfrage, bei der genau die Hälfte der 1.200 Teilnehmer in Milbradt den künftigen Ministerpräsidenten sahen. Auf Platz zwei landete die SPD-Hoffnung, der Leipziger Oberbürgermeister Wolfgang Tiefensee mit 22,3 Prozent, während Biedenkopfs Favorit Steffen Flath mit 12,5 Prozent noch hinter PDS-Fraktionschef Peter Porsch rangierte.

Das System Biedenkopf hat begonnen, sich zu verselbständigen und seinen Namensgeber zu überleben. Die monarchische Pyramide mit all ihren Treppenkriechern funktioniert mit auswechselbaren Figuren an der Spitze weiter.

Lange wurde kolportiert, der eitle Biedenkopf habe sich deshalb nie um die Nachfolgefrage gekümmert, weil niemand den Glanz seiner Amtszeit überstrahlen sollte. Etwa in Umkehrung des Sprichwortes, daß ein Amtsinhaber weder seinem Vorgänger noch seinem Nachfolger gerecht werden könnte. Was aber ist noch zu überstrahlen, wenn die Sonne selbst nachläßt?

Die Schwächen der bisherigen Leitfigur waren mittlerweile nicht mehr zu übersehen. Der Vordenker wurde zum Geisterseher, als er Bundeskanzler Gerhard Schröder für die Kampagnen gegen ihn verantwortlich machte. Als er im Dresdner Kommunalwahlkampf den Gegenkandidaten Ingolf Roßberg auf Herrenmenschenart als »Schrott aus Wuppertal« bezeichnete und das Gespenst des Kommunismus für den Fall seines Einzuges ins Rathaus an die Wand malte, schauten auch viele Unionsfreunde betreten zur Seite. Der gebürtige Dresdner Roßberg war – in Wuppertal – als erster »Ossi« im Westen auf den Posten eines Stadtentwicklungsdezernenten gewählt worden. Genervt von Kampagnen und Affären, reizbar und dünnhäutig, stand der kleine König mit dem Rücken zur Wand. Diese Stützwand bildeten die 64 Prozent getreuer Sachsen, einige installierte Vasallen und gläubige Jünger.

Biedenkopf dürfte sich genau so lange halten, wie die Landes-CDU mehrheitlich von seiner Nützlichkeit für den Wahlkampf 2004 überzeugt ist. Häufen sich Irrationalitäten oder droht er die Partei weiter zu spalten, könnte der Boden unter seinen Füßen bald endgültig schwinden. Das Wahlvolk ist träger in seiner Gunst als das parteiinterne Machtkalkül, der Biedenkopf-Bonus wird noch eine Weile nachwirken. Den möchte die Union natürlich nutzen, möglichst als Schub für einen vom scheidenden Landesvater empfohlenen Nachfolger. Noch grotesker als jede erdachte Theaterfarce aber mutet die Vorstellung an, Biedenkopf könnte 2004 für Milbradt in den Wahlkampf ziehen.

So viel Selbstüberwindung allein aus Liebe zu einer Partei, die doch keine Heimat sein kann, traut ihm niemand zu. Es hat durch die Geschichte und nicht nur im Fall Biedenkopf doch immer wieder etwas Tröstliches, daß die »Mächtigen dieser Welt« sich zwar der Gesetze der Machtergreifung und -erhaltung bedienen, zugleich aber nicht Herr dieser Gesetze sind und selbst unter ihnen stehen. Auch der König ist eine von unsichtbarer Hand geführte Figur und ständig vom Schach bedroht.

So zutreffend es ist, daß Totgesagte länger leben, so stimmt auch, daß ein Abschied des Idols längst denkbar, normal und vermutlich mit Abschluß der Haushaltberatungen Ende 2002 auch schon beinahe terminiert ist. Die an sich lächerliche Rabattkauf-Affäre bei IKEA im Dezember 2001 zeigte, daß schon ein Schneeball jederzeit eine Lawine auslösen kann. Für einen Dreh hin zum politisch zahnlos gewordenen, dafür an Güte gereiften wirklichen Landespapa ist es vielleicht noch nicht zu spät. Mit wenig Aufwand ließe sich Sachsen auch formell in eine konstitutionelle Monarchie umwandeln. So wäre Platz für einen repräsentativen König neben einem Premierminister.

Zumindest einen Freistaatspräsidenten sollte sich Sachsen doch leisten können!?

Das jahrelange, geradezu rührende Interesse der nicht regierungsunfreundlichen Medien in und außerhalb von Sachsen an der Nachfolgefrage läßt auch noch einen anderen Schluß zu: Es steht eben doch jener Artikel Null mit Geheimschrift in der Landesverfassung geschrieben, der eine absolute CDU-Mehrheit zur Existenzbedingung des Freistaates erhebt. Die Union ordnet alles dem obersten Ziel eines Wahlsieges 2004 unter und opfert dafür auch die Ikone Biedenkopf, wenn sie zur Belastung für die Partei zu werden droht. Viele Medien scheinen diese Sorge zu teilen, erweisen sich selbst als Bestandteil des Systems Biedenkopf und seines Absolutheitsanspruches. Eine Alternative, rotrötlichbunt oder womöglich ein Schimpff als sächsischer Schill mit einer Partei der Schimpffer erscheinen kaum denkbar. In gewisser Weise ist das angesichts des linken politischen Personariums sogar verständlich, offenbart aber auch die ganze Enge des Denkens in Sachsen.

Das vorn zitierte fiktive Theaterstück hat außer der sächsischen Wirklichkeit ein weiteres Vorbild. Eugène Ionesco, der aus Rumänien stammende Meister des absurden Theaters, schrieb »Ein König stirbt« für die Bühne. Auch hier erwartet alles den letzten Atemzug des Regenten. Der aber denkt gar nicht daran, läßt den Hofstaat zappeln und weidet sich an den Balgereien seiner Zöglinge.

Biedenkopf ist Kohl ist überall

Einer nimmt uns das Denken ab
Es genügt
seine Schriften zu lesen
und manchmal dabei zu nicken

Einer nimmt uns das Fühlen ab
Seine Gedichte
erhalten Preise
und werden häufig zitiert
Einer nimmt uns
die großen Entscheidungen ab
über Krieg und Frieden
Wir wählen ihn immer wieder

Wir müssen nur
auf zehn bis zwölf Namen schwören
Das ganze Leben
nehmen sie uns dann ab

Erich Fried, »Die Abnehmer«

Der gefeuerte Geschichts-Professor und bekennende Marxist Horst Schneider hatte dieses Gedicht seiner 1993 erschienenen Streitschrift »›Landesvater‹ Biedenkopf« vorangestellt. Seine Broschüre war die erste und bislang einzige kompakte Auseinandersetzung mit der Politik Kurt Biedenkopfs in einem Stadium, als trotz der Vereinigungsfolgen und umkämpften Weichenstellungen im Land *Biedenkopf* und *Sachsen* bereits Synonyme waren. Als pure Ketzerei mußte Schneiders Pamphlet damals erscheinen. Vielleicht war es deshalb diplomatisch in Weiß-Grün gehalten und mit dem versöhnlichen Untertitel »Ein Gesprächsangebot« versehen. Der Autor zog sich mit der bewährten Methode aus der Affäre, Biedenkopf mit einer Flut von Zitaten zu konfrontieren. Wo Schneider dezidierte Meinungen vertrat, wies er auf das zeitlose Generalthema auch des vorliegenden Buches hin: »In jedem Fall signalisiert derjenige, der sich zur ›politischen Klasse‹ zählt, daß er sich von den nicht hauptberuflichen Politikern abgrenzt, auf die Bürger, die ja auch Wähler sind, herabschaut, sie als Objekt der Politik betrachtet. Aus dieser Perspektive bleibt von der Volkssouveränität, dem Grundprinzip der Demokratie, nicht viel übrig.«[144]

Es geht um die mit dem demokratischen Gedanken verbundene Ur-Problematik des Verhältnisses von Volk und Volksvertretung, wenn in komplexen Gesellschaften die direkte Ausübung der Staatsgewalt nur in Ausnahmefällen sinnvoll erscheint. So, wie der Grundgesetzkommentar die *repräsentative Demokratie* als eine Form beschreibt, »die nicht zu Unrecht als eine Mischung von Demokratie und Oligarchie verstanden wird. In ihr entsteht nämlich regelmäßig trotz der periodisch abgehaltenen Wahlen ein politisches ›Establishment‹, das allerdings über diese Wahlen und die Massenmedien an die Wählerschaft rückgekoppelt ist (›feed back‹). Erst diese Rückkopplung macht diese Staatsform demokratisch ertragbar.«[145]

Die Verfassungsväter sahen außerdem in der Machtbalance, in der horizontalen und vertikalen Gewaltenteilung, den Garanten für die Stabilität des neuen Staates.

Wirklich lebensfähig ist eine reale Demokratie nur dann, wenn ihr Idealbild der Volkssouveränität von beiden Seiten ernstgenommen wird. Ganz schnell ist man sonst beim Schlagwort vom »mündigen Bürger«, einer Schimäre, einer Begriffshure, die von jedermann gebraucht werden kann. Denn die Praxis zeigt, daß einerseits der Mehrheitsbürger gar kein sonderliches Interesse entwickelt, der von ihm selbst gewählten Staatsform auch gerecht zu werden. Die bequeme, oben im Gedicht beschriebene Mentalität des Delegierens an die »Abnehmer« herrscht vor.

Diese Neigung ist nicht nur ein Überbleibsel des vormundschaftlichen Staates im Osten, sondern auch ein Produkt der modernen Konsumgesellschaft des Westens.

Dort wird Politik als *Dienstleistung* empfunden, die man per Wahl in einer Art *Geschäftsbesorgungsvertrag* vereinbart. Begriffe wie Zuschauerdemokratie, Politikerdemokratie oder gar Führerdemokratie gehen über Mikrofone und Zeitungsseiten.

Die *Oligarchie*, das *Establishment* oder die *politische Klasse* wiederum haben kein wirkliches Interesse am mündigen Bürger, der sich – engagiert, aber inkompetent – in ihr wohlmeinendes

Tun einmischt. Ihn als Wähler bei Laune zu halten genügt die Bedienung einiger seiner Instinkte und die Wahrung des eigenen Instinktes dafür, wann Machtinteressen allzu offensichtlich mit Bürgerinteressen kollidieren.

Die sogenannte *politische Kultur*, ein streitbarer, aber eingebürgerter Begriff, müßte »von unten« wachsen und »von oben« gefördert werden. Daß sie das auch im mitunter vergötterten Westen nie wirklich getan hat, zeigt beispielsweise eine Infas-Umfrage von 1971. Fast zwei Drittel der Bundesbürger glaubten nach 22 Jahren Demokratieerfahrung nicht, daß sie auf den Staat irgendwelchen Einfluß ausüben könnten.

Noch dramatischer fiel allerdings eine vergleichbare Umfrage des Jahres 1998 in den neuen Bundesländern aus. Nur 21 Prozent der Bevölkerung fanden die Demokratie in Ordnung. 29 Prozent mißtrauten der politischen Praxis, und 43 Prozent standen ihr ablehnend gegenüber. Ein mittelständischer sächsischer »Wossi«-Unternehmer, eher im SPD-Umfeld sozialisiert, konnte sich im Jahr 2001 über solche Fragen nur noch wundern. Einige Hartnäckige im Osten würden sie halt immer noch stellen, während im Westen keiner mehr darüber nachdenke. Man wähle, falls überhaupt, nach Parolen und trinke sein Bier. Und empöre sich von Zeit zu Zeit, wie Skandale dieser korrupten Politikerkaste im Verfassungs- und Rechtsstaat überhaupt möglich sein könnten.

Die Verantwortung dafür tragen beide Seiten: Volk und Repräsentanten. Der Satz, jedes Volk habe die Regierung, die es verdiene, klingt sowohl zynisch als auch radikaldemokratisch.

So radikal ist beispielsweise Rousseau in seinem »Gesellschaftsvertrag«, dem Katechismus der naturrechtlich begründeten Volkssouveränität. Wenn heute manchmal der »Volksvertreter« im Vergleich mit dem »Staubsaugervertreter« glossiert wird, so hat dies bei Rousseau ein Vorbild: »Die Abgeordneten des Volkes sind also nicht seine Vertreter und können es gar nicht sein; sie sind nur seine Beauftragten und dürfen nichts endgültig beschließen. Jedes Gesetz, das das Volk nicht als Person bestätigt hat, ist null und nichtig.«[146] Legislative und Exekutive vergleicht er mit treibender Kraft und ausführendem Willen eines politischen Körpers und ruft ein mittlerweile vergessen scheinendes Urbild der Regierung in Erinnerung: »Die Staatsgewalt braucht folglich einen Bevollmächtigten, der sie zusammenhält und nach Anleitung des Allgemeinwillens in Tätigkeit setzt, der die Verbindung zwischen dem Staat und dem Souverän herstellt. (...) Im Staat ist dies die Vernunft der Regierung, die fälschlicherweise oft mit dem Souverän verwechselt wird, obgleich sie nur dessen Diener ist.«[147]

In Goethes Person fließen noch einmal Schöngeist und Staatskunst zusammen. Ein Beispiel, wie es die jüngste Vergangenheit nur äußerst selten kennt – etwa in den tschechischen Schriftstellern Vaclav Havel oder Milan Uhde oder im ehemaligen Präsidenten von Uruguay Julio Maria Sanguinetti. Auch Goethe war beeinflußt von seinem Zeitgenossen Rousseau und der französischen Revolution und zeichnete ein Idealbild: »Welche Regierung die beste sei? Diejenige, die uns lehrt, uns selbst zu regieren.«[148]

Ein anderer Satz aus den »Maximen und Reflexionen« hätte schon 1989 auf den Spruchbändern der Montagsdemos stehen müssen: »Sobald die Tyrannei aufgehoben ist, geht der Konflikt zwischen Aristokratie und Demokratie unmittelbar an.«

Zehn verlorene Jahre

Der Aristokrat Biedenkopf hat um das Erbe des vormundschaftlichen Staates, um die Bequemlichkeit der Bürger im allgemeinen und die ostdeutsche Untertanenmentalität im besonderen gewußt. Er fand in seinem Tagebuch einen treffenden Vergleich: das wäre Unfähigkeit eines entlassenen Strafgefangenen, die wiedergewonnene Freiheit auch zu nutzen. Seine Schriften lesen sich durchweg wie Appelle an den einzelnen, die eingeräumten Freiheiten auch zu nutzen oder deren Grenzen zumindest auszuloten. Was er schon 1974 über das Gemüt des Wahlvolks schrieb, kann entweder als zynische Aufforderung zur Manipulation oder als flammender Appell zum Ausbruch aus der Unmündigkeit interpretiert werden: »Der Souverän in der Demokratie ist das Volk. Es ist mitunter bemerkenswert langmütig. Es begehrt nicht auf, wenn ihm jahrelang die Perspektiven seiner politischen Zukunft vorenthalten werden. Es scheint zufrieden zu sein, wenn seine Repräsentanten eklatante Mißerfolge vermeiden.«[149]

Wenige Zeilen zuvor beschrieb er übrigens genau jene schon beim »Sachsen-Mythos« kritisierte Unschärfe des Ziels, die in der Tagespolitik von heute Fragen nach dem Morgen ersticken hilft. Spreche der Politiker von der Zukunft, so spreche er »vage von

Wohlstand, Glück und Frieden und natürlich von Fortschritt und Freiheit«.

Mit Vorliebe verweist Biedenkopf auf den polnischen Philosophen Leszek Kolakowski: »Das Bedürfnis nach Sicherheit ist dringender und fundamentaler als das Bedürfnis nach Freiheit, und das gilt nicht nur in physischer, sondern auch in geistiger Hinsicht.«[150] Dieses Sicherheitsbedürfnis aber hat stets auch etwas mit Identität und Verwurzelung zu tun. Insofern schillert ein weiterer Widerspruch zwischen den Verlautbarungen Biedenkopfs zum identitätsstiftenden Sachsen-Mythos und seinen Freiheitspostulaten. Freiheit und Ordnung, siehe auch Ernst Blochs gleichnamige Abhandlung über die Sozialutopien, sind dialektische Zwillingsschwestern.

Im Tagebuch befaßte sich Biedenkopf mit den »anstrengenden« hochentwickelten marktwirtschaftlichen Ordnungen, die Mut zum Risiko vom einzelnen verlangten. Sehr einseitig hat er dabei immer nur das unternehmerische oder selbstversorgende Risiko im Auge. Nicht ein Satz rückte auch nur in die Nähe von Willy Brandts pathetischer Antwort auf die 68er Unruhen: Mehr Demokratie wagen! Biedenkopf ahnte vielmehr die mit der Risikogesellschaft verbundenen Überforderungen und äußerte ein gewisses Verständnis: »Deshalb ist es in vieler Hinsicht ›bequemer‹, in hierarchischen Ordnungen als in solchen zu leben, die vornehmlich auf der Koordination des Willens ihrer Mitglieder beruhen.«[151]

Basis für diese Koordination, daran ließ er keinen Zweifel, müsse ein auf »außerökonomischen Wertvorstellungen« beruhender gesellschaftlicher Konsens sein. Nur so werde Berechenbarkeit in der »kooperativen Vernetzung« eben der marktwirtschaftlichen Subjekte möglich.

Welcher Konsens gemeint ist, sagte er an dieser Stelle nicht. Auch in »Einheit und Erneuerung«, wo dieser Gedanke wieder auftauchte, war es ganz allgemein die Kultur, die einen gemeinsamen Wortschatz begründe. Bei wachsender Komplexität der Gesellschaft ein immer schwieriger werdendes Vorhaben. Aufzufangen wäre diese Schwierigkeit in seinem Theoriegebäude durch mehr Mitwirkung und Mitbestimmung. Betriebliche Mitbestimmung – das Thema, das ihn über die Mitbestimmungskommission der Bundesregierung einst in die Politik führte.

Wie es damit in der ostdeutschen Praxis nach 1990 aussah, hat Biedenkopf nicht mehr ernsthaft untersucht. 1992 war für ihn die blühende ostdeutsche Demokratielandschaft jedenfalls noch in Ordnung. In einem Zeitungsinterview zum »irren Vereinigungsprozeß« befragt, meinte er: »Das Großartige an der offenen Demokratie ist ja, daß sie schneller als jedes andere System Veränderungen begreifbar macht, weil sie alle Strukturen auf Zeit anlegt und die Gedanken immer im Wettbewerb hält.«[152] Es folgte die inzwischen sattsam bekannte Attacke auf das verfestigte westdeutsche Oligopol, das der ostdeutsche Beitritt nun angeblich kräftig durcheinander wirbele.

Ein Wunschbild, wie wir längst wissen. Biedenkopf selbst hatte, wie andere vor und neben ihm auch, sich nicht auf die von ihm beschriebene Rolle des Koordinators eines »Mitgliederwillens« beschränken können. Er zog vielmehr alle Register der ihm eigenen Dominanz, anstatt diesen noch schwach entwickelten und durch eine Kerzenrevolution kaum gekräftigten *Mitgliederwillen* nach Kräften zu stärken.

Dieser Vorwurf wiegt um so schwerer, als Kurt Biedenkopf viel über die wachsenden Anforderungen an Führung und Führungskräfte geschrieben hatte und um deren Verantwortung für die Pflege demokratischer Prinzipien wußte. Nicht vorsätzlich, aber doch von ihm zu verantworten, erlag er den Versuchungen der ihm entgegengebrachten Verehrungs- und Führungssucht. Die Ära Biedenkopf aber hat die Demokratieentwicklung in Sachsen um ein ganzes Jahrzehnt zurück geworfen.

»Stimmt«, nickten bedächtig sogar hochrangige Mitarbeiter der Staatskanzlei zu solch provokanter These. Und verweisen sogleich auf die wahrscheinlich notwendige straffe Führung in der Nachwende-Konsolidierungsphase. Diese Erklärung aber greift zu kurz. Sie mißt Politik ausschließlich an ausgewählten wirtschaftlichen Erfolgen oder Leistungskriterien, die der Forcierung des ökonomischen Wettbewerbs zweckdienlich sind. Sie widerspricht damit der von Biedenkopf selbst immer wieder geforderten Balance zwischen den materiellen und immateriellen Säulen oder Bindekräften einer Gesellschaft.

Der Sächsische Kultursenat schrieb unter der Präsidentschaft des langjährigen Dresdner-Bank-Managers Bernhard Freiherr von Loeffelholz in seinem Kulturbericht vom Herbst 2001 folgende revolutionäre Sätze: »Die Anfangsjahre der alten Bundesrepublik, in denen das Modell der Sozialen Marktwirtschaft entstand, haben gezeigt, daß Marktwirtschaft den Menschen am besten dient, wenn sie in einem kulturell geprägten solidarischen Werterahmen arbeitet. Dieser muß im Lauf der Zeit überprüft und erneuert, darf aber nicht durch einen totalitären Kapitalismus verdrängt werden.« Wer den »totalitären Kapitalismus« denn ein weiteres Mal in seiner Geschichte domestizieren sollte, konnte der Kultursenat natürlich nicht erörtern.

Den Neubundesbürger erreichen solche großartigen Formulierungen vermutlich kaum. Seine Erfahrung geht eher dahin, daß diejenigen, die sich am skrupellosesten über den »kulturell geprägten solidarischen Werterahmen« hinwegsetzen, materiell am erfolgreichsten sind und auf der Karriereleiter am schnellsten aufsteigen. Appelle an den Mythos einer heilen Welt von einst und die Dauerbeschwörung des »C« im Namen der Christlich-Demokratischen Union können die Erfahrung einer zugrundegegangenen Alltagsmoral nicht ersetzen.

Auch die unterstellte Klugheit eines Kurt Biedenkopf trug nichts dazu bei, das Vertrauen untereinander und in die »politische Klasse« zu stärken. Das Vertrauen galt einzig dem König, und auch er ist dabei, es zu verlieren. Gerade er hätte mit äußerster Peinlichkeit auf Moralität in der jungen ostdeutschen Demokratie achten müssen. Mag ihm der Ruf eines Querdenkers noch immer anhängen, so ist er doch alles andere als ein Savonarola unserer Tage gewesen.

Das Vertrauen fehlt auch in umgekehrter Richtung von »oben« nach »unten«. Allen Wahlergebnissen und verbalen Bekundungen zum Trotz endet es regelmäßig an den heiklen Fragen direkter Demokratie. Rolf Henrich, der Autor des »Vormundschaftlichen Staates«, sagte im Jahr 2000: »Was ich am meisten bedauere ist, daß wir es nach der Wende nicht geschafft haben, das Element einer Volksabstimmung zu verankern. (…) Ich halte die Leute nicht für so dumm. Ich vertraue dem Volk.«[153]

Der substanzielle, nicht rhetorisch verbrämte Beitrag Kurt Biedenkopfs zur Ausprägung jenes kulturellen, solidarischen Werterahmens ist lange Zeit überschätzt worden. Wie sollte beispielsweise »Sozialpartnerschaft« entstehen oder das Feindbild vom raffgierigen Kapitalisten abgebaut werden, wenn sogar der

Ministerpräsident – offenbar unter Anspielung auf seinen vorübergehenden Buna-Aufsichtsratsvorsitz – erklärte: »Daß da ein Betriebsrat, der selbst vielleicht 1.200 Mark verdiente, bereit war, im Aufsichtsratsgremium ... mitzuwirken, daß der fähige Vorstand das Siebenfache bekommt, damit der nicht nach Westen abhaut, das finde ich eine tolle Leistung. Und daß er gleichzeitig mit mir diskutiert, wie viele Leute entlassen werden müssen, in welcher Form und nach welchen Kriterien. Enorm.«[154]

Die sich in solchen und anderen Aussagen entlarvende streng hierarchische Vorstellungswelt Biedenkopfs legte erneut eine Parallele zu Konrad Adenauer nahe, wie ihn Wilhelm von Sternburg beschrieb: »Der geistige Stammbaum dieses Politikers reicht weiter zurück, bis in die Zeiten, als Päpste und Kardinäle, Kaiser und Fürsten streng darüber wachten, daß der Mensch nie vergaß, welchen Platz ihm die göttliche Ordnung zugewiesen hatte.«[155] Und an anderer Stelle hieß es: »Adenauer stand demokratischen Grundsätzen mit großer Gleichgültigkeit gegenüber.«

Auch die deutsche Nachkriegsdemokratie kennt das Phänomen der Ein- oder Überlagerung ihr wesensfremder monokratischer Tendenzen. Sie sind, und der Versuch ist hier schon unternommen worden, massenpsychologisch erklärbar und durch alle Zeiten und Herrschaftsformen latent. Die Namen Adenauer, Kohl oder Strauß bieten sich als Muster für Biedenkopfs sächsische Regentschaft an. Von »Kurt Helmut Biedenkohl« hatte Bernhard Honnigfort, Sachsen-Korrespondent der »Frankfurter Rundschau«, einmal geschrieben. Diese Namen stehen für ähnliche Erscheinungen in allen Demokratien. In Übergangs- und Krisenzeiten sind sie besonders leicht zu rechtfertigen, wie es vor fünf Jahrhunderten schon Machiavelli getan hat.

Das Ziel dieses skrupellosen Machttaktikers bestand immerhin in der *freien Republik für alle*, wovon man bei den demokratisch gewählten Fürsten unserer Tage nicht von vornherein ausgehen kann. Jedenfalls hielt es auch Machiavelli allemal für besser, durch Gunst des Volkes als durch Gunst der »Großen« an die Macht zu kommen. »Es ist immer so, daß das Volk nicht von den Großen beherrscht und unterdrückt zu werden wünscht und daß die Großen Herr über das Volk sein und es knechten wollen. Aus dem Kampf dieser Richtungen entstehen in einer Stadt Alleinherrschaft, Freiheit oder Zügellosigkeit.«[156]

Im übrigen warnte schon Machiavelli vor den Schmeichlern bei Hofe und – lange vor Max Weber – vor der Herrschaft durch Beamte.

Der Zyniker Machiavelli ein Volksfreund? Wen es nach Macht drängt, der muß auch mit dem Volk umgehen lernen. Biedenkopf hatte es zumindest versucht, aber es gelang ihm manchmal nur schlecht, sein Grundmißtrauen gegen den Plebs zu kaschieren. Er brauchte *die Leute*, sie gaben ihm das Gefühl zurück, gebraucht zu werden – aber er gehörte nie wirklich zu ihnen. Sein Respekt vor ihnen endete, wenn der gelobte Handwerker oder die Hausfrau aufbegehrten und mehr wollten, wenn sie also den ihnen zugewiesenen Platz in der Weltordnung zu verlassen wünschten.

Wie wenig der weimarische Minister Goethe Demokrat war, zeigt ein erschreckendes Zitat aus den »Maximen und Reflexionen«: »Nichts ist widerwärtiger als die Majorität: denn sie besteht aus wenigen kräftigen Vorgängern, aus Schelmen, die sich akkomodieren, aus Schwachen die sich assimilieren, und der Masse, die nachtrollt, ohne nur im mindesten zu wissen, was sie will.«[157]

Zu allen Zeiten aber hat es gleichermaßen die Aufforderung gegeben, aus der Wahrheit des einzelnen auch eine Wahrheit der Menge zu machen, sich aus einer der Beherrschung Vorschub leistenden Trägheit heraus zu emanzipieren, sich zu lösen – auch von den eigenen, selbst gewählten Göttern.

Es war schon erstaunlich, den glühenden Kohl-Verehrer Arnold Vaatz einmal mit der resignierenden Feststellung zu vernehmen, die Ossis liefen charismatischen Führerpersönlichkeiten aus dem Westen nach. In diesen Personen suchten sie den eigenen Typ zu negieren, also Wünsche zu projizieren und die Selbstmißachtung zu kompensieren. Das sagte er allerdings einige Jahre nach der Zeit, als er Kurt Biedenkopf noch als seinen Förderer bezeichnen konnte.

Ansonsten aber kam den von der CDU geschluckten Bürgerrechtlern von einst die Sorge um die neue Demokratie sehr bald abhanden. Die Rufer und Mahner hatten ihre Heimat noch bei Bündnis 90/Grüne, der linken SPD und, nach einer Schamfrist von einigen Jahren, sogar bei der PDS.

Von wacher Sorge um den schleppenden Aufbau eines demokratischen Allgemeinbewußtseins waren und sind auch Verfassungspuristen aus dem Westen erfüllt, die die Ideale der Freiheit-

lich-Demokratischen Grundordnung noch nicht für einen Ana-
chronismus halten. So schrieb beispielsweise Klaus Gertoberens,
der damalige Chefredakteur der Dresdner »Union«, ein halbes Jahr
nach Bildung der Regierung Biedenkopf einen bemerkenswerten
Artikel zur beginnenden Verfassungsdiskussion in Sachsen. Schon
der Untertitel ließ aufhorchen: »Alle Macht geht dem Volke aus.«
Zur politischen Willensbildung bemerkte er: »Natürlich kann man
mit dem Hinweis auf bisherige Erfahrungen in den alten Bundesländern schnell erklären, daß eine pluralistische Demokratie
ohne Beteiligung ihrer Bürger auskomme – nur drückt sich so ein
Defizit an demokratischem Selbstverständnis aus. (…) Es gilt als
gesicherte Erkenntnis der Sozialpsychologie, daß hierarchische
Strukturen, Monotonie und Fremdbestimmung am Arbeitsplatz
zur Apathie und Entpolitisierung der Bürger führen und sich zu
Teilnahmebarrieren verwandeln.« Gertoberens forderte Schulen
und Einrichtungen der Erwachsenenbildung zur Demokratie-
Erziehung auf. Der Bürger, der nicht über sein politisches Schicksal mitentscheide, mache sich selbst unfrei. Ein Plädoyer für mehr
direkte Demokratie schloß sich an. »Das Sachsen von morgen, in
dem sich eine offene und lebendige Demokratie entfalten soll,
braucht hoch motivierte Bürger. Gefahr droht eher von politischer
Apathie als von einer breiten gesellschaftlichen Mobilisierung.«[158]
Doch nicht nur das nahezu utopische Quorum von 450.000
Unterschriften für ein erfolgreiches Volksbegehren, auch die zahlreichen Verfahrenshürden entfalten eher eine abschreckende Wir-
kung. Nicht einmal die Landesverfassung, in der Elemente direk-
ter Demokratie sehr restriktiv festgeschrieben sind, wurde per
Volksentscheid angenommen. Die sächsische Oligarchie mit Kurt
Biedenkopf an der Spitze verwies stets auf die simplen Fakten der
Wahlergebnisse und des Prinzips der repräsentativen Demokratie.
Doch deren vermeintliche Eindeutigkeit trog und trügt.
Die Wahlbeteiligung bei Landtagswahlen sank von 72,8 Prozent im Jahr 1990 auf 58,4 Prozent im Jahr 1994 und betrug fünf
Jahre später 61,1 Prozent. In den Kommunen war der Rückgang
noch dramatischer. Biedenkopf erklärte dies mit der Zufrieden-
heit der Leute, die angeblich wünschten, es möge sich nichts
ändern.
Der Gedanke, es könne auch resignierend heißen »Es ändert
sich sowieso nichts« kam ihm offenbar nie.

Die Interpreten von Wahlergebnissen, und nicht nur in der Siegerpartei, müßten eigentlich in Demut verstummen, wenn sie sich den politischen Bildungsstand ihrer Wählerschaft und damit die Basis dieser Wahlentscheidung veranschaulichten. Amerikanische Wahlforscher haben herausgefunden, daß 55 Prozent der Gesamtwirkung eines Kandidaten von nonverbalen Eindrücken ausgehen. Nur zu sieben Prozent sind inhaltliche Aussagen für den Bürger relevant. Mit anderen Worten: Die Krawatte ist wichtiger als das Programm.

Amerika ist weniger weit entfernt, als wir annehmen, zumal ausgerechnet die Sozialdemokraten die Methoden des Polit-Entertainments am konsequentesten übernommen haben. Im Februar des Jahres 2001 veröffentlichten das Meinungsforschungsinstitut Allensbach und das Institut für Politikwissenschaft der TU Dresden eine erschreckende Studie. »Nur gut die Hälfte des Volkes glaubt, mit der Demokratie ließen sich Deutschlands Probleme lösen. Nur jeder Vierte setzt im politischen Streit auf Parteien. Jeder Zweite hält Politiker für Lügner. Nur ganze zehn Prozent der Deutschen fänden es gut, wenn der Sohn Politiker würde. 21 Prozent fassen das parlamentarische System als eine Abweichung von der erstrebenswerten Norm auf. Was Föderalismus ist, wissen 59 Prozent nicht, vom Rest machen 14 Prozent falsche Angaben. Ein Fünftel gibt zu, Politik kaum zu verstehen.«[159]

Der maßgeblich an der Studie beteiligte Dresdner Politikwissenschaftler Prof. Werner Patzelt sieht einen Ausweg in besserer politischer Bildung, die vor allem in der Schule ansetzen müsse.

Hierzu zwei aufschlußreiche Vergleichszahlen: In den 60er Jahren, am Ende der Adenauer-Ära, zeigten ganze vier Prozent der Bundesrepublikaner Interesse an politischer Bildung. Im Juni 2001 hatten nach einer bei EMNID in Auftrag gegebenen Umfrage der sächsischen Staatsregierung gerade einmal 12 Prozent der Sachsen jemals etwas von einer Landeszentrale für politische Bildung gehört. Unter diesen hatte wiederum nur ein Drittel, also rund vier Prozent der Gesamtbevölkerung, Material der Landeszentrale gelesen. Und nur jeder Hundertste hatte schon einmal eine Bildungsveranstaltung besucht.

Hoffnungsvoll stimmt nur, daß die jüngeren Sachsen etwas besser Bescheid wissen.

Der CDU-Landtagsfraktionsvorsitzende Fritz Hähle hatte im Jahre 11 nach der Machtübernahme auch gemerkt, daß etwas mit dem politischen Bewußtsein im Lande nicht stimme. Freundlich vom Foto lächelnd, reagierte er darauf mit einer großformatigen schmalseitigen Broschüre des aufklärenden Inhalts, daß Fraktionszwang nicht so schlimm, die absolute Mehrheit der CDU ein Segen für das Land und die PDS keine normale Partei sei.

Nichts einzuwenden war gegen Hähles Feststellung: »Auch in der Demokratie können es ›die da oben‹ nicht allein packen, wenn alle anderen ihre Verantwortung sozusagen mit dem Wahlschein ausschließlich an die Vertreter des Volkes abgeben. Nur wer mitwirkt, wird nicht ›politikverdrossen‹.«[160] Damit war der Schwarze Peter jedoch nur wieder von »oben« nach »unten« geschoben worden, anstatt konkret zu fragen, was gerade Kurt Biedenkopf und die sächsische Union zu dieser Politikverdrossenheit beigetragen hatten. Wo war der Lehrer des Volkes in Sachen Demokratie? Warum hatte der große Systemtheoretiker seinen sächsischen Schulgarten nicht auch zu einer Art Bundesgartenschau der Volkssouveränität ausgebaut?

Für die entstandenen Defizite ist nicht eine der Säulen des Staates allein verantwortlich zu machen. Demokratie verlangt eigentlich Generalisten, die sich für alles ein bißchen interessieren und Meinungen entwickeln. In unserer arbeitsteiligen Gesellschaft wird das Aktivitätsfeld des einzelnen aber immer schmaler.

Wissenschaft und Wirtschaft versuchen längst, das Fachidiotentum wieder zu überwinden. Nicht so in der Gesellschaft. Der einzelne arbeitet auf einem Feld, das ihn immer totaler in Anspruch nimmt. In allen übrigen Bereichen ist er bloßer Konsument. Allgemeinbildung und damit auch der politische Horizont beschränken sich trotz der Informationsflut auf einen immer dürftigeren Kanon. Die Folgen sind eine Expertendemokratie auf hohem und eine Angebotsdemokratie auf »niederschwelligem« Niveau, um einmal einen Begriff aus der Sozialarbeit zu verwenden. Der Schritt vom Konsumenten eines politischen Angebots zum aktiven Mitgestalter wird immer größer.

Auch Bundestagspräsident Wolfgang Thierse warnt vor der Reduktion des Menschen auf seine bloßen Funktionen als Arbeitskraft und Konsument. »Wenn wir ... den Menschen nur noch als Konsumenten behandeln und nicht als einen solidaritäts- und mitleidens- und engagementsfähigen Menschen, dann hat die Demokratie wirklich keine großen Zukunftschancen.«[161]

Sachsen bildet keine Ausnahme von Tendenzen zum bloßen Spaß-Engagement, wie sie etwa die letzte Shell-Jugendstudie beschrieb. Auch hier ist das Ehrenamt in der Krise, lösen sich Schlagworte wie »Civil Society« in Weihrauch auf, haben die Altparteien CDU, PDS oder FDP dramatisch an Mitgliedern verloren, während die Zahlen bei SPD und Bündnisgrünen stagnieren.

Eine sehr verständliche ostdeutsche Reaktion kommt hinzu. Der 68er Slogan »Alles ist politisch« hatte seine Entsprechung im DDR-Alltag und schrie förmlich nach einer Entpolitisierung zumindest des Privaten. Diese Haltung negiert, daß sich dieses Private im Ernstfall der *Res Publica* niemals entziehen kann, daß keiner außerhalb des Staates steht, wie die aktuelle Terror-Angst täglich fühlen läßt. Der anscheinend so mündige Demonstrant des Herbstes 1989 erwies sich als ein überforderter, leicht zu manipulierender, zur wirksamen Kontrolle der Macht seiner neuen »Repräsentanten« unfähiger Untertan. Und die neue politische Klasse erwies sich als zu unsensibel, um die zarte Pflanze der Demokratie zu düngen und zu pflegen.

Hatte Ostdeutschland einschließlich seiner Protagonisten auf der politischen Bühne eine Chance, es besser zu machen? Das Sicherheitsbedürfnis, siehe Kolakowski, geht vor, Adenauers »Keine Experimente!« gilt mehr denn je. Es war auch die Politik Biedenkopfs, sich und die Partei als Stabilitätsgaranten zu präsentieren. Ein Anspruch, den der zugleich zu höchster Flexibilität herausgeforderte Bürger gar nicht praktisch verifizieren könnte, hätte er nicht das Bedürfnis nach Fixpunkten befriedigt, die sonst weder privat noch gesellschaftlich noch wirtschaftlich zu finden sind.

Es zeigt sich aber, daß politische Statik und innere Dynamik der Gesellschaft einander ausschließen. Das geistige Klima in Sachsen entspricht dem des zweiten Biedermeier der Nierentisch-Ära, erinnert an die langweiligen Wirtschaftswunderzeiten ohne Wirtschaftswunder. Politische Stabilität allein ist kein Erfolgskriterium, wenn sich eine Gesellschaft mit so viel Pathos erzdemokratische Maßstäbe setzt. Auch Diktaturen können erstaunlich lange stabil bleiben.

Lenins Demokratieverständnis, von dem sich die sächsische

CDU einiges abgeschaut zu haben scheint, sicherte den damaligen kommunistischen Parteien einige Jahrzehnte stabiler Herrschaft: »Demokratie ist ein die Unterordnung der Minderheit unter die Mehrheit anerkennender Staat, d. h. eine Organisation zur systematischen Gewaltanwendung einer Klasse gegen die andere, eines Teils der Bevölkerung gegen den anderen.«[162] (Lenin)

Und immer sind es Übergangszeiten, die etwa im sozialistischen Staat »noch« diktatorische Maßnahmen rechtfertigen, bevor endgültig auf paradiesische Weise der »Mensch dem Menschen ein Helfer« wird (Brecht). Auch der Sozialismus lebte von der Unschärfe und Ferne des Ziels.

Das minimalistische Stabilitätsargument ist immer ein leicht durchschaubares, nicht nur in Sachsen. Im Klartext meint es nichts anderes als politische Besitzstandswahrung, ein Wort, das auf der Zielscheibe politischer Polemik Kurt Biedenkopfs die schwarze Zehn markiert. Und es beinhaltet das unausgesprochene Eingeständnis mangelhafter demokratischer Strukturen, denen die Herrschenden das ursprünglich demokratie-immanente dynamische Gleichgewicht nicht zutrauen wollen. Der lebendige demokratische Staat verfällt nicht in Anarchie, wenn seine Führung wechselt. Die sächsische CDU entlarvt sich selbst, wenn sie in jedem nicht von ihr gestellten Bürgermeister die Oktoberrevolution heraufziehen sieht.

»Denken heißt Überschreiten«, sagte Ernst Bloch, und Kurt Biedenkopf meinte es auch dauernd und hatte es dann doch nicht so konsequent gemeint. Um im Bilde zu bleiben: Wie einst Cäsar mit Gallien, so überschritt 1990 Kurt Biedenkopf seinen Rubikon mit dem Gang an die Elbe, überschritten aber auch die DDR-Bürger den ihren mit dem Gang in die parlamentarische Demokratie. Dahinter gibt es kein Zurück mehr. Waren sie sich der Tragweite dessen bewußt?

Der frühere Staatsanwalt und heutige Politikchef der »Süddeutschen Zeitung« Heribert Prantl fällte im Jahr 2000 ein vernichtendes Urteil: »Wer im Osten die Bundesrepublik als politischen Ort sucht, der findet sie nicht. Das völkische Bewußtsein ist um ein Vielfaches stärker als das demokratische. Die Landtage im Osten sind nicht Teil demokratischer Grundstrukturen, die Kommunalparlamente nicht Ausdruck lebendiger Demokratie – sie schwimmen wie Schnittlauch auf einer anderen Suppe. Ostdeutschland ist, wie die anderen Staaten des ehemaligen Ostblocks auch, eine postkommunistische Gesellschaft, in der die demokratische Alltagskultur noch wachsen muß.«

Wäre Prantl nicht als Radikaldemokrat bekannt – es müßte arrogant klingen vom Bürger eines Landesteils, der es in 52 Jahren Praxis des Grundgesetzes auch nicht viel weiter gebracht hat, solches zu hören. Schließlich stammte das Zitat aus einem Buch über die Spendenaffären Kohls und seiner CDU, die das Land »wie ein Hagelsturm« getroffen hätten.

Nichtsdestoweniger hat Prantl recht mit der Feststellung: »Wohin es führt, wenn nur in die ökonomische Infrastruktur, nicht aber in die demokratische Infrastruktur investiert wird, das läßt sich im Osten besichtigen.«[163]

Die Wechsel – Minimalprogramm zur Demokratiehygiene

Die Zeit, in der die zentralisierte Königsgewalt gegen den feudalen Kleinadel als progressiv gelten konnte, ist mehr als dreieinhalb Jahrhunderte vorbei. Kurt Biedenkopf hat den Abbau »hierarchischer Tiefe« selbst oft genug verlangt. Vorbei sollte eigentlich auch die Zeit sein, in der ein aus dem Exil im Moskauer Hotel »Lux« zurückgekehrter Walter Ulbricht die Devise ausgeben konnte: »Es soll demokratisch aussehen, aber wir müssen alles in der Hand haben!« Sein damaliger Weggefährte Wolfgang Leonhard berichtete dies über die ersten Nachkriegsjahre in der sowjetischen Besatzungszone. Der Satz scheint geradezu für sächsische Nachwendeverhältnisse gesprochen. Wobei zu fragen wäre, wo denn Politik noch »alles in der Hand hält«? Ein Schülerwettbewerb der sächsischen SPD-Landtagsfraktion förderte die Arbeit eines 17jährigen Gymnasiasten zutage, in der dieser die kostensparende und konsequente Abschaffung der Parlamente und Regierungen forderte. Stattdessen – soviel Demokratie sollte noch sein – hätte der Wähler eine Art Wirtschaftskabinett zu wählen, dessen Mitglieder er sich unter einigen börsennotierten Großkonzernen aussuchen dürfe.

Ein altes Thema, ließe sich jetzt abwinken. Da gibt es Hitlermacher, Kanzlermacher, einen gewaltigen, demokratisch nicht legitimierten Apparat von bestimmendem Einfluß.

Es war kein Sozi, sondern Reichskanzler Otto von Bismarck,

der den Ausspruch tat: »Wer die Hand auf dem Beutel hat, hat die Macht!« Noch ist die Partei nicht zu erkennen, die den Mut zu einem nicht wirtschaftsfeindlichen, aber wirtschaftskontrollierenden Programm hätte. Die CDU des Ahlener Programms von 1946 vielleicht. Heute darf sich ausgerechnet diese bigotte Partei das Verdienst zuschreiben, der materialistischen Weltanschauung zum Endsieg verholfen zu haben. Wer weiß schon, daß sich mit der Gemeinwohlverpflichtung des Eigentums in den Grundgesetzartikeln 14 und 15 nach wie vor der subversive Sozialismus tarnt?

Weil es ständig auch die falschen Leute tun, ist es schon beinahe peinlich, an einen mittlerweile von den Geschichtsbüchern verschluckten demokratischen Urschrei zu erinnern: »Wir sind das Volk!« Treffender geht es nicht. Demokratieromantik? Das »Wir«-Gefühl ist zerfallen in Lager und viele einsame Schicksale, und es ist noch längst nicht an die neue Demokratie adressiert worden. An eine Demokratie, die streng genommen keinen Opportunismus kennen dürfte, weil es keine Staatsdoktrin und keine herrschende Partei oder Klasse gibt. Die totale Personalisierung und den Rückfall in den Königskult früherer Jahrhunderte nicht zuließe, weil sie auf breites Bürgerengagement bauen könnte.

Eine Demokratie, die Volksvertreter nicht mit Geld und Privilegien bei Laune halten müßte, damit sie sich der unappetitlichen Aufgabe nicht gleich entziehen und in die Wirtschaft abwandern. Die andererseits aber auch nicht in die Hysterie einer *Political Correctness* verfiele, eine moderne Art der genormten Heiligenverehrung, die den Abstand zur politischen Klasse weiter vergrößerte. Eine Ordnung schließlich, die allgemeine demokratische Regeln deutlich von der Gesinnung trennte, in der man beispielsweise nicht vehement das demokratische Votum der Österreicher für die Haider-Partei verteidigen und gleichzeitig das für die PDS in Ostdeutschland nach Kräften mißachten dürfte.

Es gibt keinen gesicherten Besitzstand an der »Freiheitlich-demokratischen Grundordnung«. Im Herbst 2001 ließen sich die zurückliegenden Ereignisse aus sächsischer Perspektive auf zweierlei Weise bewerten und interpretieren.

Entweder bleibt noch radikaler ein Niedergang der politischen Kultur zu konstatieren, als ihn Günter Grass 1992 schon in seiner »Rede vom Verlust« aussprach: »Die Bundesrepublik Deutschland und ihr Grundgesetz sind einem Abbruchunternehmen ausgeliefert, das sich gleichwohl als Hausverwaltung und treusorgend versteht.«[164]

Oder es lassen sich mit etwas gutem Willen intakte Selbstreinigungskräfte sogar in Sachsen entdecken. Eine Studie, die 1992 von der CDU-Wirtschaftsvereinigung ausgerechnet in Kurt Biedenkopfs langjährigem Wirkungskreis in Nordrhein-Westfalen in Auftrag gegeben wurde, mochte sich auch noch nicht entscheiden. Die Soziologen Ute und Erwin K. Scheuch untersuchten an Hand des »Kölschen Klüngels« den Zustand des durch eine Berufspolitikerkaste konterkarierten Systems: »Es ist noch zu früh zu entscheiden, ob die jetzige Feudalisierung des politischen Systems in der Bundesrepublik nur eine Übergangserscheinung oder ein Systemwandel ist. Letzteres wäre eine Angleichung im Selbstverständnis und im Verhalten bundesdeutscher Berufspolitiker an die tatsächlichen Verhältnisse in der Endphase der Staaten des Ostblocks.«[165]

Vielleicht fiele den Autoren die Entscheidung jetzt leichter, denn die Ära Biedenkopf in Sachsen hat ihr eigenes Kapitel zur Feudalisierung der Bundesrepublik beigesteuert.

Vielleicht aber tut man dem kleinen König auch nur unrecht. In einer Bundesrepublik, die ihre Intellektuellen verhöhnt, in der der Dialog ihrer Spitzenpolitiker mit ihnen längst Geschichte ist und ein Bergedorfer Gesprächskreis von niemandem mehr wahrgenommen wird, in einer solchen Bundesrepublik konnte ein Biedenkopf nur zum Linksextremisten oder zum Autokraten werden. Eine Einparteienherrschaft, überlagert von einer Ein-Mann-Herrschaft in Sachsen. Es liegt auch etwas Tragisches in dieser Figur, nun, da ihn zum Saisonschluß die Jäger von einst als sympathischen Einkaufswagenschieber bei ALDI wiederentdecken. Einer wie du und ich, nicht mehr sonderlich gefährlich.

Die Frage ist allerdings wirklich noch offen, ob es sich um einen Systemwechsel oder nur einen Figurenaustausch in Sachsen handelt. Bei Lichte betrachtet, unterlag sogar die PDS unfreiwillig jenem Führerglauben, als sie mit ihrem Mißtrauensvotum im Mai 2001 lediglich den Mann an der Spitze der Pyramide auszuwechseln trachtete. Der Wechsel an sich ist noch kein Programm – da haben die CDU-Wahlparolen im Kommunalwahlkampf Recht gehabt.

Aber eine auch dort registrierte Wechselstimmung und der schwindende demoskopische Rückhalt für den Ministerpräsidenten lassen die Hoffnung zu, daß Programme anderer Gruppen und Parteien bald den Geruch des Hochverrats an der sächsischen Sache verlieren könnten. Biedenkopf selbst müßte es in all seiner Weisheit eigentlich wünschen.

Das letzte Zitat dieses Buches soll ihm vorbehalten bleiben: »Die Oppositionsbank ist wahrscheinlich der einzige Ort, von dem aus man neue politische Strukturen erarbeiten kann.«[166]

Nach wie vor scheint es in Sachsen undenkbar, daß die »Sächsische Union« jemals auf diese verbannt werden könnte. Aber bei den Kommunalwahlen im Juni 2001 gab es Anzeichen, daß Bürger die Wechselmöglichkeit als den entscheidenden Vorzug der Demokratie wiedererkannten. Drei Landkreise und einige Bürgermeisterposten gingen der CDU verloren. Ganz besonders in der Landeshauptstadt zeigte sich etwas vom Geist des Herbstes 89, als eine Bürgerinitiative mehrerer Parteien erfolgreich hinter dem Alternativkandidaten Ingolf Roßberg versammeln konnte.

Aus demokratiehygienischen Gründen kann sogar der Wechsel schon ein Programm werden. Getragen werden müßte er freilich von urteilsfähigen, aufgeklärten und engagierten Bürgern und einer ernsthaften Parteien- und Führungsalternative.

Der Zynismus von Terroristen besteht darin, Zivilisten stellvertretend für die politisch Verantwortlichen zu treffen. Sie nehmen uns in Kollektivhaftung und damit die Demokratie als eine Einheit von Volk und Regierung brutal ernst.

Wobei die Einschränkung bestehen bleibt, daß in der Demokratie die Mehrheitsfrage Vorrang vor der Wahrheitsfrage besitzt und deshalb ein Widerstandsrecht gegen kollektive Irrtümer legitim ist.

Eine Lehre aus den jüngsten Terrorerfahrungen kann auch in der Aufforderung bestehen, als Einzelner seine Gleichgültigkeit aufzugeben und sich deutlicher zu artikulieren.

Fußnoten

1   Biedenkopf, Kurt: »Ein deutsches Tagebuch«, Berlin 2000, S. 399
2   »Die Union«, Dresden, 29. 10. 1990
3   »Die Weltbühne«, 11, 13. 3. 1990
4   »Sachsenspiegel«, 31.08.1990
5   »Die Union«, Dresden, 27.08.1990
6   Biedenkopf, Kurt, Tagebuch, S. 90
7   Wendt, Alexander: »Kurt Biedenkopf – Ein politisches Porträt«, Berlin 1994, S. 10
8   Biedenkopf, Kurt, »Tagebuch«, S. 177
9   Ebenda, S. 99
10 Ebenda, S. 115
11 Ebenda, S. 165
12 Ebenda, S. 312
13 »Stern«, Hamburg, 25.12.1992
14 Biedenkopf, Kurt, Tagebuch, S. 231
15 Ebenda, S. 234
16 Ebenda, S. 343
17 Ebenda, S. 396
18 Ebenda, S. 397
19 Ebenda, S. 325
20 »Sachsenspiegel«, 2.11.1990
21 Platon: »Der Staat«, Drittes Buch, 415 A
22 Locke, John: »Über die Regierung«, Stuttgart 1974, S. 80 ff.
23 Zitiert aus »Der Philosoph und die Macht«, Anthologie, Hamburg 1992, S. 150 ff.
24 Biedenkopf, Kurt: »Zeitsignale«, München 1990, S. 12
25 Biedenkopf, Kurt: »Die neue Sicht der Dinge«, München und Zürich 1985; zitiert in Wendt, Porträt, S. 177
26 Biedenkopf, Kurt, Tagebuch, S. 99
27 Ebenda, S. 136
28 Wendt, Alexander, Porträt, S. 177
29 »Der Spiegel«, Hamburg, 24.12.1990
30 zitiert in Wendt, Porträt, S. 178
31 »Süddeutsche Zeitung«, 25.1.1991
32 »Die Union«, Dresden, 7.2.1991
33 »Der Spiegel«, 48/91, S. 47
34 »Sächsische Zeitung«, 15.9.1999
35 »Wie lieb ich dich, mein Sachsenland«, Liedersammlung der Sächsischen Staatskanzlei 1995
36 »Süddeutsche Zeitung«, 16.9.1999

37 »Süddeutsche Zeitung«, 20.9.1999

38 »Der Spiegel«, 32/96, S. 28

39 Rebmann, Georg Friedrich: »Kreuzzüge durch einen Teil Deutschlands«, Leipzig 1990

40 »Süddeutsche Zeitung«, 25.2.1991

41 Biedenkopf, Kurt: »Fortschritt in Freiheit«, München/Zürich 1974, S. 11

42 Ebenda, S. 10

43 »Süddeutsche Zeitung«, 5.3.1992

44 Biedenkopf, Kurt: »Einheit und Erneuerung«, Stuttgart 1994, S. 12

45 Canetti, Elias: »Masse und Macht«, Frankfurt/M. 1994, S. 38

46 Luutz, Wolfgang: »Grenzziehung und ›Kollektive Identität‹«, in »Region und Identifikation«, Leipziger Studien, Band 1, Leipziger Universitätsverlag 1998, S. 134

47 Biedenkopf, Kurt: Rede zum Haushalt 1999/2000 am 8.12.1998, S. 16

48 Luutz, Wolfgang: »Grenzziehung und ›Kollektive Identität‹«, S. 143

49 Frank-Planitz, Ulrich: »Sachsen-Spiegel«, Stuttgart 1998, S. 46 ff.

50 »Sächsische Geschichte«, von Rudolf Kötzschke und Hellmuth Kretzschmar, Dresden 1935, 2.Band, S. 13

51 Kaemmel, Otto: »Sächsische Geschichte«, Dresden 1990, S. 81

52 Philippi, Hans: »Die Wettiner«, Limburg 1989, S. 129

53 Pressemitteilung 185/00 des Sächsischen Sozialministeriums vom 24.11.2000

54 zitiert in Engelmann, Bernt: »Großes Bundesverdienstkreuz«, Frankfurt/M. 1974, S. 71

55 Magazin der »Frankfurter Allgemeinen Zeitung«, 30.5.1994

56 »Die Zeit«, 25.12.1992

57 Kleine Anfrage von MdL Marlies Volkmer, SPD, DS 1/1139 des Sächsischen Landtages, vom 19.12.1991

58 Kleine Anfrage von MdL Christine Ostrowski, PDS, DS 2/0073 vom 6.12.1994

59 Kleine Anfrage von MdL Christinie Ostrowski, PDS, DS 2/0238 vom 12.1.1995

60 »Sächsische Zeitung«, 20.3.2001

61 Kleine Anfrage von MdL Brigitte Zschoche, PDS, DS 2/3559 vom 8.9.1996

62 Kleine Anfrage von MdL Brigitte Zschoche, PDS, DS 2/7155 vom 20.11.1997

63 Wendt, Alexander, Porträt, S. 179

64 »Stern«, Hamburg. »Die Landesmutter«, 12.11.1992

65 »Bild«, Dresden, 9.12.1992

66 »Die Bunte«, 22.9.1994

67 von Sternburg, Wilhelm: »Adenauer – Eine deutsche Legende«, Frankfurt/M. 1990, S. 149

68 Biedenkopf, Kurt: »Zeitsignale«, München 1990, S. 13

69 Ebenda, S. 241

70 Ebenda, S. 273

71 Ebenda, S. 274

72 »Die Union«, Dresden, 14.6.1991

73 »Sachsenspiegel«, 29.3.1991

74 »Focus«, 15.5.1995

75 Biedenkopf, Kurt: »Zeitsignale«, S. 247

76 »Die Zeit«, 10.10.1991

77 Biedenkopf, Kurt, Tagebuch, S. 307

78 Ebenda, S. 234

79 Zitiert in »Süddeutsche Zeitung«, 2.4.1993

80 »Die Zeit«, 21.2.1991

81 »Dresdner Neueste Nachrichten«, 9.11.1991

82 »Dresdner Morgenpost«, 26.10.1991

83 zit. in Köpf, Peter: »Der Querdenker«, Frankfurt/M. 1999, S. 202

84 Biedenkopf, Kurt: »Fortschritt in Freiheit«, S. 82

85 Biedenkopf, Kurt, Tagebuch, S. 228

86 Ebenda, S. 349

87 »Dresdner Neueste Nachrichten«, 9.11.1991

88 Biedenkopf, Kurt, Tagebuch, S. 362

89 Biedenkopf, Kurt: »Einheit und Erneuerung«, S. 32

90 Biedenkopf, Kurt, Tagebuch, S. 210

91 »Die Zeit«, 2.9.1994

92 »Freie Presse« Chemnitz, 1.8.2001

93 Miller, Alice: »Das Drama des begabten Kindes« – eine Um- und Fortschreibung, Frankfurt/M. 1994, S. 106

94 »Stern«, 2.10.1991

95 zitiert in Köpf, Peter: »Der Querdenker«, S. 268

96 Ebenda, S. 165

97 Weber, Max: »Rationalisierung und entzauberte Welt«, Schriftensammlung, Leipzig 1989, S. 59

98 »Süddeutsche Zeitung«, Magazin, 9.9.1994

99 »Die Woche«, 2.12.1993

100 zitiert in »Berliner Zeitung«, 8.11.1999

101 »Sächsische Zeitung«, 28.9.2000

102 zitiert in: Köpf, Peter: »Der Querdenker«, S. 200

103 Ebenda, S. 204

104 Biedenkopf, Kurt: »Zeitsignale«, S. 47

105 »Frankfurter Allgemeine Zeitung«, 3.3.2000

106 Biedenkopf, Kurt: Tagebuch, S. 344

107 zitiert in: Köpf, Peter: »Der Querdenker«, S. 203

108 Ebenda, S. 270

109 Großkopff, Rudolf: »Der Zorn des Kanzlers«, Berlin 1995, S. 63

110 Ebenda, S. 101

111 Biedenkopf, Kurt, Tagebuch, S. 290

112 Biedenkopf, Kurt: »Zeitsignale«, S. 271

113 »Die Welt«, Leipzig, 24.12.1991
114 »Wirtschaft und Produktivität«, 11.11.1992
115 Biedenkopf, Kurt: »Einheit und Erneuerung«, S. 30
116 »Der Tagesspiegel«, Berlin, 15.2.1991
117 »tageszeitung« Berlin, 7.3.1991
118 »Die Zeit«, Hamburg, 21.2.1991
119 »Dresdner Neueste Nachrichten«, 3.6.2000
120 Biedenkopf, Kurt: Tagebuch, S. 125
121 Angaben aus: Rügemer/Reschke: »Die zweigeschossige Streuobst-
     wiese«, Broschüre der PDS-Fraktion im Sächsischen Landtag 1999.
     S. 16 ff.
122 Biedenkopf, Kurt: Tagebuch, S. 343
123 Ebenda, S. 323
124 zitiert in »Sächsische Zeitung«, 13.6.2001
125 zitiert in »Spiegel«, 13.11.2000
126 Aus »Spiegel«, 7/1975, Streitgespräch mit Horst Ehmke, zitiert in
     Wendt, Alexander, Porträt, S. 59
127 Köpf, Peter: »Der Querdenker«, S. 210
128 »Dresdner Neueste Nachrichten«, 28.4.2001
129 »Freie Presse«, Chemnitz, 6.4.2001
130 »Freie Presse«, Chemnitz, 5.2.2000
131 »Focus«, 29.5.2001
132 »Junge Welt«, 9.5.2001
133 »Bild«, Dresden, 5.6.2001
134 »Die Woche«, 4.3.1993
135 »Leipziger Volkszeitung«, 30.3.1993
136 zitiert in »Sächsische Zeitung«, 25.1.2001
137 »Freie Presse«, Chemnitz, 27.6.2001
138 zitiert in Köpf, Peter: »Der Querdenker«, S. 96
139 Biedenkopf, Kurt: Tagebuch, S. 214
140 »Frankfurter Rundschau«, 15.9.1999
141 »Frankfurter Allgemeine Zeitung«, 21.9.1999
142 »Dresdner Neueste Nachrichten«, 25.8.2001
143 »Junge Welt«, 6.6.2001
144 Schneider, Horst: »Wohin treibt Sachsen? ›Landesvater‹ Bieden-
     kopf«, Leipzig 1993, S. 26
145 Hesselberger, Dieter: »Das Grundgesetz – Kommentar für die poli-
     tische Bildung«, Luchterhand-Verlag 1990, S. 5
146 Rousseau, Jean-Jacques: »Der Gesellschaftsvertrag«, Leipzig 1988,
     S. 121
147 Ebenda, S. 87
148 Goethe, Johann Wolfgang: »Maximen und Reflexionen«, Leipzig
     1988, S. 80
149 Biedenkopf, Kurt: »Fortschritt in Freiheit«, S. 11
150 zitiert in Großkopff, Rudolf: »Der Zorn des Kanzlers«, S. 21
151 Biedenkopf, Kurt: Tagebuch, S. 289

152 »Wochenpost«, 8.10.1992

153 »Berliner Zeitung«, 2.10.2000

154 »Die Mitbestimmung«, 11/91

155 von Sternburg, Wilhelm: »Adenauer«, S. 79

156 Machiavelli, Niccolò: »Der Fürst«, Leipzig 1987, S. 79

157 Goethe: »Maximen und Reflexionen«, S. 134

158 »Die Union«, Dresden, 9.3.1991

159 zitiert aus »Dresdner Neueste Nachrichten«, 22.2.2001, ebenso in »Die Zeit« vom gleichen Tag

160 Hähle, Fritz: »Zur Sache: Demokratie«, Leitfaden der CDU-Fraktion im Sächsischen Landtag, September 2001, S. 10

161 »Frankfurter Rundschau«, 1.9.2001

162 Lenin, W. I., aus Werke Bd. 25, S. 469, zitiert in »Philosophisches Wörterbuch«, Leipzig 1970, S. 224

163 Prantl, Heribert in »Helmut Kohl – Die Macht und das Geld«, Göttingen 2000, S. 593

164 Grass, Günter: »Rede vom Verlust«, gehalten am 18.11.1992 in den Münchner Reihe »Reden über Deutschland«, Göttingen 1992, S. 21

165 Scheuch, Ute und Erwin K.: »Cliquen, Klüngel und Karrieren«, Reinbek b. Hamburg 1992, S. 118

166 »Stern«, 15.10.1998

ISBN 3-360-01029-9

© 2002 Das Neue Berlin Verlagsgesellschaft mbH
Rosa-Luxemburg-Straße 39, 10178 Berlin
eMail: verlag@edition-ost.de
Alle Nachdrucke sowie Verwertung in Film, Funk und Fernsehen und
auf jeder Art von Bild-, Wort- und Tonträgern sind
honorar- und genehmigungspflichtig. Alle Rechte vorbehalten.
Umschlagentwurf: peperoni, unter Verwendung eines Fotos
von Helmut R. Schulze
Gesamtherstellung: Druckhaus Dresden
Die Bücher von »edition ost im Verlag Das Neue Berlin«
erscheinen in der Eulenspiegel Verlagsgruppe.
www.eulenspiegel-verlag.de